Hans Küng/Heinz Bechert

Christentum und Weltreligionen – Buddhismus

SERIE PIPER

Zu diesem Buch

Die Lehre des Buddhismus von der Eigenverantwortlichkeit jedes einzelnen und die Aufforderung Buddhas, die Richtigkeit seiner Lehre durch eigene Praxis nachzuprüfen, spricht immer mehr Menschen des Westens an. Dem leidvollen Dasein soll mit Gleichmut begegnet werden; erlöst wird, wer das Begehren loslassen kann. Der Buddhismus-Forscher Heinz Bechert legt die Wurzeln der Lehre Buddhas dar und ihre Veränderungen auf dem Weg zur Massenreligion der Gegenwart. In seinen »Antworten« zeigt Hans Küng, was Christen daraus lernen können – und was nicht.

Hans Küng, geboren 1928 in Sursee, Schweiz, ist Professor emeritus für Ökumenische Theologie an der Universität Tübingen und Präsident der Stiftung Weltethos. Sein Werk liegt im Piper Verlag vor.
Heinz Bechert, geboren 1932 in München, ist Professor für Indologie und Buddhismuskunde an der Universität Göttingen.

Hans Küng, Heinz Bechert

Christentum und Weltreligionen Buddhismus

Piper München Zürich

Von Hans Küng liegen in der Serie Piper außerdem vor:
20 Thesen zum Christsein (100)
24 Thesen zur Gottesfrage (171)
Ewiges Leben? (364)
Katholische Kirche wohin? (hrsg. mit N. Greinacher, 488)
Die Kirche (582)
Rechtfertigung (674)
Freud und die Zukunft der Religion (709)
Strukturen der Kirche (762)
Dichtung und Religion (mit W. Jens, 901)
Unfehlbar? (1016)
Menschwerdung Gottes (1049)
Anwälte der Humanität (mit W. Jens, 1267)
Theologie im Aufbruch (1312)
Die Hoffnung bewahren (1467)
Denkwege (1670)
Christ sein (1736)
Weltfrieden durch Religionsfrieden? (hrsg. mit K. J. Kuschel, 1862)
Christentum und Weltreligionen – Islam (mit J. v. Ess, 1908)
Erklärung zum Weltethos (hrsg. mit K. J. Kuschel, 1958)
Credo (2024)
Christentum und Weltreligionen – Hinduismus (mit H. v. Stietencron, 2055)
Existiert Gott? (2144)
Große christliche Denker (2283)
Menschenwürdig sterben (mit W. Jens, 2329)

Ungekürzte Taschenbuchausgabe
1. Auflage April 1995
2. Auflage Januar 1998

Umschlag: Büro Hamburg
Simone Leitenberger, Susanne Schmitt, Annette Hartwig
Umschlagabbildung: Photographie Giraudon, Paris
(Buddha, Nationalmuseum Delhi)
Gesamtherstellung: Clausen & Bosse, Leck
Printed in Germany ISBN 3-492-22130-0

Inhalt

Hans Küng: Zum Dialog

4,2 Milliarden Menschen leben auf dieser Erde. Davon sind 1,4 Milliarden nominell Christen – exakt ein Drittel der Weltbevölkerung. Ihnen stehen gegenüber 723 Millionen Muslime, 583 Millionen Hindus und 274 Millionen Buddhisten. Schon diese Zahlen, errechnet in vieljähriger mühseliger Forschung vom Stab der »World Christian Encyclopedia« (Oxford 1982), zeigen, was hier auf dem Spiel steht.

Ob als Christ oder Nichtchrist: Wie ist meine Einstellung zu den anderen Religionen? Diese Frage wird ständig drängender, seitdem sich nicht nur unser religionsgeographischer Horizont (mit dem Zeitalter der Entdeckungen), sondern auch unser religionshistorischer Horizont (mit der modernen Religionsgeschichte) gewaltig erweitert hat und seitdem in einer zusammengewachsenen Welt die alten Religionsgrenzen sich immer mehr verwischen und Andersgläubige in großer Zahl sich auch in unserem Land, in der eigenen Stadt, Fabrik, Schule, ja oft in derselben Straße finden. Ja, wie ist meine Einstellung zu den anderen Religionen?

Auf dem Weg zu einem globalen ökumenischen Bewußtsein

Unsere Kenntnisse von den anderen sind, sehen wir von einigen Spezialisten ab, noch immer sehr beschränkt. Wenn wir den interreligiösen Dialog (zwischen den Weltreligionen) vergleichen mit dem interkonfessionellen Dialog (zwischen den christlichen Konfessionen), so wird man sagen müssen: Wir stehen heute im interreligiösen Dialog ungefähr dort, wo wir im interkonfessionellen Dialog vor etwa 50 Jahren standen.

Langsam freilich überwinden wir die Isolation und lernen die

Realität der anderen begreifen. Das heißt: nach einer Periode heißer, dann kalter Kriege und schließlich einer Periode der mehr schiedlichen als friedlichen Koexistenz dürften wir heute am Anfang einer vierten neuen *Epoche der Proexistenz* stehen. Trotz aller offenkundigen Hemmnisse und Schwierigkeiten scheinen wir zum erstenmal in der Weltgeschichte vor dem langsamen *Erwachen eines globalen ökumenischen Bewußtseins* zu stehen und am Beginn eines ernsthaften Dialogs der Religionen zwischen führenden Fachleuten und Repräsentanten auf breiter Ebene. Möglicherweise ist dies eine der wichtigsten Erscheinungen des 20. Jahrhunderts, die sich wohl erst im 21. Jahrhundert auswirken wird – falls die Menschheit es erlebt. »Ökumene« darf deshalb heute weniger denn je eng, verengt, ekklesiozentrisch verstanden werden: Ökumene darf sich nicht auf die *Gemeinschaft der christlichen Kirchen* beschränken, sie muß die *Gemeinschaft der großen Religionen* einbeziehen, wenn Ökumene – nach dem ursprünglichen Wortsinn verstanden – den gesamten »bewohnten Erdkreis« meint.

Christentum und Weltreligionen: Ein *Dialog* soll hier vorgestellt werden zwischen dem Christentum und jenen *Weltreligionen*, die aufgrund ihrer Lebendigkeit, ihrer Verbreitung und großen Mitgliederzahl in der Welt ein besonderes Gewicht haben. Als Weltreligionen gelten im allgemeinen neben dem *Christentum* in jedem Fall *Islam, Hinduismus* und *Buddhismus*. Vor allem aus Zeit- und Raumgründen konnte weder den Religionen Chinas noch dem Judentum die gebührende Aufmerksamkeit geschenkt werden. Während die Religionen *Chinas* – neben dem Buddhismus vor allem Konfuzianismus und Taoismus – sich zur Zeit, da in der Volksrepublik Religionsfreiheit nur theoretisch gewährt wird, kaum Ausdruck verschaffen können, müßte das *Judentum* – trotz seiner nur 0,4 Prozent Anteil an der Weltbevölkerung eine geistige Weltmacht – gesondert behandelt werden, da der jüdisch-christliche Dialog wegen der Herkunft des Christentums vom Judentum ganz spezifische Probleme aufwirft (ich habe selber in verschiedenen Publikationen dazu Stellung genommen). Doch werden manche Anliegen (Ein-Gott-Glaube) und Probleme (Gesetzesfrömmigkeit) des Judentums im Zusammenhang mit dem Islam zur Sprache kommen. Darüber hinaus soll versucht werden, die Antwort auf die aus Indien stammenden großen Religionen – Hinduismus und

Buddhismus – soweit wie möglich von der gemeinsamen jüdisch-christlich-islamischen Tradition her anzugehen.

Das Gespräch zwischen Christentum und Islam, Christentum und Hinduismus, Christentum und Buddhismus ist erst in unserem Jahrhundert ernsthaft in Gang gekommen. Angestrebt ist hier so etwas wie eine *Zwischenbilanz* des Gesprächs – als Anregung zur weiteren Diskussion.

Dieser Dialog ist der schriftliche Niederschlag eines tatsächlichen Dialogs, der im Sommersemester 1982 an der Universität Tübingen im Rahmen ihres Studium generale vor einer großen Zuhörerschaft in der Form von zwölf Dialogvorlesungen stattgefunden hat: Diese wurden für die Veröffentlichung gründlich überarbeitet und zum Teil erweitert, möglichst unter Berücksichtigung der an die Doppelvorlesung anschließenden Diskussion; doch blieb der Charakter der lebendigen Vor-Lesung weitgehend erhalten. Der Mitautor Heinz Bechert hat sich über die endgültige und stark erweiterte Form der Texte der »christlichen Antworten« zu den Buddhismus-Beiträgen mit mir nicht mehr verständigen können; um den vorgesehenen Erscheinungstermin des Bandes nicht zu gefährden, hat dankenswerterweise Lic. phil. Alois Payer in diesem Stadium die fachliche Beratung des Verfassers übernommen.

Diese Dialogvorlesungen, von zwei Professoren verschiedener Disziplinen direkt nacheinander gehalten, waren und sind – didaktisch und sachlich – ein gewagtes *Experiment*. Aus grundsätzlichen wie technischen Erwägungen empfahl es sich, den Dialog mit den jeweiligen akademischen Fachvertretern der Islamkunde, der Indologie und der Buddhologie und einem Vertreter der christlichen Theologie zu beginnen. Später wird man gewiß auch an einer europäischen Universität an Dialogvorlesungen von christlichen Theologen nicht nur mit Kultur- und Religionswissenschaftlern, sondern auch mit gläubigen Vertretern der betreffenden Religionen denken können. Aber man soll den zweiten Schritt nicht vor dem ersten tun! Dabei waren wir uns im klaren, daß die jeweiligen Religionen in nicht nur sachlicher, sondern auch sympathischer Weise präsentiert werden sollten. Ein solches Dialogunternehmen hat ja nur Sinn, wenn die einzelnen Religionen sich in ihren Porträts wiedererkennen. Aber hat dieser Dialog auch für die christliche Theologie einen Sinn?

Immer mehr Theologen begreifen es heute als verhängnisvoll, daß sich infolge des theologischen Umbruchs nach dem Zweiten Weltkrieg und des Einflusses von Karl Barth christliche Theologie einerseits und Religionshistorie, Religionsphänomenologie, Religionswissenschaft überhaupt auseinander und oft sogar gegeneinander entwickelt haben; Barths berechtigten großen Intentionen kann die Theologie nachkommen, ohne daß sie sich der Religionswissenschaft verweigert und sich gegenüber den »Religionen« als christlicher »Glaube« abkapselt und einigelt. Eine »splendid isolation« ist heute keiner Religion mehr möglich. Die religiösen, sittlichen, ästhetischen Werte von Milliarden Menschen außerhalb des Christentums können und dürfen nicht länger ignoriert werden. Umgekehrt erkennen aber auch immer mehr Religionswissenschaftler – und auch hier sind Amerikaner führend –, daß auch sie auf die Dauer normativen Fragen nach Wahrheit und Werten nicht ausweichen dürfen.

Was *Religion* ist, läßt sich so schwierig definieren wie Kunst. »Ich wußte es, bis du mich fragtest, es zu erklären«, könnte man mit Augustin (auf die Frage, was »Zeit« sei) antworten. Oft völlig Verschiedenes wird im einen wie im anderen Fall unter einen Begriff gebracht. Der Ausdruck »Religion« ist in vielfacher Hinsicht problematisch und wird von Religionswissenschaftlern wie von Theologen kritischer Betrachtung unterzogen. Auf die weitverzweigte Debatte muß hier nicht eingegangen werden. Es genügt zu sehen, daß »Religion«, wenn auch nicht ein völlig äquivoker, so doch ein analoger Begriff ist, der Unähnlich-Ähnliches umschließt. Die Unähnlichkeit zeigt sich vor allem darin, daß der Begriff vom Glauben an viele Götter über den Glauben an den einen Gott bis hin zur Ablehnung eines Gottesglaubens (im frühen Buddhismus) beinahe alle Optionen abdecken muß. Auch diese Dialogvorlesungen zwischen Religionswissenschaftlern und einem christlichen Theologen setzen keinen normativen Begriff von Religion voraus. Und doch ist es wichtig, daß der christliche Theologe für sich Rechenschaft ablegt über seinen Gebrauch des Begriffs der Religion – gleichsam in Form einer Arbeitshypothese. Dies ist möglich, weil bei aller Unähnlichkeit sich doch auch Ähnlichkeiten feststellen lassen, die ich nur skizzieren kann.

Immer geht es in der Religion um eine erlebnishafte *»Begegnung mit dem Heiligen«* (R. Otto, F. Heiler, M. Eliade, G. Mensching) – mag diese »heilige Wirklichkeit« nun als Macht, als Mächte (Geister, Dämonen, Engel), als (personaler) Gott, (apersonales) Göttliches oder irgendeine letzte Wirklichkeit (Nirvāna) verstanden werden. »Religion« läßt sich deshalb für die Zwecke dieses Dialogunternehmens wie folgt umschreiben: Religion ist die *in einer Tradition und Gemeinschaft sich lebendig vollziehende* (in Lehre, Ethos und meist auch Ritus) *sozial-individuell realisierte Beziehung zu etwas, was den Menschen und seine Welt übersteigt oder umgreift:* zu einer wie immer zu verstehenden allerletzten wahren Wirklichkeit (das Absolute, Gott, Nirvāna). Im Unterschied zur Philosophie geht es in der Religion um *Heilsbotschaft* und *Heilsweg* zugleich.

Denn dies haben gerade auch die religionswissenschaftlichen Darlegungen deutlich gemacht: Religion ist mehr als eine rein theoretische Angelegenheit, gar nur eine Sache der Vergangenheit, Aufgabe für Urkundenforscher und Quellenspezialisten. Nein, Religion, wie sie hier geschildert wird, ist immer auch *gelebtes Leben,* eingeschrieben in die Herzen der Menschen und von daher für alle religiösen Menschen eine höchst gegenwärtige und durchaus den Alltag bestimmende Angelegenheit. Man kann sie mehr traditionell, oberflächlich, passiv leben oder aber tief empfunden, engagiert, dynamisch: Religion ist eine *gläubige Lebenssicht, Lebenseinstellung, Lebensart,* ist deshalb ein Menschen und Welt umgreifendes individuell-soziales *Grundmuster,* durch das der Mensch (ihm nur teilweise bewußt) alles sieht und erlebt, denkt und fühlt, handelt und leidet: ein transzendent begründetes und immanent sich auswirkendes *Koordinatensystem,* an dem sich der Mensch intellektuell, emotional, existentiell orientiert. Religion vermittelt einen umfassenden Lebenssinn, garantiert höchste Werte und unbedingte Normen, schafft geistige Gemeinschaft und Heimat.

Keine Frage, die Tübinger Dialogvorlesungen unter Kollegen, die sonst durch strenge Fakultätsgrenzen voneinander getrennt sind, haben ihre eigenen Reize und Beschwernisse. Für den Theologen insbesondere sind sie ein Abenteuer des Geistes, bei dem er nicht von vornherein weiß, wohin die Dynamik der Diskussion ihn treibt. Und wenngleich ein Rollenkonflikt vermutlich beiden Seiten droht, so dürfte den schwierigeren Part dabei doch der Theologe haben, der in anderer Form existentiell betroffen ist, der in einer bestimmten Glaubenstradition und Glaubensgemeinschaft steht und der nicht alle Wege der Religion gleichzeitig gehen kann. Der Religionswissenschaftler kann in einem solchen Gespräch primär narrativ, deskriptiv und komparativ vorgehen, er kann die große, bunte, spannende Geschichte des Islam, des Hinduismus, des Buddhismus schildern, ihre ewigen Themen im Wechsel der Zeit herausarbeiten, vergleichen und Kritik bestenfalls am Rande milde antönen lassen. Dem Dialog wäre zweifellos nicht gedient, wenn der Theologe Paralleles täte und nun seinerseits die wohlbekannte Geschichte des Christentums und die traditionelle Lehre schilderte, ohne sich im übrigen zu diesem Glauben und Leben zu bekennen. Dabei wirkt sich ja eher belastend aus, daß der christliche Theologe eine Position rechtfertigen muß, die ein christliches Publikum zu kennen meint, während für viele die fernen Religionen noch den Reiz des Neuheitserlebnisses haben.

Trotz aller Schwierigkeiten muß der christliche Theologe versuchen, statt narrativ und deskriptiv primär *argumentativ* vorzugehen: Er muß die Punkte mühselig herausarbeiten, wo Konsens und Dissens mit den anderen Religionen deutlich werden. Mißverständnisse sind da fast unumgänglich: Stellt man etwa – um einige Beispiele herauszugreifen – die Meriten Muhammads und seines Prophetentums heraus, wird man hinterher bestimmt gefragt werden, ob man denn eigentlich Muslim werden wolle. Versucht man, auf solider neutestamentlicher Grundlage sein Verständnis von Gottessohnschaft und Trinität so zu entwickeln, daß es auch einem Juden oder Muslim vielleicht nicht von vornherein als völlig absurd erscheinen muß, wird einem bestimmt vorgehalten werden, dies sei nicht mehr die übliche Trinitätslehre. Äußert man sich aber umgekehrt als stets zur Selbstkritik bereiter christlicher Theologe kritisch, beispielsweise auch zur Problematik des Gesetzes im Islam, der Mythologie im Hinduismus oder des Mönchtums im Buddhismus, dann setzt man sich leicht dem Verdacht aus, man treibe hier theologische Apologetik, christliche Eigenprofilierung, gar anmaßende Verurteilung.

Dieser Problematik bin ich mir als Theologe von vornherein bewußt, und ich versuche deshalb in meinen Antworten ein Doppeltes anzustreben:

1. christliche Selbstkritik im Spiegel der anderen Religionen;
2. christliche Kritik an den anderen Religionen im Licht der eigenen Botschaft, wobei freilich nicht Beliebiges miteinander, sondern nur Gleiches mit Gleichem verglichen werden soll.

So versuche ich, den schwierigeren Mittelweg zwischen zwei Extremen zu gehen. Einerseits möchte ich einen bornierten, eingebildeten *Absolutismus* (christlicher oder islamischer Provenienz) vermeiden, der die eigene Wahrheit »ab-solut« setzt: »los-gelöst« von der Wahrheit der anderen. Es soll hier weder ein *Exklusivitätsstandpunkt* verteidigt werden, der die nichtchristlichen Religionen und ihre Wahrheit global verurteilt, noch auch ein *Superioritätsstandpunkt,* der die eigene Religion als die von vornherein bessere (in Lehre, Ethik, Verfassung) ansetzt. Ein solcher Standpunkt führt nur zu bequemer Apologetik, zu Lernunfähigkeit und Rechthaberei, kurz, zu jenem Dogmatismus, der die volle Wahrheit von vornherein zu besitzen meint und sie gerade deshalb nicht findet.

Zugleich aber wird von mir als christlichem Theologen auch niemand einen oberflächlichen und unverantwortlichen *Relativismus* (christlicher, hinduistischer oder buddhistischer Provenienz) erwarten, der alle Wahrheit »relativiert« und alle Werte und Maßstäbe »vergleichgültigt«. Unhaltbar scheint mir ein *Beliebigkeitspluralismus,* der undifferenziert die eigene und die anderen Religionen billigt und bestätigt, ohne wie bei uns selbst, so auch bei den anderen auf die Unwahrheit trotz aller Wahrheit aufmerksam zu machen; unhaltbar scheint mir ein *Indifferentismus,* der bestimmte religiöse Positionen und Entscheidungen von der Kritik ausnimmt. Ein solcher Standpunkt führt nur zu billiger Toleranz, zum Alles-gelten-lassen-Wollen, zum »anything goes«, einem falsch verstandenen Liberalismus, wo man die Wahrheitsfrage bagatellisiert oder gar nicht mehr zu stellen wagt.

Davon ist freilich auszugehen: die Grenze zwischen wahr und falsch verläuft heute auch nach christlichem Verständnis nicht mehr einfach *zwischen* Christentum und den anderen Religionen, sondern, zum Teil mindestens, *innerhalb* der jeweiligen Religionen. Wobei als Grundsatz zu gelten hat: Nichts Wertvolles soll in den anderen Religionen negiert, aber auch nichts Wertloses unkritisch akzeptiert werden. Darüber sollte ein Konsens zwischen den Vertretern der verschiedenen Religionen möglich sein. Wir brauchen einen Dialog in gegenseitigem Geben und Nehmen, in den die tiefsten Intentionen der Religionen eingebracht werden müssen: einen kritischen Dialog also, in dem alle Religionen herausgefordert sind, nicht einfach alles zu rechtfertigen, sondern ihr Bestes und Tiefstes zu sagen. Kurz, wir brauchen einen Dialog in *gegenseitiger* Verantwortung und im Bewußtsein, daß wir alle die Wahrheit nicht »fertig« besitzen, sondern auf dem Wege sind zur »je größeren« Wahrheit.

Es ist zu erwarten, daß uns dies verändern wird: nicht nur unsere Antworten, sondern auch schon unser Fragen, nicht nur unser Selbst- und Weltverständnis, sondern auch unser Gottesverständnis. Davor sollten wir keine Angst haben; gerade dies macht uns nicht ärmer, sondern reicher. Die Wahrheit kann in verschiedenen Religionen keine verschiedene, sondern nur die eine sein; durch alle Kontradiktionen hindurch haben wir das Komplementäre zu suchen: durch alles Exklusive hindurch das Inklusive.

Dabei müssen wir uns in erster Linie auf Ideen, Lehren und Doktrinen konzentrieren, müssen Texte, Daten, Ereignisse zur Kenntnis genommen werden, ohne zu verkennen, daß Religion mehr ist als »Ideen«. Und doch: oft trennen nicht religiöse Praktiken die Religionen (wir werden viele erfreuliche und auch erschreckende Parallelen feststellen), sondern die Ideen, Lehren, Dogmen und alles, was aus ihnen folgt. Man kann deshalb nicht genug voneinander wissen. Aber nicht weniger wichtig als das Wissen sind die Empathie und Sympathie, das Einfühlen und Mitfühlen mit den Menschen der verschiedenen Religionen, die, wenngleich auf sehr verschiedene Weise, mit uns Menschen in dieser Welt sind.

Worum also geht es in diesen Dialogvorlesungen? In einer Zeit, wo der Friede in der Welt und das Zusammenleben der Menschheit in Freiheit und Gerechtigkeit so oft gerade von religiösen Spannungen bedroht werden, muß es in erster Linie darum gehen, unseren *Verständnis- und Informationshorizont zu erweitern:* Für den das Weltgeschehen heute aufmerksam verfolgenden Zeitgenossen soll hier auf dem gegenwärtigen Stand der Forschung, aber in der Form des großen, allgemein verständlichen Überblicks das absolut unabdingbare Wissen über die großen Religionen der Welt – Islam, Hinduismus und Buddhismus – geboten werden. Dies ist für den Spezialisten, wie man weiß, oft schwieriger als die Ausbreitung von viel Detailwissen (auf Fußnoten wurde möglichst verzichtet und statt dessen für jede Religion, zusammen mit einer Zeittafel, eine kurze, ausgewählte Bibliographie über weiterführende Literatur geboten).

Mit der Information soll sich dann aber zweitens die *Diskussion* verbinden: Die Antwort des christlichen Theologen soll deutlich machen, wie das Gespräch heute gesucht – oft wird es noch immer nur gesucht – werden kann und wo die neuralgischen Punkte eines solchen Gesprächs liegen. Es geht also weniger darum, alle Detailfragen zu beantworten und alle Gegeneinwürfe zu formulieren, vielmehr sollte im Verlauf der Darlegungen so etwas wie eine *Darstellung des Christentums im Spiegel der Weltreligionen* entstehen.

Wechselseitige Information, wechselseitige Diskussion und wechselseitige Transformation: So wird es langsam nicht zur unkritischen Vermischung, wohl aber zur *gegenseitigen kritischen Erhellung, Anregung, Durchdringung und Bereicherung* der verschiedenen religiösen Traditionen kommen, wie sich dies zwischen den verschiedenen konfessionellen Traditionen im Christentum selbst schon seit längerem abzeichnet – in Theorie und Praxis. Ja, dies dürfte der Weg sein, der zu jener Verständigung zwischen den Religionen führt, die keine Welteinheitsreligion kreieren, wohl aber – nach so vielen heißen und kalten Kriegen mit ungezählten Opfern – eine echte Befriedung herbeiführen will.

Zur Aussprache indischer und arabischer Wörter

Islam: Arabisch und Persisch. – Hinduismus: Sanskrit. – Buddhismus: Sanskrit und Pāli. (Die hier verwendete Schreibweise folgt weitgehend dem Gebrauch in englischsprachigen Publikationen.)

a, i, u	kurze Vokale (wie deutsch: Sack, Sitz, Ruck)
ā, ī, ū	lange Vokale (wie deutsch: wagen, wiegen, suchen)
e, o, ai, au	(wie deutsch: legen, Ofen, weisen, laufen) Die Betonung von Sanskritwörtern ergibt sich größtenteils aus genauer Beachtung von langen und kurzen Vokalen.
bh, dh usw.	Im Sanskrit und Pāli haben *alle* aspirierten Konsonanten einen deutlichen Hauchlaut: (*Bhakti* sprich B-hakti, *Buddha* sprich Budd-ha, usw.)
c	wie *tsch* auf Italienisch: *cena, Cesare* (Sanskrit: *Candra* sprich Tschandra)
gh	im Arabischen: Reibelaut (ähnlich wie g im Holländischen)
h	ist niemals Längungszeichen, sondern immer konsonantisch auszusprechen (arabisch: Rahmān sprich Ra*h*mán)

j	wie *dsch* auf Italienisch: *giorno* (Sanskrit: *Jaina* sprich Dschaina; arabisch: *Hijra* sprich Hidschra)
kh	arabisch: wie deutsches *ch* in machen
r	Zungen-r
s	stimmloses (scharfes) *s* wie im Deutschen: Biß
sh	wie deutsches *sch:* *Shiva* sprich Schiwa; *Vishnu* sprich Wischnu; *Sharī'a* sprich Scharía
th	im Arabischen wie stimmloses englisches *th* (wie in *thing)*
v	wie *w* (*Veda* sprich Weda)
y	wie *j* (*Yoga* sprich Joga; *Ahmadiyya* sprich Ahmadíja)
z	im Arabischen: stimmhaftes *s* (wie in suchen)
'	im Arabischen: fester Stimmansatz (wie in *ver-achten* oder in *mein Eid* (gegenüber *Meineid*)
'	im Arabischen: stimmhafter Kehllaut (keine Parallele in europäischen Sprachen)

Zeittafel

486 (korrigierte längere Chronologie) oder 368 v. Chr. (kürzere Chronologie)	Parinirvāna (Tod) des Buddha im Alter von 80 Jahren
268–233 v. Chr.	König Ashoka; erste Ordensreform; Konzil von Pātaliputra; Einführung des Buddhismus in Lanka (Ceylon)
89–77 v. Chr.	König Vattagāmanī Abhaya von Ceylon; Niederschrift des Pāli-Kanons
1. bis 5. Jh. n. Chr.	Entstehung der großen Lehrtexte des Mahāyāna
67 n. Chr.	Einführung des Buddhismus in China (traditionelle Datierung)
ca. 200	Nāgārjuna
ca. 300	Maitreyanātha
ca. 470	Ankunft des Bodhidharma in China
ca. 480–540	Dignāga
ca. 620–649	König Srong-tsen gam-po von Tibet führt den Buddhismus ein
836–842	König Lang-dar-ma von Tibet unterdrückt den Buddhismus
845	Unterdrückung des Buddhismus in China durch Kaiser Wu-tsung
972	erster Druck des chinesischen Tripitaka
11. bis 13. Jh.	Vernichtung des indischen Buddhismus durch islamische Eroberer
1044–1077	König Anuruddha von Birma macht den Theravāda-Buddhismus zur Staatsreligion seines Reiches

1130–1212	Shonin Hōnen, Begründer des Jōdo-shū
1173–1262	Shinran, Gründer des Jōdo-shin-shū
1222–1282	Nichiren
1290–1364	Bu-tön, Redaktor des tibetischen Kanons
1357–1419	Tsong-kha-pa, Reformator des tibetischen Buddhismus
1575	zweite (endgültige) Mongolenbekehrung
1750	Reform des Sangha in Ceylon durch Saranankara
1864–1933	David Hewavitarne (Anagārika Dharmapāla)
1871	Fünftes Konzil in Mandalay
1873	Streitgespräch von Pānadurā
1891	Gründung der Maha Bodhi Society
1904	Nyanatiloka ordiniert
1919	Gründung des Reiyukai, der ältesten »Lotus-Sekte«
1950	Gründung der World Fellowship of Buddhists; öffentlicher Übertritt von B. R. Ambedkar (1891–1956) zum Buddhismus
1954–1956	Sechstes Konzil in Rangoon
1959	Flucht des Dalai Lama nach Indien

I. Der historische Buddha: Seine Lehre als Weg zur Erlösung

1. Heinz Bechert: Buddhistische Perspektiven*

Lebensumstände und Bedeutung des historischen Buddha

Nach Islam und Hinduismus kommen wir nun zum Buddhismus. Diese Reihenfolge in der Behandlung der großen Religionen liegt schon aus geographischer Sicht nahe; denn die Verbreitungsgebiete des Buddhismus in Südost-, Zentral- und Ostasien schließen sich östlich an diejenigen von Islam und Hinduismus an. Es gibt aber auch einen sachlichen Grund, den Buddhismus erst nach dem Hinduismus zu besprechen: Wie Christentum und Islam aus dem Judentum hervorgegangen sind und ihre Entstehung ohne diese historische Grundlage nicht vorstellbar wäre, so ist der Buddhismus als historisches Phänomen vor dem Hintergrund der damals in Indien verbreiteten religiös-philosophischen Denkweisen zu verstehen, die man als Vor- oder Frühformen des Hinduismus bezeichnen kann. Da ist zunächst die Lehre von der Seelenwanderung und vom Kreislauf der Existenzen zu nennen, die bereits in der vorbuddhistischen Upanishaden-Literatur nachweisbar ist. Diese Vorstellungen wurden, ebenfalls schon in vorbuddhistischer Zeit, mit der Lehre vom Karman verbunden, also von der Wirkung guter und böser Taten auf die Art, wie die Wiederverkörperung stattfindet. Und vor allem: auch die Frage nach dem Weg zur Erlösung aus diesem Kreislauf war schon gestellt, und

* Über die endgültige und stark erweiterte Form der »christlichen Antworten« in diesem Teil des Bandes hat, wie im Vorwort erwähnt, eine Abstimmung zwischen dem Verfasser der »Buddhistischen Perspektiven« und dem Verfasser der »Christlichen Antwort« aus Termingründen nicht mehr stattfinden können; Herr Lic. phil. Alois Payer hat den Verfasser der »Christlichen Antwort« in dieser Hinsicht beraten.

einige der Methoden, die für den Erlösungsweg des Buddhismus angewandt wurden, waren grundsätzlich schon bekannt; es gab viele Formen von asketischen Praktiken und Yoga-Übungen. Auch der Anspruch der brahmanisch-vedischen Tradition auf allgemeine Anerkennung hatte schon vor der Zeit des Buddha seine generelle Gültigkeit in Indien verloren. Ājīvikas und Jainas bestritten den Wert der Veden und stellten sich damit bewußt außerhalb der vedisch-hinduistischen Tradition. Die Frage nach der Existenz von Gott und Göttern war bereits gestellt und ganz unterschiedlich beantwortet worden. Sinn und Berechtigung überkommener und scheinbar geheiligter Überlieferungen, zum Beispiel der alten Opferriten, der Kastenordnung usw., waren nicht mehr unumstritten.

Wie wir den Quellen entnehmen können, gab es in Nordindien zur Zeit des Buddha eine ungewöhnlich große Vielfalt von Lehrern und Lehren. Es war eine jener glücklichen Perioden fast unbeschränkter Meinungsvielfalt, wie sie die Menschheit nur selten erleben durfte. Damals wurde nun ein Asket namens Siddhārtha Gautama zum Buddha, zum »Erwachten« oder »Erleuchteten«. Wer war er, und wie ist es dazu gekommen?

Lassen wir beiseite, was spätere Legendenbildung hinzugefügt hat, so läßt sich der historische Lebenslauf des Buddha recht klar nachzeichnen: Der junge Siddhārtha war in der Adelsrepublik der Shākyas zu Hause und wurde deshalb später auch Shākyamuni, der Weise aus der Shākya-Familie, genannt. Sein Vater Shuddhodana war Oberhaupt einer jener Familien, die gemeinsam die kleine Adelsrepublik der Shākyas im heutigen indisch-nepalesischen Grenzgebiet regierten. Diese Familien gehörten zur Kaste der Adeligen (kshatriya). Der junge Siddhārtha heiratete Yashodharā. Sie hatten einen Sohn, der den Namen Rāhula erhielt. Trotz äußerlich glücklicher Lebensumstände entschloß sich Siddhārtha im Alter von 29 Jahren, Heimat und Familie zu verlassen, um als Asket nach der endgültigen Erlösung vom Leiden zu suchen. Er teilte seinen unwiderruflichen Entschluß dazu seinen Angehörigen mit – die Geschichte vom heimlichen Aufbruch gehört ins Reich der Legende. Er schloß sich verschiedenen Lehrern an, die behaupteten, den Weg zur Erlösung zu kennen. Nachdem ihn die Befolgung ihrer Lehren diesem Ziel nicht nähergebracht hatte, unterzog er sich strengster Askese mit extremem Fasten und gefährlichen Atemübungen. Dies führte ihn bis an den Rand des Todes. Aber auch die härteste Askese erwies sich als vergebens. Siddhārtha gab sie deshalb nach sechs Jahren wieder auf und wurde nun von seinen Schülern und Bewunderern verlassen. Am Ufer des Flusses Nairanjanā erholte er sich. Und jetzt gelang ihm, unter einem Baum sitzend, in tiefer Versenkung endlich die Schauung der Wahrheit, des Weges zur Erlösung und seine Verwirklichung. Nun war Siddhārtha zum Buddha geworden und hatte das Nirvāna erreicht. Er wußte, daß er nicht wiedergeboren würde. Dies geschah an der Stelle des heutigen Bodh Gaya im indischen Bundesland Bihar unter dem Bodhi-Baum, dem »Baum der Erleuchtung«.

Erst nach längeren Überlegungen – die Legende sagt, auf Drängen des Gottes Brahman – entschloß sich der Buddha, den Menschen die von ihm erkannte Wahrheit darzulegen; denn sie ist schwer verständlich, kaum in Worte zu fassen. Er wanderte nach Varanasi (Benares). Der erste, dem er seine Lehre darlegen wollte – auch dies wird überliefert –, wandte sich verständnislos ab. Dann aber, im Gazellenhain von Sarnath vor den Toren der Stadt Varanasi, traf er fünf Wanderasketen, die ihn aus der Zeit seiner extremen Askese kannten. Er legte ihnen seine Lehre nach dem Grundschema der »Vier Heiligen Wahrheiten« in der sogenannten Predigt von Benares dar und bekehrte sie. Damit war der Sangha, die Ordensgemeinschaft der buddhistischen Mönche und Nonnen, gegründet. Etwa 45 Jahre lang wanderte er lehrend durch das Gebiet des heutigen Uttar Pradesh und Bihar. Im Alter von 80 Jahren starb der Buddha in Kushinagara an einer Lebensmittelvergiftung; er ging nun ins Parinirvāna ein, das heißt, er erreichte den Zustand des völligen Erlöschens, aus dem es keine Wiedergeburt mehr gibt. Im Laufe der Jahre war der Buddha so berühmt geworden, daß um die Reste seiner Asche fast ein Krieg zwischen verschiedenen Fürsten der Gegend ausgebrochen wäre. Aber es kam doch zur friedlichen Verteilung seiner Aschen- und Knochenreste: damit hatte der buddhistische Reliquienkult begonnen.

Wann dies alles zu datieren ist, wissen wir nicht genau. Der Zeitpunkt des Parinirvāna, also des Todes des Buddha, wird ganz unterschiedlich berechnet. Nach alter indischer Tradition war es

368 vor Christus, nach Ansicht führender japanischer Gelehrter 386 vor Christus. Von der ceylonesischen Tradition wird 543 vor Christus als Todesjahr des Buddha angesehen. Da die ceylonesische Tradition auch andere chronologische Fehler aufweist, hat man sie auf 486 oder 480 vor Christus berichtigt, und dieses Datum findet man heute in fast allen Geschichtsbüchern. Aber es ist ganz offensichtlich um wenigstens 100 Jahre zu früh angesetzt.

Für das Verständnis der Lehre des Buddha ist diese Frage allerdings ohne Bedeutung. Der Buddha hat sich selbst nicht als einmalige historische Erscheinung betrachtet wie Jesus. Er lehrte keineswegs, die Menschheit könne nur durch ihn erlöst werden. Er ist niemandes Gesandter oder Beauftragter, und er hat von niemandem eine Offenbarung erhalten. Er ist nur Wegweiser zu Einsichten, die er allein aus eigener Kraft erlangt hat. Von Ritual und symbolisch-magischem Zeremoniell, das wir beim brahmanischen Opferritual ebenso finden wie in der traditionellen Auffassung vom christlichen Meßopfer, hält er nichts. Die Vorstellung von einem die Welt erschaffenden und regierenden Gott, im damaligen Indien durchaus verbreitet, bezeichnet er als Illusion. Nach seiner Lehre gibt es keine ewig existierende Seele, und daher kann es weder ewige Seligkeit noch ewige Verdammnis geben. Der bloße Glaube an den Buddha oder an seine Lehre führt nicht zur Erlösung. Gebete und die Hoffnung auf Gnade und Vergebung, die ja bestimmte Gottesvorstellungen voraussetzen, haben in seiner Lehre keinen Platz.

Gleichwohl gibt es eine endgültige Erlösung vom Leiden. Nur die konsequente Verwirklichung des vom Buddha gewiesenen Weges vermag uns dahin zu führen. Dieser Weg ist absolut; er ist nicht vom Buddha oder von sonst irgend jemandem abhängig. Man kann diesen Weg auch erkennen, ohne je vom Buddha gehört zu haben: Die Buddhisten berichten von Pratyekabuddhas, für sich »privat Erleuchteten«. Und es gab andere Buddhas der Vergangenheit und wird andere Buddhas in der Zukunft geben, die die Wahrheit erkennen. Man könnte so weit gehen zu sagen: Es ist für die Frage nach der Wahrheit der buddhistischen Lehre nicht entscheidend, ob der Buddha als historische Persönlichkeit je existiert hat, während zum Beispiel das Christentum ohne die historische Person Jesu seinen Sinn verlöre.

So suchen wir viele der Vorstellungen und Begriffe, die in anderen Religionen zentrale Bedeutung haben, im ältesten Buddhismus vergebens; der Buddha hat sie als falsch oder wertlos beiseite geschoben. Freilich können die meisten Menschen ohne Gebet, Ritual, Wunderglauben und dergleichen auf die Dauer nicht auskommen, und so ist vieles von dem, was da gleichsam durch die Vordertür hinausgeworfen wurde, dann durch die Hintertür auch in den Buddhismus wieder eingetreten. Die geschichtliche Entwicklung des Buddhismus hat dies nur allzu deutlich gezeigt.

Sinn und Ziel der Lehre des Buddha

Man hat dem Buddhismus vorgeworfen, er vertrete einen spirituellen Egoismus, gewähre keinen Trost für die Armen und Schwachen, ja er sei nihilistisch und pessimistisch. Vor allem die Lehre von der totalen Eigenverantwortlichkeit jedes Einzelnen für sein Schicksal sei unmenschlich und trostlos. Doch: wenn diese Beschreibung der Wirklichkeit durch den Buddha richtig ist, dann geben sich die Kritiker seiner Lehre einer Selbsttäuschung hin. Der Buddha hat die Welt nicht geschaffen und ist für ihre Mängel nicht verantwortlich. Er kann sie auch nicht ändern. Er hat nur ihre wahre Natur erkannt und sie damit überwunden.

Es ist immer wieder behauptet worden, die Lehre des Buddha sei eigentlich nur eine Philosophie, keine Religion. Dies trifft nicht zu: Philosophie ist der Versuch, die Welt zu erklären, oder Reflexion über ihre Erklärbarkeit. Aber der Buddha hat es abgelehnt, eine Welterklärung zu geben. Er hat den Sinn seiner Lehre immer wieder und ganz eindeutig bestimmt: Nur was zur Erlösung, zum Nirvāna führt, ist Gegenstand dieser Lehre. Einstmals weilte der Buddha bei Kosambī, nahm einige Blätter von einem Simsapā-Baum in die Hände und fragte: »Was ist mehr, diese wenigen Simsapā-Blätter, die ich in die Hand genommen habe, oder die anderen Blätter droben im Simsapā-Wald?« – Die Mönche antworteten: »Die vielen Blätter im Wald.« – »So auch«, sagt der Buddha, »ist das viel mehr, was ich erkannt und euch nicht verkündet habe, als das, was ich euch verkündet habe. Und warum habe ich jenes nicht verkündet? Weil es euch keinen Nutzen bringt, nicht zur Abkehr vom Irdischen, zur Überwindung der Begierde, zum Nirvāna führt. Und was habe ich euch verkündet? Was das Leiden ist, was die Entstehung des Leidens ist, das habe ich euch verkündet« (Samyuttanikāya V, 437 f.).

»Wie das große Meer nur von einem Geschmack durchdrungen ist, dem Geschmack des Salzes, so ist auch diese Lehre und Ordnung nur von einem Geschmack durchdrungen, dem der Erlösung« (Vinaya II, 238).

Der Buddha ist ein Arzt, der die Krankheit seiner Patienten heilt, indem er ihnen das richtige Heilmittel gibt, ihnen zeigt, wie sie gesund werden können. Die Fragen der Philosophen, die nur aus Wissensdurst gestellt werden, haben da keinen Platz. »Ein Mann«, so sagt der Buddha, »wurde von einem vergifteten Pfeil getroffen, und seine Freunde rufen einen kundigen Arzt. Wenn der Kranke nun sagte: ›Ich will meine Wunde nicht behandeln lassen, bis ich weiß, wer der Mann ist, von dessen Pfeil ich getroffen bin, welcher Kaste er angehört, wie er heißt usw.‹ – was würde das Ende der Sache sein? Der Mann würde an seiner Wunde sterben« (Majjhimanikāya I, 426). Dem Buddha geht es allein um das Überwinden des Leidens, und deshalb beschränkt er sich konsequent darauf, das Wesentliche zu lehren, den Weg zur Heilung von unserer Krankheit; denn diese Krankheit ist nichts anderes als unser Dasein selbst.

Die Philosophen, die in der Gier nach neuer Erkenntnis befangen bleiben, gleichen den Blindgeborenen, die man einen Elefanten hat betasten lassen: Einer hat den Kopf, einer den Rüssel, der dritte hat den Schwanz betastet, und nun streiten sie sich: »der Elefant sieht so aus«; »nein, er sieht so aus« – bis der Kampf der Meinungen in den Kampf der Fäuste übergeht (Udāna VI, 4). Ist das nicht die treffendste Beschreibung dessen, was aus den Auseinandersetzungen über Glaubenslehren und Weltanschauungen in der Geschichte der Menschheit geworden ist?

Der Buddha hat stets an die Vernunft und an die Erkenntnisfähigkeit des Menschen appelliert. Seine Lehrweise ist der philosophische Dialog, der im Prinzip dem platonischen Dialog entspricht. Er verkündet nichts ex cathedra, sondern ruft in seinem Gesprächspartner Erkenntnis hervor, überzeugt ihn durch geduldige Argumentation. Aber: es ist nicht alles in der Welt durch bloßes Nachdenken, durch bloße Vernunft zu ergründen. Die höchste Erkenntnis ist nur durch die Verwirklichung des buddhistischen Heilsweges zu erfahren, wie wir noch sehen werden.

Nutzlosigkeit des Glaubens und Koexistenz mit anderen Religionsformen

Der Buddha hat seine Lehrverkündigung auch mit der Aufforderung verbunden, ihm nicht einfach zu glauben, sondern seinen Rat zu befolgen und die Richtigkeit seiner Lehre durch die Praxis nachzuprüfen. Gläubige sind wie eine Kette von Blinden, von denen keiner etwas sieht. Der Buddha sah, wie gefährlich es ist, wenn die Menschen sich blind und fanatisch an eine Lehre klammern, und sei es die des Buddha selbst. Auch deshalb hat er die Notwendigkeit der Toleranz gegenüber Andersdenkenden hervorgehoben. Diese Toleranz geht weit über bloße Duldung hinaus: Einstmals bekehrte der Buddha nach einem langen Gespräch den Hausherrn Upāli, der vorher Anhänger des Mahāvīra, des Begründers der Religionsgemeinschaft der Jainas, gewesen war. Upāli will nun nach seiner Bekehrung sein Haus für die Anhänger anderer Lehren verschließen. Der Buddha mißbilligt dies und sagt ihm: »Seit langem ist dein Haus eine Gabenquelle für die Jaina-Mönche, darum solltest du ihnen auch weiterhin Speise geben, wenn sie zu dir kommen« (Anguttaranikāya IV, 185).

Zwar erhielten die buddhistischen Mönche einen Missionsauftrag, »aus Mitleid für die Welt und vielen zum Heile« die Lehre des Buddha zu verkünden. Aber sie sollten nicht predigen, wenn sie nicht ausdrücklich dazu aufgefordert waren. Noch viele Jahrhunderte später sollte kein Mönch ein Buch schreiben, wenn nicht jemand mit diesem Wunsch an ihn herangetreten war. Die Lehre des Buddha darf den Menschen unter keinen Umständen aufgedrängt werden.

Der Buddhismus hat oft auch in dem Sinne gleichzeitig mit anderen Religionsformen existiert, daß sich ein und dieselbe Person zu beiden bekennen konnte. Dies ist von abendländischen Beobachtern meist nicht richtig verstanden worden, erklärt sich aber, wenn man den Sinn der buddhistischen Lehre in Betracht zieht:

Der Buddha ist eben kein Gott, kein Tröster, der uns helfen kann, wenn zum Beispiel einer unserer Angehörigen in Lebensgefahr schwebt. In solchen Fällen ist es oft kein genügender Trost zu erfahren, daß alle Existenz Leiden ist und daß das Ausmaß des Leidens vom eigenen früheren Tun abhängt. Vielleicht sind wir auch nur zu schwach, um diese harte Wahrheit ertragen zu können. Deshalb hat der Buddhismus für seine Laienanhänger zu allen Zeiten den Weg zu den traditionellen Göttern und Kulten offengelassen. Die buddhistische Lehre und ihre Einrichtungen sind, wie gesagt, ausschließlich auf das eine Ziel der endgültigen Erlösung vom Leiden, das Nirvāna, hin orientiert. Daher kann für andere religiöse Bedürfnisse, wie sie im Alltag der in der Welt lebenden Menschen bestehen, die Anrufung von Göttern und Geistern anderer Kulte sinnvoll erscheinen. Ein Konflikt mit dem Buddhismus entsteht dadurch nicht, weil solche Praktiken nach buddhistischer Definition nicht Teil der Religion (shāsana), sondern weltlicher Natur sind. Dabei gelten freilich einige Einschränkungen: Buddhistische Mönche sollen sich nicht mit Götter- oder Geisterkulten befassen oder an ihren Ritualen teilnehmen, weil sie dem weltlichen Leben entsagt haben. Blutige Opfer sind ebenfalls unzulässig, weil sie dem buddhistischen Sittengebot, nicht zu töten, widersprechen.

Der Buddha erkennt der traditionellen Religiosität auch eine soziale Funktion zu. Nach den Voraussetzungen für das Gedeihen eines Gemeinwesens befragt, nannte er, außer regelmäßigen Ratsversammlungen, Einigkeit in der Durchführung ihrer Beschlüsse, Festhalten an den alten Gesetzen und Achtung vor dem Recht auch die Erhaltung der privaten und öffentlichen Heiligtümer und die Gewährung der von alters her üblichen frommen Spenden und Opfer – das sind die Riten für die alten Götter. Sie stehen nicht im Konflikt mit der Gewährung von Schutz und Sicherheit für die Vollendeten – das sind die Heiligen des Buddhismus. So kommt es, daß auch noch heute am Hofe des Königs von Thailand, des Schirmherrn der buddhistischen Religion in seinem Lande, brahmanische Hofpriester tätig sind. Sie führen hinduistische Riten durch, die nach altem Brauch an einem Königshof im indischen Kulturkreis üblich sind.

Die Grundlagen der buddhistischen Lehre sind in den »Vier Heiligen Wahrheiten« formuliert, die der Buddha schon in seiner ersten Lehrrede, der »Predigt von Benares«, dargelegt hat.

Die *erste* dieser Wahrheiten lautet: »Alles ist Leiden«, oder, anders ausgedrückt: Alle Formen des Daseins sind ihrem Wesen nach letztlich leidvoll. Dies bedeutet natürlich nicht, daß das Dasein in jedem Augenblick manifest leidvoll wäre; wäre dies so, hätte es sich selbst längst aufgehoben. Gefühle usw. werden in den Lehrtexten ausdrücklich als angenehm, unangenehm oder neutral bezeichnet. Und doch, letztendlich sind sie alle leidvoll. Warum? Weil alle Gegebenheiten der Erscheinungswelt vergänglich sind. Sie sind dem Gesetz steten Wandels, dem unentrinnbaren Kreislauf von Entstehen und Vergehen unterworfen. So wie der aus Wasserblasen gebildete Schaum, den man auf einem schnell fließenden Gewässer sieht, sich ständig bildet und wieder vergeht, ohne bleibende Substanz ist, so verhält es sich auch mit allen Teilen unserer Persönlichkeit. Nur aus Unwissen und Verblendung suchen wir immer wieder etwas Dauerhaftes und Unvergängliches im Dasein, eine unvergängliche Seele, ein Selbst in uns. Der Buddha sagt uns, daß unser Dasein nichts weiter ist als ein »Prozeß«, ein Vorgang ständigen Entstehens und Vergehens von Daseinselementen in einem scheinbaren Kontinuum.

Die Gewißheit, daß wir in unserer Person eine ewige Substanz oder Seele nicht finden können, gewinnen wir aus der Analyse der Persönlichkeit, die aus fünf vergänglichen sogenannten Daseinsgruppen besteht: körperliche Form, Empfindung, Wahrnehmung, psychische »Gestaltungen« und Bewußtsein. Da alle diese Teile der Persönlichkeit dem Entstehen und Vergehen unterworfen sind, ist es sinnlos, nach einer unvergänglichen Seele in ihr zu suchen. Diese Erkenntnis ist das wesentlichste besondere Merkmal des Buddhismus. Es ist in der Lehrformel von den »drei Merkmalen« formuliert: Alles ist leidvoll, alles ist vergänglich, und alles ist »nicht das Selbst«.

Wenn dem so ist, müssen wir uns natürlich fragen: Wieso ist dann Wiederverkörperung, wieso ist Existenz überhaupt möglich? Die Antwort darauf gibt uns die *zweite* der vier Heiligen Wahrheiten. »Dies, ihr Mönche«, sagt der Buddha, »ist die Wahrheit von der Entstehung des Leidens: es ist das Begehren, das von Wiederverkörperung zu Wiederverkörperung führt, das hier und dort seine Freude findet; das Begehren nach Lust, nach Dasein und nach Vernichtung.« Der Buddha gebrauchte die bildhafte Bezeichnung »Durst« für dieses Begehren; es ist die treibende Kraft, die den Daseinskreislauf in Gang hält. Dieser Kreislauf kann nicht einfach abgebrochen werden, etwa durch Selbstmord, der nur zu neuer Wiederverkörperung führen müßte. Das Begehren nach Untergang und Vernichtung ist genauso eine Form dieses »Durstes« wie jedes andere Begehren. Alle Formen des »Durstes« führen mithin zum Festhalten im Samsāra, im Daseinskreislauf. Die Art der Wiedergeburt wird von dem uns schon bekannten sogenannten Karman-Gesetz bestimmt; man erlangt in guten Existenzformen Wiederverkörperung durch gute Taten, in schlechten aber durch böse Taten (karman). Die ältesten Texte kennen fünf Orte der Wiederverkörperung: Hölle, Tierwelt, Gespensterreich, Menschenwelt, Götterwelt. Götter sind nichts anderes als Wesen im Kreislauf der Existenzen, die durch gutes Karman zu einer besonders angenehmen Existenzform begrenzter Dauer aufgestiegen sind.

Das Weltgeschehen ist also nicht willkürlich, nicht bloßem Zufall unterworfen, sondern unabänderlichen Gesetzmäßigkeiten. Die uns bekannten Naturgesetze sind nur ein kleiner Teil dieser Gesetzmäßigkeit; als ganzes ist sie unentwirrbar kompliziert, für den Menschen nur in Teilen begreifbar. Die den Dingen zugrundeliegende Ordnung ist Dharma (»Gesetzmäßigkeit«). Mit demselben Wort wird auch die Lehre des Buddha bezeichnet; in ihr wird aus jener unendlichen Vielfalt der »Gesetzmäßigkeit« dargelegt, was man wissen muß, um den Weg zur Erlösung beschreiten zu können.

Der Zusammenhang der einzelnen Faktoren im Kreislauf der Existenzen wird in der berühmten Formel vom »Entstehen in Abhängigkeit« (pratītyasamutpāda) beschrieben. Ich will diese oft ungenau als »Kausalnexus« bezeichnete Formel als Beispiel für die Art der frühen buddhistischen Lehrdarlegung in Kurzform zitieren: In Abhängigkeit von der (1.) »Unwissenheit« entstehen die (2.) psychischen »Gestaltungen«, das heißt, in dem Menschen, der das erlösende Wissen nicht besitzt, entstehen die Willensregungen, die sich auf Objekte des Daseins und auf dieses selbst richten. In Abhängigkeit von diesen »Gestaltungen« entsteht nach dem Tode ein (3.) »Bewußtsein« als Träger einer neuen Existenz; abhängig davon entwickeln sich (4.) »Name und Form«, das heißt psychische Faktoren und Körper, und weiter (5.) der »sechsfache Bereich«, das heißt die sechs Sinnesorgane, also die fünf Sinne und das Denken; daraus folgt (6.) die »Berührung« der Sinnesorgane mit ihren Objekten. Daraus entstehen (7.) die »Empfindungen«, die wiederum (8.) die Gier, wörtlich den »Durst«, nach den Objekten und nach dem Dasein entstehen lassen. Damit führen sie nach dem Tod zum (9.) »Ergreifen« eines neuen Mutterschoßes, zum (10.) »Werden«, zur neuen (11.) »Geburt« und damit wieder zu (12.) »Alter und Tod«.

Können wir diesem Kreislauf leidvollen Daseins je entrinnen? Der Buddha beantwortet diese Frage mit der *dritten* der vier Heiligen Wahrheiten: »Dies ist die Wahrheit von der Aufhebung des Leidens: es ist die restlose Abwendung vom Begehren, das Erlöschen, Verwerfen, Aufgeben des Begehrens.« Dieses restlose Aufgeben des Begehrens ist nur möglich für den, der alles, auch das Angenehme und das scheinbar Beständige in der Welt, als vergänglich, als dem Leiden unterworfen und als ohne Selbst erkennt und infolge dieser Erkenntnis allem mit Gleichmut begegnen kann. Das Ende des Begehrens ist die endgültige Befreiung, das Ende aller Daseinsgrundlagen, das Erlöschen, das Nirvāna.

Der Weg zur Erlösung

Nun ist zu fragen, wie diese Befreiung zu erlangen sei. Die Antwort gibt uns die *vierte*, vom Weg zur Aufhebung des Leidens handelnde Wahrheit. Dieser Weg ist der vom Buddha gelehrte »edle achtgliedrige Pfad«. Er führt zur Aufhebung von Unwissenheit und damit zur Erlösung aus dem Daseinskreislauf. Das erste Glied dieses achtgliedrigen Pfades, die »rechte Ansicht«, besteht in der Erkenntnis der vier Heiligen Wahrheiten und in der Einsicht, daß die Persönlichkeit nicht ein ewig existierendes »Selbst« (ātman) darstellt. Daraus folgen die übrigen Glieder des Pfades;

sie beziehen sich auf das sittliche Verhalten des Erlösungsuchenden und auf die richtigen Methoden der Meditation und der Konzentration. Mit ihrer Hilfe wird die Illusion vom »Selbst« auch in den tieferen Schichten der Psyche aufgehoben, die Daseinsgier überwunden und die Erlösung erreicht. Damit werden die drei »unheilsamen« Grundursachen oder »Wurzeln«, nämlich Gier, Haß und Verblendung, beseitigt.

Die buddhistische Ethik ist mithin ein Teil der Erlösungslehre, nicht Selbstzweck oder Werkgerechtigkeit und schon gar nicht die Ausführung eines göttlichen Befehls, wie etwa die Ethik des Alten Testaments. Sie beruht auf den Ratschlägen, die der Buddha seinen Anhängern gegeben hat. Sie ist eine reine Gesinnungsethik; nicht auf die zur Ausführung gelangte Tat kommt es an, sondern auf die ihr zugrundeliegende und in ihr zum Ausdruck kommende Geisteshaltung. Wer eine Schnur irrtümlich für eine Schlange hält und auf sie einschlägt, um sie zu töten, hat sich der Tötung schuldig gemacht. Das Nichtverletzen von Leben ist die erste Grundlage sittlichen Verhaltens. Ziel des sittlichen Verhaltens ist gleichzeitig die Beherrschung der Sinne; Grundlage ist die richtige innere Einstellung, wie sie in den vier Brahmavihāras, den vier »göttlichen Verweilungszuständen«, zum Ausdruck kommt: Güte, Mitleid, Mitfreude und Gleichmut. Mit diesen vier Geisteshaltungen durchstrahlt der Meditierende alle Richtungen. Die Haltung der großen Güte und des großen Mitleids bestimmt das Wesen der Buddhas.

Ethisches Verhalten im Sinne des Buddhismus ist gleichzeitig das für den Handelnden auf längere Sicht nützliche, das heilsame Verhalten. Allerdings darf der Handelnde bei seinem Verhalten nicht nach diesem Nutzen schielen; denn dadurch würde sein Egoismus gestärkt, und er könnte gar keinen Nutzen daraus ziehen. Daher muß sein gutes Handeln absichtslos sein. Wie erwähnt, ist dieses richtige Verhalten durch die Weltordnung in dem Sinne bestimmt, daß heilsames Tun gutes Karman, unheilsames Tun aber böses Karman hervorbringt. Dementsprechend wird das auf den Grundtugenden von Mitleid und Güte beruhende Handeln gute, das aus den Grundübeln Gier, Haß und Wahn hervorgehende Tun aber böse Folgen nach sich ziehen.

Diese Gesetzmäßigkeit entzieht sich allerdings der direkten Erkennbarkeit, wie ohne weiteres einzusehen ist. Da die Wesen aber verschieden sind und sich auf ganz verschiedenen Stufen des Weges zur Erlösung befinden, gibt es keinen Codex für alle Wesen gleichermaßen gültiger Verhaltensregeln; vielmehr ist die buddhistische Ethik, wie es der 1963 verstorbene Tübinger Indologe und Religionswissenschaftler Helmuth von Glasenapp formulierte, eine »Stufenethik«. Wie wir im nächsten Kapitel sehen werden, gelten deshalb zum Beispiel andere Verhaltensregeln für diejenigen, die in der Welt leben, als für diejenigen, die sich als Mönche und Nonnen aus ihr zurückgezogen haben. Für alle Menschen, die seiner Lehre folgen wollen, hat der Buddha als eine Art von Minimalregeln für richtiges Verhalten *fünf* Regeln formuliert: nicht zu töten, nicht zu stehlen, sexuelle Ausschweifungen zu meiden, nicht zu lügen und sich des Rauschmittelgenusses zu enthalten. Mit diesen allgemeinen Empfehlungen für moralisch richtiges Verhalten wird keine bestimmte Ordnung der weltlichen Rechts- und Lebensverhältnisse vorgeschrieben, da der Buddha konsequenterweise seine Aufgabe darin nicht sehen konnte. So hat der Buddhismus zum Beispiel in Fragen des sexuellen Verhaltens und des Familienrechts keine neuen Normen geschaffen: Polyandrie konnte, wo dies, wie zum Beispiel in Tibet und früher im Hochland von Ceylon, üblich war, ebenso bestehen bleiben wie Polygamie oder andernorts Monogamie. Solange man in der Welt lebt, soll man sich den geltenden Normen fügen, solange und soweit sie nicht den allgemeinen Prinzipien sittlichen Handelns zuwiderlaufen.

Die verschiedenen Formen buddhistischer Meditation oder »Geistesentfaltung« sind von größter Bedeutung für die Verwirklichung des buddhistischen Heilsweges. Das zur Erlösung führende Wissen ist nicht die bloße Kenntnis von Sachverhalten, sondern es besteht in der aus der richtigen Erkenntnis folgenden völligen Umgestaltung des nach Erlösung Strebenden von Grund auf. Die Methoden buddhistischer Meditation sind vielfältig; sie sind nach der Lehre des Buddha den jeweiligen psychischen Dispositionen des einzelnen Menschen anzupassen. Man unterscheidet »analytische« Methoden und »Vertiefungen«. Unter den analytischen Methoden der Meditation ist vor allem die »Vergegenwärtigung der Achtsamkeit« (smrityupasthāna, pāli satipatthāna) zu nennen, die sich auf die Analyse der eigenen Persönlichkeit des Meditierenden und damit auf die Erkenntnis ihrer Vergänglichkeit konzentriert. Der Meditierende erlebt in jedem Augenblick in voller Bewußtheit alle Regungen seines Körpers und seiner Psyche. Die Versenkung (samādhi) wird als Gerichtetsein des Geistes auf ein einziges Objekt der Meditation definiert. Durch bestimmte Übungen werden die Vertiefungen (dhyāna) verwirklicht; das heißt, durch Konzentration des Geistes werden Versenkungszustände erreicht, die von der durch ein Glücksgefühl bestimmten ersten bis zu der durch Gleichmut bestimmten vierten Vertiefung, nach anderen Texten noch weiter bis zur achten Vertiefung jenseits der Unterscheidung von Wahrnehmung und Nichtwahrnehmung reichen.

Das Nirvāna

Das indische Wort für das Endziel des buddhistischen Heilsweges, Nirvāna, bedeutet eigentlich »Erlöschen«. Es wird im wesentlichen durch verneinende Aussagen bestimmt: Es ist das Aufhören des Leidens, das Versiegen von Gier, Haß und Wahn, das völlige Erlöschen der Daseinsgruppen. Die daraus von Kritikern des Buddhismus abgeleitete Behauptung, Nirvāna sei ein Synonym für absolute Vernichtung, und die Religion des Buddha sei ihrem Wesen nach nihilistisch, ist falsch. Zwar erlöschen beim Erlösten alle Daseinsgruppen, doch erscheint das Nirvāna nur dem unwissenden Weltmenschen als Vernichtung. Für den Wissenden ist es der von der Welt radikal verschiedene Bereich des absoluten Friedens. Eine berühmte Stelle im Pāli-Kanon sagt:

»Es gibt, ihr Mönche, einen Bereich, wo weder Festes noch Flüssiges ist, weder Hitze noch Bewegung, weder diese Welt noch jene Welt, weder Sonne noch Mond. Das, ihr Mönche, nenne ich weder ein Kommen noch ein Gehen, noch ein Stillestehen, weder ein Geborenwerden noch ein Sterben. Es ist ohne jede Grundlage, ohne Entwicklung, ohne Stützpunkt: das eben ist das Ende des Leidens« (Udāna VIII, 3).

Nirvāna ist also »das restlose ›Erlöschen‹ des in Gier, Haß und Verblendung sich äußernden, das Leben bejahenden und sich krampfhaft daran klammernden Willenstriebes, und damit die endgültige, restlose Befreiung von allem zukünftigen Wiedergeborenwerden, Altern und Sterben, Leiden und Elend«, wie es der berühmte buddhistische Mönch und Gelehrte Nyanatiloka formuliert hat. Man hat dabei zwei Mißverständnisse zu vermeiden, nämlich einerseits die Vorstellung, das Nirvāna sei einfach Vernichtung, andrerseits aber auch die Vorstellung, das Nirvāna sei so etwas wie das ewige Leben. Vielmehr ist Nirvāna ein nur zu erfahrender Zustand, der nicht in unseren Denk- und Beschreibungskategorien zu erfassen ist.

Nirvāna ist auch nicht etwas, das erst nach dem Tode erfahren werden könnte, wie es das Paradies des Islam, das ewige Leben oder die Wiederauferstehung der Christen ist. Vielmehr wird Nirvāna vom Augenblick der Erreichung der Heiligkeit an erfahren: Der buddhistische Heilige hat das völlige Erlöschen der Leidenschaften, den absoluten inneren Frieden erreicht. »Seligkeit ist das Nirvāna«, sagt Sāriputta, einer der beiden Hauptjünger des Buddha. Und auf die Frage, wie es denn Seligkeit geben könne, wo es keine Empfindung gibt, sagt er: »Ebendies ist die Seligkeit des Nirvāna, daß es hier keine Empfindung gibt« (Anguttaranikāya V, 414 f.). Körper und Psyche des Erlösten bestehen noch weiter, bis der Zeitpunkt ihres physischen Zerfalls gekommen ist. Aber die Befreiung vom Sichanklammern an das Dasein ist erreicht, die absolute innere Freiheit. Hermann Oldenberg hat die Aussage der Texte so zusammengefaßt: »In wesenloser Ferne liegt Fürchten wie Hoffen; das Wollen, das Sichanklammern an den Wahn der Ichheit ist überwunden, wie der Mann die törichten Wünsche der Kindheit von sich abwirft. Was macht es da, ob das vergängliche Dasein, dessen Wurzel vernichtet ist, noch auf Augenblicke oder auf Weltalter sein gleichgültiges Scheinleben fortsetzt? Will der Heilige schon jetzt diesem Dasein ein Ende machen, mag er es tun; aber die meisten harren aus, bis die Natur ihr Ziel erreicht hat; von ihnen gelten die Worte, die Sāriputta in den Mund gelegt werden: ›Ich verlange nicht nach Tod, ich verlange nicht nach Leben; ich warte, bis die Stunde kommt, bewußt und wachen Geistes‹« (Oldenberg, »Buddha«, S. 305 f.).

Nun müssen wir fragen, wer da eigentlich wiedergeboren wird, wer ins Nirvāna eingeht und dann nicht mehr wiedergeboren wird. Nāgasena, der dem indogriechischen König Menandros oder Milinda die Lehre des Buddha erklärte, benutzt für seine Worte folgendes Gleichnis: »Wenn jemand eine Lampe anzündet, würde sie nicht die ganze Nacht hindurch brennen? Ist nun die Flamme in der ersten Nachtwache identisch mit der Flamme der mittleren und der letzten Nachtwache, oder sind sie nun verschieden?« Der König muß beide Fragen verneinen. »So auch«, sagt Nāgasena, »schließt sich die Kette der Gegebenheiten des Daseins zusammen: die eine entsteht, die andere vergeht. Ohne Anfang, ohne Ende schließt es sich zusammen; darum ist es weder dasselbe Wesen noch ein anderes Wesen, das zur letzten Stufe seines Erkennens gelangt« (Milindapanha 40).

Nun verstehen wir, warum der Buddha die Frage nach der Weiterexistenz des Erlösten im Nirvāna nicht beantwortet hat. Die Fragen, »ob die Welt ewig oder nicht ewig ist, ob die Welt begrenzt oder unendlich ist, ob das Lebewesen mit dem Körper identisch oder von ihm verschieden ist, ob der Vollendete nach dem Tod fortlebt oder nicht oder ob er weder fortlebt noch nicht fortlebt« (Majjhimanikāya I, 426), zu beantworten lehnt er ab – sie führen ins Gestrüpp der Meinungen, zur Verwirrung, weg von dem, was allein nötig und sinnvoll ist, nämlich vom Weg zur Erlösung.

Die Fragen nach der Ewigkeit und der Existenz oder Nichtexistenz des Erlösten im Nirvāna, nach dem Absoluten, sind aber so allgemein menschliche Fragen, daß sie im Laufe der Geschichte des Buddhismus immer wieder in neuer Weise gestellt wurden. Der Buddha hat ihre Beantwortung auch nicht deshalb abgelehnt, weil er die Antwort nicht kannte; für die Buddhisten ist ein Buddha potentiell »allwissend«; das heißt, was immer er erkennen will, das kann er auch erkennen. Mit der Erleuchtung ist sein Bewußtsein nicht mehr den Beschränkungen unterworfen, denen unser normales Bewußtsein unterliegt. Moderne Buddhisten erinnern uns nun daran, daß die neueste Physik Aussagen über das Wesen des Mikrokosmos und des Weltganzen gemacht hat, die sich dem Verständnis im Rahmen unserer normalen Denkkategorien völlig entziehen, wie es ja schon mit der allgemeinen Relativitätstheorie der Fall war, und daß auch diese Aussagen vielleicht nur ganz vorläufiger Art sind. Die Fragen nach Endlichkeit und

Unendlichkeit der Welt usw. sind aber aus der Sicht normaler Erkenntnisfähigkeit gestellt. Es sind also prinzipiell falsch gestellte Fragen, und daher ist eine richtige Antwort darauf auch nicht möglich. Wenn Nirvāna ein Zustand ist, der nicht mehr dem Bereich der Samskāras, der »Gestaltungen«, angehört, der nicht mehr den Anschauungsformen von Raum und Zeit unterworfen ist, dann wäre die Beschreibung des Nirvāna als »ewiges Leben« auch ganz sinnlos, und von »höchster Seligkeit« kann nur bildhaft zur Umschreibung des Unbeschreibbaren gesprochen werden, wie in der vorhin angeführten Textstelle. Und wenn die buddhistische Erleuchtung unbeschränkte Erkenntnis gewährt, dann auch die Einsicht, daß man das Universum mit unserer beschränkten Erkenntnisfähigkeit nicht verstehen kann und daß es von vornherein sinnlos wäre, dies zu versuchen.

Buddhistische Kosmologie

Der Buddhismus stimmt in einem Punkt mit den anderen großen Religionen überein: in der besonderen Rolle, die er dem Menschen zuweist. Zunächst einmal sind für den Buddhisten alle Formen des Lebens im Prinzip gleichwertig; für ihn wie für die meisten Hindus ergibt sich dies aus der Lehre von der Wiederverkörperung. Deshalb ist es sittliches Ideal und erstes Gebot der buddhistischen Ethik, Lebendes nicht zu verletzen. Schon Arthur Schopenhauer, der als einer der ersten Europäer wesentliche Grundzüge des Buddhismus verstanden hat, stellte fest, daß die buddhistische Ethik derjenigen des Christentums überlegen sei, weil letztere die Tiere nicht berücksichtigt. In unserer Zeit, in der wir zu begreifen beginnen, welche Katastrophe die rücksichtslose Ausbeutung anderer Formen des Lebens durch den Menschen heraufbeschwört, wird uns die Richtigkeit dieser Beobachtung besonders deutlich.

Gleichwohl ist der *Mensch* insofern eine hervorgehobene Daseinsform, als nur er seine eigene Erlösungsbedürftigkeit voll zu erkennen und den Weg zur Erlösung zu beschreiten in der Lage ist. In der Form menschlicher Existenz gelangen die Wesen zu der Fähigkeit, sich selbst zu reflektieren. Auch höhere Wesen, die sogenannten Götter, haben Bewußtsein in unserem Sinne; aber ihr durch frühere gute Taten bedingtes, wenn auch zeitlich befristetes Dasein ist so beschaffen, daß ihnen das Leiden zu wenig zum Bewußtsein kommt. So wird die erste Stufe des Erlösungsweges vom Menschen beschritten (vielleicht auch von Wesen ähnlicher Bewußtseinsstruktur in anderen Welten), und Menschen erlangen die Erleuchtung und werden Buddhas.

Die buddhistische *Kosmologie* ist gekennzeichnet durch das Wissen um die ungeheure Größe von Raum und Zeit. Schon die ersten modernen Erforscher buddhistischer Texte staunten über die »großen Zahlen der Buddhisten« – für Abendländer, deren religiöse Tradition die Weltschöpfung nur ein paar Jahrtausende zurückdatierte, vor 150 Jahren etwas noch recht Erstaunliches. Die buddhistische Kosmologie geht von einem zyklischen Verlauf der Geschichte der Welt aus, von Perioden der Weltentstehung, bestimmten sich wiederholenden Weltentwicklungen und kosmischen Weltkatastrophen, auf die wieder neue Weltentstehungen folgen. Das ist im kosmischen Maßstab im Prinzip das gleiche, was wir von der Aufeinanderfolge des Entstehens, Bestehens und Vergehens der einzelnen Daseinsfaktoren in unvorstellbar kleinen Zeiträumen kennen und was wir bei der Aufeinanderfolge von Geburt, Leben und Tod eines Wesens in unserer Welt beobachten.

In einem alten Text wird so auch die Vorstellung von einem weltbeherrschenden *Gott*, wie sie vielen Indern zur Zeit des Buddha geläufig war, mit einer rationalistischen Mythendeutung erklärt: Nach einem Weltuntergang entfaltet sich die Welt wieder. Dem Wesen, das nun als erstes zur Existenz in der neuen Welt gelangt, kommt der Gedanke: »Ich bin Brahmā, der große, allmächtige Gott, dessen Auge alles sieht, der unumschränkte Herr, der Schöpfer, der alles nach seinem Willen lenkt. Ich habe diese Wesen geschaffen. Denn mir kam früher dieser Gedanke: ›Ach, wenn doch auch andere Wesen entstehen würden! Das war der Wunsch meines Geistes, und da sind nun tatsächlich diese Wesen ins Dasein gelangt.‹ Und auch die nach ihm entstandenen Wesen denken: ›Das ist Brahmā, der allmächtige Gott usw.‹« (Dīghanikāya I, 17–19). Das ist in Wahrheit nur Illusion; denn alle Wesen sind den unabänderlichen Gesetzen des Weltgeschehens unterworfen, und auch Brahmā ist nur durch sein gutes Karman zum

Gott geworden. Wenn das gute Karman verbraucht ist, so wird er sterben und in anderer Form wiedergeboren.

Die Frage nach Gott ist für Buddhisten kein Thema, über das sich lange zu diskutieren lohnt. Als die Buddhisten Indonesiens vor einigen Jahren plötzlich gezwungen waren, sich zur Frage nach Gott zu äußern, da man nach den Bestimmungen der Verfassung des Landes an Gott glauben muß, gaben sie verschiedene Antworten: Die einen sagten, für uns ist Nirvāna – das ganz Andere, das Transzendente – Gott. Die anderen griffen zurück auf die Vorstellung vom Ādibuddha, dem Ur-Buddha, aus dem alle anderen Buddhas hervorgegangen seien. Diese Lehre hat der mittelalterliche Vajrayāna-Buddhismus Javas gekannt. Sie hätten auch Shūnyatā, die »Leere« – dazu mehr im dritten Kapitel –, als Gott bestimmen können, wie es mittelalterliche islamische Mystiker in Java getan haben, als sie Allah die buddhistische Bezeichnung Kesunyataan gaben. Sie hätten schließlich – andere haben dies getan – Dharma als ihre Gottesvorstellung identifizieren können. Dharma bezeichnet in der Tat das höchste Prinzip, das der Buddhismus kennt: Es ist die Ordnung, die Gesetzmäßigkeit, in der das Weltgeschehen abläuft; es ist die Lehre der Buddhas, die diesem Gesetz gemäß ist; es ist aber auch jedes einzelne Daseinselement, aus dem sich die Welt zusammensetzt.

Für die uns aus dem Christentum geläufige Gottesvorstellung ist im Buddhismus jedenfalls kein Raum. So sagt der Buddha nach einem alten Text: »Jene Asketen und Priester, die behaupten, daß, was auch immer dem Menschen zustoße an Wohl und Wehe, daß das alles durch Gottes Schöpfung bedingt sei, die habe ich aufgesucht und befragt: ›Ist es wahr, daß ihr diese Lehre vertretet?‹ Sie bejahten dies. Ich aber sagte ihnen: ›Demnach also, Verehrte, würden die Menschen infolge von Gottes Schöpfung zu Mördern, Dieben, Gewalttätern, Lügnern, Zuträgern, Habgierigen usw.‹« (Anguttaranikāya III, 174). Die Aussagen aller Texte des frühen Buddhismus sind in dieser Hinsicht sehr konsequent, auch wenn es christlichen Theologen oft schwergefallen ist, dies zu verstehen. So geht auch die nicht selten vorgebrachte Meinung, der Buddha habe zur Frage nach dem Weltschöpfer »seine Indifferenz« bekundet und die Frage nach Gott abgelehnt, an den Tatsachen vorbei. Schwierigkeiten beim Verständnis einer so fremden

Begriffswelt werden auch deutlich, wenn Beobachter Götterbilder in buddhistischen Tempeln sehen und daraus auf einen »Polytheismus« schließen. Wie wir bei der Besprechung des Daseinskreislaufs erfahren haben, ist die sogenannte Götterwelt nichts anderes als eine etwas höhere Form der Existenz, die auch wir selbst im Prinzip erreichen können. Da die indischen Texte für die beiden hier zur Diskussion stehenden Begriffe von »Gott« und »Göttern« ganz verschiedene Wörter verwenden, wird nur der Außenstehende diese Begriffe verwechseln.

Wenn nun auch Dharma, die streng unpersönliche Gesetzmäßigkeit der Welt und ihr Ausdruck in der Lehre des Buddha, zeitlos ist, so ist doch seine irdische Erscheinungsform wie alles andere vergänglich. Die vom Buddha verkündete Lehre wird vergessen werden, der von ihm begründete Orden wird zu bestehen aufhören, bis einmal in ferner Zukunft ein anderes Wesen die Erleuchtung erlangen und damit zum Buddha werden wird. Der Buddha selbst nannte 500 Jahre als Dauer des Bestehens seiner Lehre. Spätere Buddhisten haben diese Voraussage in verschiedener Weise umgedeutet; doch zeigt uns ein Blick auf die Geschichte des Buddhismus, wie realistisch sie war. So wurde der Buddhismus etwa 500 Jahre nach seiner Begründung, im Gegensatz zu den Prinzipien der ursprünglichen Lehre, in Sri Lanka mit dem dortigen Nationalismus verbunden. Um dieselbe Zeit begann in Indien die Überlagerung der alten Lehre, nach der man nur aus eigener Kraft zur Erlösung gelangen kann, durch Vorstellungen von der Möglichkeit einer »Fremderlösung«, das heißt einer Erlösung mit Hilfe übernatürlicher Wesen, wie wir sie dann viel später in reinster Form im japanischen Amidismus finden.

2. Hans Küng: Eine christliche Antwort

Die Ausführungen des Buddhologen haben uns in einer eindrucksvollen Gesamtschau bereits ins Zentrum des Buddhismus gewiesen. Niemandem kann verborgen geblieben sein, welch radikale geistige Gegenposition der Buddhismus gegenüber dem Christentum einnimmt. Seit nun bald zweieinhalbtausend Jahren haben sich Hunderte von Millionen Asiaten auf diese Buddha-Botschaft eingelassen und haben von ihr her ihr Leben gestaltet. Was in christlicher Theologie im Zentrum steht, erscheint im Buddhismus in ganz anderem Licht: »Gott«, »Seele«, »Erlösung«, »Geschichte«. Beeindruckend ist die große Konzentration auf die »Vier Heiligen Wahrheiten«, beeindruckend auch die Ablehnung überflüssiger metaphysischer »Spekulation« und der Appell an Vernunft und Erkenntnisfähigkeit des Menschen. Eine Religion also ohne »Hinterwelt« im Sinne Nietzsches, ohne intellektuelle Zumutungen und moralische Kasuistik – wie gemacht, scheint es, auch für den kritischen europäischen Intellektuellen.

Ich kann in meiner ersten Antwort nicht zu allen hier angeschnittenen Problemen gleichzeitig Stellung nehmen: Lebensweg und Lehre des historischen Buddha, Leiden und Wiederverkörperung, Ethik, Meditation und Kosmologie ... Ich muß systematisch vorgehen und mir langsam einen Weg durch die verschiedenen Fragen bahnen. Deshalb will ich zur »Einstimmung« – analog zu den Antworten auf den Islam und den Hinduismus – eine Skizze der Begegnungsgeschichte zwischen Christentum und Buddhismus entwerfen, mich dann aber vor allem auf die hier zentrale Frage nach der Person des historischen Buddha – konfrontiert mit der Jesus-Figur – konzentrieren, um anschließend noch kurz zur Frage nach dem Nirvāna Stellung zu nehmen.

Buddhismus und Christentum erhalten gerade von hier ihr unverwechselbares Profil.

Die ersten Kontakte

Christen und Buddhisten treten heute in eine neue Epoche ihrer Beziehungen: Zum erstenmal in der Geschichte nehmen sie einen ernsthaften Dialog auf. Bis ins 19. Jahrhundert kannte man in der Christenheit nicht einmal den Unterschied zwischen Hinduismus und Buddhismus. Und dies, obwohl, wie wir im Zusammenhang mit dem Hinduismus hörten, schon im *Altertum* seit der Zeit Alexanders des Großen ein kultureller Austausch zwischen Indien und der westlichen Welt stattgefunden hat und die Griechen über die Gandhāra-Kunst die künstlerische Gestaltung der Buddha-Figur im ganzen Osten bis nach Japan und Indonesien grundlegend geprägt haben. Und erstaunlich auch: die erste Erwähnung Buddhas in christlichen Quellen findet sich schon um 200 in den »Teppichen« (Stromata) jenes Klemens von Alexandrien, der die christliche Gnosis als das jeder anderen Gnosis überlegene Ideal aufweisen will: »Und es gibt in Indien auch diejenigen, die den Geboten Buddhas folgen, den sie wegen seiner übergroßen Heiligkeit wie einen Gott verehren« (1,15).

Freilich: man hört aus dieser Zeit kaum etwas von Buddhas Lehre und kann, wie wir sahen, nur vermuten, wie weit sich indischer Einfluß im Niltal und in der hellenistischen Welt überhaupt ausgewirkt hat. Doch wie immer es sich mit der historischen Abhängigkeit verhält: ein Vergleich des buddhistischen wie des christlichen Mönchtums (welches ja auffälligerweise in Ägypten seinen Ursprung hat) dürfte ebenso zur Klärung beitragen wie eine kontrastive Gegenüberstellung des buddhistischen und des christlichen spekulativen Denkens (das in Griechenland die Form einer an buddhistische Tendenzen erinnernden »negativen Theologie« annimmt).

Auch über die Beziehungen zwischen Christen und Buddhisten im *Mittelalter* wissen wir wenig. Bekannt ist, daß Christen nestorianisch-»häretischer« Herkunft von Kleinasien aus nicht nur nach Indien, sondern auch nach Zentralasien und schon im 7. Jahrhundert schließlich bis nach China vorgedrungen sind und mit chinesischen Buddhisten offensichtlich durch Jahrhunderte hindurch zusammengelebt haben; davon zeugt die berühmte Inschrift des Gedenksteins von Hsianfu 781. Man weiß ferner, daß im 13./14. Jahrhundert Franziskanermissionare an den Hof der Mongolenkaiser in Peking gelangten und höchst beeindruckt vom asketischen Leben buddhistischer Bettelmönche nach Europa berichteten. Doch mit dem Sturz der Yüan-Dynastie in der zweiten Hälfte des 14. Jahrhunderts war es mit diesen guten Beziehungen jäh vorbei.

Erst am Beginn der europäischen *Neuzeit*, im 16. Jahrhundert, kam es wieder zu einer Begegnung zwischen Christen und Buddhisten. Wir wissen von der Freundschaft des ersten christlichen Missionars in Japan, des Jesuiten Franz Xaver, mit einem buddhistischen Abt. Überliefert sind uns ferner die Kontroversgespräche eines anderen Jesuitenmissionars, Cosme de Torres, mit japanischen Zen-Buddhisten, die freilich über den Austausch christlich-scholastischer Gottesbeweise einerseits und buddhistisch-mystischer Argumente für die »Leere« und das unergründliche »Nichts«, das die Jesuiten nihilistisch verstanden, andererseits kaum hinausführten.

Schon Franz Xaver hat das für japanische Ohren zurechtgestutzte lateinische »Deusu« für Gott (Deus) eingeführt und dabei die Erfahrung machen müssen, daß buddhistische Bonzen »Deusu« mit dem ähnlich lautenden »dai-uso« zusammenbrachten, was im Japanischen ausgerechnet »große Lüge« heißt. In der Folgezeit hatte man dann in Japan aus Sorge um die orthodoxe Lehre nicht nur die lateinischen Begriffe für die drei Personen der Trinität japanisiert (»Deusu Patere«, »Deusu Hiiryo« und »Deusu Supiritsu Santo«), sondern auch theologische Schlüsselbegriffe wie »persona« (Person), »susutanshija« (Substanz), »garasa« (Gnade) und sogar »diidesu« (Glaube), im ganzen rund 50 an der Zahl. Kein Wunder also, daß die Botschaft vom christlichen Gott den Asiaten als ein völlig fremder, lateinisch-europäischer Import erscheinen mußte, wenngleich später viele japanische Termini (»Kami-sama« für Gott) eingeführt wurden.

Diese dogmatische Zwangslage macht es verständlich, warum es eine Generation später zum *Konflikt* kommen mußte. Denn es waren nun gerade japanische Neubekehrte, die gegen die Praxis des als fortschrittlich geltenden China-Missionars Matteo Ricci (geboren im Todesjahr Franz Xavers 1552) protestierten, der es gewagt hatte, auch traditionelle chinesische Gottesnamen in christlicher Liturgie und Verkündigung zu verwenden. Hier liegt die Wurzel jenes »Ritenstreites«, der schließlich mit der römischen Verurteilung jeglicher Verwendung »einheimischer« Gottesnamen und Riten endete und zum katastrophalen Zusammenbruch der christlichen Mission in China und Japan sowie zu einer gewaltsamen Christenverfolgung führte. Aus heutiger Sicht wird man freilich sagen müssen, daß die christliche Japan-China-Mission möglicherweise auch mit einem glücklich entschiedenen Ritenstreit wegen ihres Dogmatismus, Biblizismus und Exklusivismus gescheitert wäre. Entscheidend waren schließlich die politischen Gründe: Vor dem Horizont des expandierenden europäischen Imperialismus und Kolonialismus wurde die christliche Missionstätigkeit von den Völkern Asiens immer mehr als eine Bedrohung empfunden. Ergebnis: dem Christentum blieb auf lange Sicht der Zugang zur Seele des asiatischen und besonders des buddhistischen Menschen verschlossen. Die zahllosen Reisebeschreibungen von Missionaren auch in der Neuzeit informieren weniger über die Lehrinhalte als über die Mythen und Kulte des Buddhismus.

Die Wende in Wissenschaft und Kirche

Erst mit dem Aufkommen der *wissenschaftlichen Buddhismus-Forschung* im 19. Jahrhundert – im Zusammenhang mit den Erfordernissen des europäischen Kolonialismus! – kann vom Versuch eines wirklichen Verstehens des Buddhismus die Rede sein. Die Buddhismus-Forschung hatte dabei als Teil der Indologie begonnen und bald zur klaren Unterscheidung von Hinduismus und Buddhismus geführt. Auch der Philosoph Arthur Schopenhauer (1788–1860), der als ein Wegbereiter des Buddhismus in Deutschland gilt und durch seine Form der Buddhismus-Rezeption insbesondere auch Friedrich Nietzsche, Richard Wagner und Paul Deussen beeinflußt hat, konnte wegen der zu seiner Zeit noch unvollkommen erforschten Geschichte der indischen Geisteswelt die Unterschiede zwischen Vedānta und Buddhismus vielfach noch nicht klar erfassen: »Dazu kommt, daß er ein viel zu subjektiver Mensch war, um nicht aus fremden Systemen mit Vorliebe das herauszulesen, was seinen eigenen Anschauungen entsprach« (H. v. Glasenapp, »Das Indienbild deutscher Denker«, 1960, S. 77).

Erst die Entdeckung, Veröffentlichung und Erforschung originaler *buddhistischer Texte* aus Nepal, Tibet, Birma, Sri Lanka und Thailand durch europäische Forscher, insbesondere die Texte des Kanons der Theravādin, geschrieben in der mittelindischen Pāli-Sprache (gleichsam das Kirchenlatein des Theravāda-Buddhismus), veränderten die Situation grundlegend. Als Begründer der modernen Buddhismus-Forschung gilt der Franzose Eugène Burnouf mit seiner Einführung in die Geschichte des Buddhismus (1844), die indessen noch auf Sanskrit-Texten aufbaut. Eine Generation später setzt dann die Pāli-Forschung richtig ein. Ein historisches Datum war 1881: das Jahr von Hermann Oldenbergs klassischer Buddha-Biographie, von Thomas William Rhys Davids berühmten »Hibbert Lectures« und der Gründung (Rhys David zusammen mit Max Müller, dem Vater der modernen Religionsforschung) der »Pali Text Society«, der 1892 die »Buddhist Text Society in Calcutta« folgte.

Buddhistische Gesellschaften, Zeitschriften und bedeutende Konvertiten in aller Welt führten jetzt zu einer völlig veränderten Einstellung zum Buddhismus und schließlich gar zu einer buddhistischen (altbuddhistischen oder neubuddhistisch angepaßten) Mission in den beiden Amerika und in Europa. Im 20. Jahrhundert ist sowohl die wissenschaftliche wie die populäre Buddhismus-Literatur in Europa und Amerika, aber auch in Indien, Sri Lanka und Japan derartig angeschwollen, daß sie kaum noch jemand zu übersehen vermag. Und der Buddhismus selbst hat für seine Erneuerung so viele Impulse aus dieser Forschung empfangen, daß heute jene alten missionarischen Vorurteile (die buddhistischen Schriften würden weder veröffentlicht noch gelesen) erst recht obsolet geworden sind; wir werden in einer späteren Exposition noch mehr davon hören.

Im Lauf dieses Aufklärungsprozesses – neuerdings gewaltig gefördert durch Massenmedien und Schulbildung – hat sich auch *innerhalb der großen christlichen Kirchen die Lage grundlegend verändert*: Seitdem das Zweite Vatikanische Konzil wenigstens teilweise das reformatorische und das moderne Paradigma von Theologie und Kirche nachvollzogen hat, hat sich die Einstellung zu den anderen Religionen ins Positive gewendet. So wird heute auch gegenüber dem Buddhismus von christlicher Seite statt der Denunziation die Information, statt des Antagonismus die Komplementarität, statt der Mission der Dialog, statt der »Eroberung der Ungläubigen für Christus« das »Sprechen mit Andersgläubigen von Christus« betont.

Gewiß, es mag bei der Bestimmung des Selbstverständnisses der christlichen Kirchen gegenüber dem Buddhismus noch immer ein Schwanken zwischen einer Eroberungs- oder einer Anpassungspraxis geben; man mag, was die eigene Kirche angeht, eine Vollendungstheorie (Kirche als vollendete Zusammenschau *aller* religiöser Elemente) oder eine Sakramententheorie (Kirche als Sakrament, Zeichen des Heiles unter den Völkern) favorisieren. Aber der Umschwung ist unübersehbar: An verschiedenen Punkten der Welt haben sich wichtige Dialoggruppen zwischen Christen und Buddhisten gebildet, und christliche Forschungsinstitute zum Studium des Buddhismus in Colombo, Hongkong, Tokio, Kioto und Nagoya haben den Dialog zwischen Christen und Buddhisten sehr viel weiter vorangetrieben als im gleichen Zeitraum etwa den Dialog zwischen Christen und Muslimen. Die Namen christlicher Forscher wie M. Doi, H. Dumoulin, H. Enomiya-Lassalle, W. Johnston, K. Kadowaki, W. L. King, E. Lamotte, J. van Bragt, L. A. de Silva, J. Spae und H. Waldenfels sind auch unter vielen Buddhisten hoch geachtet.

Als Wende – neben den Organisationen der »World-Conference on Religion and Peace«, des »World-Congress of Faith« und des »Interreligious Peace-Colloquium« – für die Christenheit haben gewirkt: die Neuorientierung des *Weltrates der Kirchen* mit den Konferenzen in Ajaltoun/Libanon (1970) und Colombo (1974) und den Vollversammlungen in Nairobi (1975) und Vancouver (1983), vor allem aber die schon früher zitierten Aussagen des *Zweiten Vatikanischen Konzils* über das mögliche Heil auch der Nichtchristen, ja sogar der gutwilligen Atheisten. Zum Buddhismus sagte das Vatikanum II in seiner wahrhaft epochalen Erklärung über die nichtchristlichen Religionen (1965): »In den verschiedenen Formen des Buddhismus wird das radikale Ungenügen der veränderlichen Welt anerkannt und ein Weg gelehrt, auf dem die Menschen mit frommem und vertrauendem Sinn entweder den Zustand vollkommener Befreiung zu erreichen oder – sei es durch eigene Bemühung, sei es vermittels höherer Hilfe – zur höchsten Erleuchtung zu gelangen vermögen. So sind auch die übrigen in der ganzen Welt verbreiteten Religionen bemüht, der Unruhe des menschlichen Herzens auf verschiedene Weise zu begegnen, indem sie Wege weisen: Lehren und Lebensregeln sowie auch heilige Riten. – Die katholische Kirche lehnt nichts von alledem ab, was in diesen Religionen wahr und heilig ist« (Art. 2).

Der Weg des Dialogs ist also auch von den Kirchen unwiderruflich beschritten. Und doch ist das Unternehmen »Dialog« keine unumstrittene Sache. Worauf kommt es an? Auf den Vergleich der Doktrinen und Theoreme, der Strukturen und Praktiken? Oder auf den Austausch »religiöser« Erfahrungen? Stellt aber nicht gerade der Buddhismus jedes Theoretisieren im Dialog in Frage? Die Frage ist erlaubt und muß bei jedem Dialogversuch neu bedacht werden:

Buddhismus – eine Sache der Erfahrung allein?

Was kann man »über« den Buddhismus sagen? Der Theologe steht hier zunächst vor den gleichen hermeneutischen Problemen wie der Religionswissenschaftler, der diese Religion nur als ein historisch gewachsenes Gebilde »von außen« beschreiben kann. Ist damit aber das »Wesen« einer Sache erfaßbar? Wohl kaum. Viele Buddhisten halten daher auch wenig von theoretischen Auskünften »über« ihre Religion. Will man wissen, was Buddhismus ist, habe man ihn zu praktizieren. »Sitzen und Meditieren, bis die Beine weh tun«, kann man von japanischen Zen-Meistern hören. Nicht Information »über«, sondern Praxis mit dem Buddhismus ermöglicht ein Eindringen in sein »Wesen«. »Erlösung« nicht durch philosophische Diskussion oder theologische Spekulation, sondern durch praktisches Handeln.

Ähnliches gilt freilich auch vom Christentum und von jeder Religion. Denn nicht nur die Buddha-Botschaft, auch die Christus-Botschaft erfaßt man nicht rein kognitiv »von außen«, sondern nur durch ein Sicheinlassen »von innen«. Nicht nur der buddhistische, auch der christliche Heilsweg ist nicht bloße Erkenntnis von Sachverhalten, eine neue Theorie, ein weltanschauliches System, eine Theologie, sondern Praxis, Erfahrung, Umkehr, Übung, Weg, *der* Weg, den Christus gegangen ist: »Wer die Wahrheit tut, kommt zum Licht« (Joh 3,21).

Nach insbesondere zenbuddhistischer Auffassung käme es in der Begegnung zwischen Buddhisten und Christen darauf an: die Lehre des Buddha zu erfassen durch *gemeinsame Erfahrungen im Akt gemeinsamer Meditation.* Andere buddhistische Richtungen halten freilich die Lehre für wichtiger. Nun können gemeinsame Erfahrungen, schweigendes Meditieren und wortlose Kommunikation für die interreligiöse Begegnung (etwa zwischen deutschen Benediktinern und japanischen Zen-Mönchen) zweifellos sehr hilfreich sein. Doch können sie ein inneres Verstehen, echte Kommunikation auch vortäuschen; selbst Feinde können schweigend gemeinsam einen Sonnenuntergang bewundern; solange man schweigt, streitet man nicht. Sobald jedoch die gemeinsamen Erfahrungen und unausgesprochenen Emotionen in Worte gefaßt werden, treten die zeitweise vergessenen und emotional überspielten Lehrunterschiede (Ich – Nicht-Ich, Gott – Nicht-Gott, Gnade – Karman) wieder ins Bewußtsein. Es gibt nun einmal keine religiöse Praxis ohne implizierte »Theorie«; keinen Weg der Erlösung, der nicht Wahrheit sein wollte; keine Erfahrung, die nicht der Reflexion bedürfte. Und gerade religiöse Erfahrungen, nicht nur die der Meditation, sind äußerst schwierig mitzuteilen.

Darüber hinaus hat die neueste hermeneutische Diskussion gezeigt, daß es die »reine« Erfahrung nicht gibt – weder im Christentum noch im Buddhismus. Wir haben schon im Zusammenhang von Hinduismus und Mystik davon gesprochen, daß es nur *interpretierte Erfahrung* gibt. Wer die in der Exposition genannte (und in allen Theravāda-Ländern Südostasiens hochgeschätzte) Lehrrede Buddhas »von den Grundlagen der Achtsamkeit« (Satipatthāna-Sutta) liest, kann feststellen, was sich auch leicht belegen läßt aus den Kommentaren der *großen Meister der Gegenwart zur Satipatthāna-Methode,* wie Buddhadāsa Bhikkhu in Thailand (»Ānāpānasati«,

1976), Mahasi Sayadaw in Birma (»Vipassanā«, 1979), Nyanaponika Thera in Sri Lanka (»Geistestraining durch Achtsamkeit«, 1979): Die Anweisungen zur buddhistischen Meditation sind schon von den einfachsten Atem- und Gehensübungen an geleitet und geprägt von einem typisch buddhistischen Interesse: »Bei einer methodischen Übung im Reinen Beobachten wird wahrscheinlich der erste starke Eindruck sein: die direkte und ständige Konfrontierung mit der allgegenwärtigen Vergänglichkeit, dem unaufhörlichen Wechsel. In der Lehre des Buddha ist die Vergänglichkeit *(anicca)* das erste der drei Merkmale aller Daseinsgebilde ... Dieses Erlebnis der Wandelbarkeit wird im Verlauf der meditativen Übung an Stärke und Nachdruck gewinnen, und allmählich werden auch die anderen beiden Merkmale des Daseins, die Ich- und Substanzlosigkeit *(anattā)* sowie die Leidhaftigkeit und Unzulänglichkeit *(dukkha)*, bei eben denselben Meditationsobjekten zu Tatsachen eigener Erfahrung werden und nicht bloß abstrakte Begriffe bleiben« (Nyanaponika, S. 33).

Freilich: gerade die reine Beobachtung des Atemzugs offenbart die ganze Ambivalenz des Phänomens. Denn gerade hier erfährt man bei aller Vergänglichkeit doch auch eine durchgängige Beständigkeit, bei aller Leidhaftigkeit doch auch eine tiefe Erleichterung, bei aller Ichlosigkeit doch auch eine nicht zu leugnende Ichhaftigkeit. Zweifel kommen auf bezüglich der Stimmigkeit der buddhistischen Theorie, daß nämlich *alles* Leben Leid sei.

Jedenfalls läßt sich kaum bestreiten, daß es auch in der buddhistischen Meditation um mehr geht als um Reines Beobachten: Es geht um ein bereits interpretierendes, wenngleich ungewollt reduzierendes Beobachten, nicht nur um einen praktischen Weg, sondern um eine bestimmte metaphysische Schau.

Unendlich viel Unverständnis und Mißverständnis hat in der Vergangenheit die Beziehungen zwischen Christen und Buddhisten belastet. So wie Katholiken und Protestanten lange Zeit meinten, nichts vom ökumenischen Dialog gewinnen zu können, so auch manche Christen und Buddhisten – befangen in fundamentalistischem Glauben an ihre unfehlbaren heiligen Schriften. Meine Erfahrung war es indessen, daß auch Angehörige buddhistischer Eliten – gerade im Interesse des Weltfriedens! – mehr und mehr verstehen, wie wichtig es ist, mit den religiösen Erfahrungen auch die darin implizierten religiösen Lehren auszutauschen, mit der Praxis auch die vorausliegende Theorie zu erspüren. So unendlich schwierig dies ist: nur in solcher Verschränkung von Theorie und Praxis, Erfahrung und Reflexion wird man den für die Menschheit und ihren Frieden unerläßlichen Dialog zwischen Buddhisten und Christen um Buddha-Botschaft und Christus-Botschaft auf eine solide Grundlage stellen können, damit nicht vor lauter Verschiedenheit die Übereinstimmung oder vor lauter Übereinstimmung die Verschiedenheit übersehen wird.

»Deshalb möchte ich meinen«, sagt der praktizierende Buddhist Maha Sthavira Sangharakshita, geborener Engländer und vielerfahrener Kenner der drei Hauptformen des Buddhismus, »daß etwas, was weniger zentral ist als die ›religiöse Erfahrung‹ oder das Erlebnis der Befreiung vom Leiden, zum Ansatzpunkt für den Dialog mit dem Buddhismus genommen werden muß, also ein Punkt der Lehre oder der religiösen Praxis oder des liturgischen Brauchtums, der verständlich ist und innerhalb des Vorstellungsbereichs beider Partner liegt. Religion braucht nicht ausschließlich religiöser Erfahrung gleichgesetzt zu werden« (»Concilium« 14, 1978, Heft 6/7, S. 380 f.). Aufgabe gerade des Theologen dürfte es sein, über den Vergleich von *äußerlichen Phänomenen*, Riten, Zeremonien und Verhaltensweisen, über alle Ähnlichkeiten also von Askese, Zölibat, Tonsur, Reliquienkult, Weihrauch und Rosenkränzen hinaus die *lehrmäßigen Konvergenzen und Differenzen* zwischen Christentum und Buddhismus zu sichten – in aller Sachlichkeit, aber ohne dabei sein Glaubensengagement zu verleugnen und seine persönliche Spiritualität auszuklammern: um gerade so zugleich zu einer erkenntnismäßig *geläuterten Erfahrung* und zu einer erfahrungsmäßig *abgestützten Theorie* zu kommen. Denn was würden etwa christliche Zen-Meditationsübungen, wie sie heute nicht selten geübt werden, zur Verständigung von Christen und Buddhisten beitragen, wenn christliche Liturgie (vielleicht im Anschluß daran gefeiert) und christliche Theologie davon völlig unberührt blieben?

Konvergenzen wie Divergenzen gilt es nun gerade in bezug auf die Gestalt herauszuarbeiten, auf die der Buddhismus sich gründet. Auffällig war, daß der Name des Buddha in der Erklärung des Vatikanum II ebensowenig genannt wurde wie der Muhammads in den entsprechenden Abschnitten über den Islam. Dabei beruht die Einheit der buddhistischen Religion in ihren so verschiedenartigen paradigmatischen Ausgestaltungen nicht nur auf bestimmten Grundvorstellungen und thematischen Motiven, sondern zunächst auf der historischen Persönlichkeit des Buddha, bei der es freilich sehr darauf ankommt, welchen Stellenwert und welches Profil sie hat – gerade auch im Vergleich mit Jesus von Nazaret.

Zum Verhältnis von Wahrheit und Geschichte

»Einen Einzigen gibt es, der den Gedanken eingeben könnte, ihn in die Nähe Jesu zu rücken: Buddha. Dieser Mann bildet ein großes Geheimnis. Er steht in einer erschreckenden, fast übermenschlichen Freiheit; zugleich hat er dabei eine Güte, mächtig wie eine Weltkraft. Vielleicht wird Buddha der letzte sein, mit dem das Christentum sich auseinanderzusetzen hat. Was er christlich bedeutet, hat noch keiner gesagt. Vielleicht hat Christus nicht nur einen Vorläufer aus dem Alten Testament gehabt, Johannes, den letzten Propheten, sondern auch einen aus dem Herzen der antiken Kultur, Sokrates, und einen dritten, der das letzte Wort östlich-religiöser Erkenntnis und Überwindung gesprochen hat, Buddha« (S. 381), so der katholische Theologe Romano Guardini in seinem Christus-Buch »Der Herr« schon 1937.

Der Buddha aber – ein »Vorläufer« des Christus? Das wäre für Buddhisten wohl inakzeptabel. Wie aber wäre es für Buddhisten – dies hat bisher merkwürdigerweise »noch keiner gesagt« –, wenn auch der Christus ein »Erleuchteter«, ein Buddha wäre? Künftige Buddhas werden ja von den Buddhisten keineswegs ausgeschlossen. Doch Christen haben zunächst die Frage: Wer ist dieser Buddha Gautama für Buddhisten, wer für Christen?

Wie »der Christus«, »der Gesalbte«, so ist auch »der Buddha«, »der Erleuchtete« (wörtlich: »der Erwachte«, »der zur Erkenntnis Gelangte«) ein Würdename, ein Hoheitstitel. Als »Gott« dagegen hat Buddha Gautama sich ebensowenig bezeichnet wie Jesus von Nazaret. Spätere Generationen haben dann freilich in Buddha nicht nur den Weisen, sondern den Erlöser gesehen, den man als

Nothelfer anrief, dem man – als allen Göttern überlegen – Verehrung (»pūjā«) schulde, was man durch symbolische Handlungen, zum Beispiel Spenden vor dem Altar, zum Ausdruck brachte. Das heißt: wie der Jesus der Geschichte nicht einfach identisch ist mit den Christologien der späteren christlichen Theologie, so ist auch der *Gautama der Geschichte nicht einfach identisch mit den Buddha-Bildern der späteren buddhistischen Schulen.* Heinz Bechert hat deshalb in seinem Buddha-Porträt zu Recht »beiseite« gelassen, »was spätere Legendenbildung hinzugefügt hat«.

Es wäre von daher oberflächlich zu meinen, Geschichte und historische Forschung seien für den Buddhismus kein ernsthaftes Problem. Gewiß: die buddhistische Lehre versteht sich als »ewige Wahrheit«, als die durch die menschliche Vernunft erkennbare, für alle Menschen geltende »Universalnorm«; sie ist identisch mit dem die gesamte natürliche und sittliche Ordnung begründenden »Weltgesetz«. Dieser »dharma«, von dem wir hörten, dieses kosmische Gesetz, diese ewige Wahrheit, diese Lehre Buddhas ist wichtiger als die Person des Buddha: »Folge der Lehre (dem ›dharma‹), nicht der Person (dem Buddha)!« lautet deshalb ein Buddha-Wort.

Ist damit aber die historische Frage erledigt? Hat man nicht auch im Christentum eine ähnliche Auffassung von Wahrheit und Geschichte vertreten? Hat man sich nicht gegen die historische Kritik der Aufklärung (zuletzt noch Lessing gegen Reimarus) zunächst dadurch schützen wollen, daß man die Wahrheit des Christentums für eine *»ewige Wahrheit«*, eine Vernunftwahrheit, erklärte, die nicht an zufälligen Geschichtstatsachen hänge? Die christliche Lehre sei nicht wahr, weil Christus sie verkündigt habe, sondern Christus habe sie verkündigt, weil sie wahr sei.

Solcher Verweis auf die »ewige Gültigkeit« hat freilich die historische Forschung nicht aufhalten können. Zunächst Angelegenheit weniger wissenschaftlicher Spezialisten, hat sie schließlich auch die gläubigen Massen erreicht. Ob dies nicht auch im Buddhismus so sein wird? Die Unterscheidung zwischen *»Lehre«* und *»Person«* ist ja in sich selbst eine abstrakte, ungeschichtliche Unterscheidung; der reale Buddhismus lebt von ihrer *faktischen Identität. Ewige* Wahrheit existiert für uns nur in der *Geschichte.* Konkret geschichtlich gesehen ist die »ewige Wahrheit« des

Buddhismus nun einmal vom Buddha Gautama »entdeckt«, erfahren, gelebt, verkündet und schließlich verkörpert worden, wobei sein Schweigen ebenso wichtig wurde wie seine Reden, sein Lächeln ebenso wichtig wie sein Tun. Was immer über einzelne privat aus sich selbst Erleuchtete (Einzelbuddhas, Pratyekabuddhas) zu sagen ist: für die Allgemeinheit findet sich die »ewige Wahrheit« nicht einfach auf den Straßen der Welt, ist sie auch von der Vernunft (etwas Übung vorausgesetzt) nicht beliebig abrufbar; wer kein Buddha ist, findet sie nur angestoßen durch den Buddha.

Die Bedeutung des Buddha Gautama so zu akzentuieren heißt freilich nicht, die Wahrheit einer Religion nur in ihrem Ursprung festzumachen, als ob nicht auch später Wahrheit neu entdeckt werden könne. Die Wahrheit einer Lehre ist auch nicht unbedingt abhängig von der Historizität ihres Autors; es kann etwas »sachlich wahr« (»doctrinally true«) sein, was »historisch unecht« (»historically unreal«) ist. So enthalten die Christus-Reden im Johannesevangelium oder die Buddha-Reden in den Mahāyāna-Sūtren tiefe christliche oder buddhistische Wahrheit, auch wenn sie nachweislich nicht vom historischen Jesus oder dem historischen Gautama stammen.

Und doch: wie die späte Datierung des Johannesevangeliums und das historische Verständnis der neutestamentlichen Schriften überhaupt das Verständnis des Christentums tiefgreifend modifiziert haben, so werden auch die späte Datierung der Mahāyāna-Sūtren und das historische Verständnis der buddhistischen Schriften überhaupt – mit der Zeit! – auch das Selbstverständnis des Buddhismus tiefgreifend modifizieren. Oder läßt sich mit Berufung auf die »ewige Wahrheit« jenes seit Senshō Murakami (gestorben 1929) auch für die buddhistische historische Forschung feststehende Ergebnis aus der Welt schaffen, daß die Mahāyāna-Sūtren offensichtlich nicht, wie durch alle die Jahrhunderte angenommen, vom historischen Buddha gesprochen, sondern viele Jahrhunderte später von uns unbekannten Autoren formuliert worden sind?

Anders als die meisten Hindu-Religionen führt sich die buddhistische Bewegung auf eine konkrete Gründerpersönlichkeit zurück. Sie gilt deshalb zu Recht als »Stifterreligion«. Dieser Buddha Gautama ist es, der rund ein halbes Jahrtausend vor Christi Geburt für die Hunderte von Millionen Menschen vom Indus und Hindukusch bis nach Java und Kioto die »ewige Wahrheit« entdeckt, erfahren, gelebt und verkündigt hat und der deshalb im tatsächlich gelebten Buddhismus oft beinahe ebenso verehrt wird wie im realen Christentum der Christus Jesus.

Es ist deshalb auch im Buddhismus nicht einfach gleichgültig, ob eine Wahrheit die Autorität der Gründerpersönlichkeit für sich oder gegen sich hat. Kontinuität mit dem »Stifter« war nicht nur für alle christlichen Konfessionen und Gruppierungen, sondern auch für alle buddhistischen Richtungen und Schulen (bis hin zum Zen) von großer Bedeutung. Auch noch im Mahāyāna haben deshalb gerade diejenigen buddhistischen Gelehrten, die sich entschieden für die späte Datierung der mahāyānistischen Sūtren ausgesprochen haben, beinahe im Stil »organischer« römisch-katholischer Dogmeninterpretation herauszuarbeiten versucht, daß die späteren Lehren wenigstens »keimhaft« (implizit) in der ursprünglichen Buddha-Lehre enthalten seien und diese »im Geist« wiedergäben. Und tatsächlich ist ja auch allen Nachfolgern des Buddha von ihm her vielleicht mehr als nur eine bestimmte Lehre, nämlich ein bestimmter Geist, eine bestimmte Mentalität gemeinsam.

Selbstverständlich bestreitet niemand, daß die Gestalt Jesu Christi im Christentum theologisch einen anderen Stellenwert hat als die Gestalt des Buddha Gautama im Buddhismus. Doch gilt zunächst für den *Buddhismus*: Sosehr auch der Buddha von sich wegweisen kann auf die Lehre, so bleibt diese Lehre doch die Lehre des *Buddha*. Als »der Erleuchtete« garantiert er die Verläßlichkeit, die Wahrheit der Lehre. All die verschiedenen buddhistischen Schulen wollen letztendlich Schüler des Buddha Gautama sein. Anderenfalls bliebe die Zuflucht zuerst zum Buddha selbst, dann zu seiner Lehre unverständlich. Unverständlich bliebe auch, warum die Rückfrage nach dem, was der Buddha selber wollte, im Buddhismus zwar oft verdeckt wurde, aber nie ganz erloschen ist. Immer wieder gab es einzelne Reformer und Reformbewegungen, die eine Rückkehr zu den kanonischen Schriften, zum Ur-Buddhismus, zu den Lehren des Gründers, ja – in historisch-kritischer Fragestellung – zum historischen Buddha forderten: um den Dharma des Ursprungs, von Mythos, Aberglauben und Magie gereinigt, in eine veränderte, von moderner Wissenschaft, Technologie und Sozialreform bestimmte, immer mehr säkularisierte Gesellschaft hinein zu übersetzen. Denn was immer man auch sagte über alle möglichen Buddhas, die aus eigener Einsicht zur Erleuchtung und vielleicht gar zur Verkündigung kamen: Es gibt keine unverbindliche Vielfalt von Wegen zum Heil; letztlich gibt es auch für den Buddha – bei allen verschiedenen Zugängen – nur eine *einzige* Wahrheit.

Umgekehrt aber gilt nun auch für das *Christentum*: Wie der Buddha von sich weg auf die »Lehre« verweist und seine Schüler zur eigenen Erleuchtung kommen, ja – im Mahāyāna – den Buddha in sich selber entdecken sollen, so hat auch der Christus von sich weggewiesen, vom »Herr, Herr-Sagen« auf die tätige Liebe. Paulus zufolge soll der Christus im Glaubenden Gestalt annehmen, so daß nicht er, sondern Christus in ihm lebe. So wie die »Lehre« ein Floß ist, das keinen Zweck in sich selbst hat, sondern zurückgelassen wird, sobald das andere Ufer erreicht ist, so ist auch das »Evangelium« von Jesus Christus eine Botschaft, die ganz auf das Reich Gottes ausgerichtet ist, ein Instrument, das die Zukunft Gottes ansagt. – Ferner: Wie man im späteren Buddhismus – trotz aller Theorien über eine unendliche Vielfalt von Buddha-Gestalten in allen Welten und zu allen Zeiten – sich doch immer wieder besann auf den sehr irdischen Wanderprediger Gautama, den Buddha, so hat auch das Christentum – allen Spekulationen über die kosmischen Dimensionen des Christusgeschehens, ja über die Schöpfungsmittlerschaft eines kosmischen Christus zum Trotz – sich immer wieder erinnert an den Wanderprediger aus Galiläa, den Freund der Armen und Sünder, der Mühseligen und Beladenen. – Und wie man im Buddhismus über die Auslegung der Botschaft schon früh in Streit geriet, Konzilien abhalten mußte, gelehrte Kommentarwerke zu schreiben gezwungen war (von denen der Buddha vermutlich nichts verstanden, die er wahrscheinlich nicht einmal gebilligt hätte) und sich trotz aller gegensätzlichen Schulbildungen und widersprüchlichen Lehrmeinungen immer wieder fand in Anerkennung des einen »Herrn« Buddha, so gilt auch für das Christentum mit seinen Disputen über die Auslegung des Evangeliums, seinen Spaltungen, seinen Konzilien, seinen gelehrten Summen: Trotz aller Differenzen und

Widersprüche fand man sich doch immer wieder im Bekenntnis zu dem einen »Herrn« Jesus Christus.

Selbst bei größter Liberalität und Toleranz stellt sich also auch im Buddhismus die (im Zusammenhang mit dem Hinduismus bereits gestellte) *kriteriologische Frage*: Ist alles, was als christliche Lehre ausgegeben wird, ohne weiteres christlich? Ist alles, was als buddhistische Lehre (»dharma«) ausgegeben wird, ohne weiteres buddhistisch? Was wirklich christlich, was wirklich buddhistisch ist, läßt sich weder theoretisch-abstrakt noch allein empirisch-experimentell, sondern nur im Kontext geschichtlichen Rückbezugs auf die frühen Schriften, die ursprüngliche Lehre, ja, auf die Gründergestalt selber entscheiden. Nur von dort her läßt sich auch konkret aufzeigen, was die so verschiedenen buddhistischen »Sekten« zusammenhält und sie trotz allem von hinduistischen, islamischen oder christlichen Richtungen und Schulen unterscheidet: nicht ein satzhaftes »Lehrprinzip« oder ein abstrakter »Kern«, wohl aber ein *gemeinsamer Grund* für die so verschieden interpretierten Erfahrungen und Ausprägungen.

Anders gesagt: der gemeinsame Grund der verschiedenen buddhistischen Richtungen und Schulen läßt sich – auch für die Praxis der Verkündigung – kaum deutlich machen ohne einen Rückbezug auf bestimmte, allgemein anerkannte, klassische buddhistische Texte, welche die Lehre des historischen Buddha zwar nicht wortwörtlich, aber doch mit hoher Wahrscheinlichkeit sachlich richtig wiedergeben: auf die Lehre des Buddha der Geschichte.

Von der Notwendigkeit, auf den Buddha der Geschichte zurückzufragen

Sosehr schon im Theravāda-Buddhismus der uns bekannte Buddha Gautama als einer von mehreren Buddhas gesehen wird, sosehr seine Lehre die ewige Wahrheit aller gegenwärtigen, vergangenen und zukünftigen Buddhas ist: ursprünglich war der Buddha, wie wir in der Exposition hörten, ohne allen Zweifel kein Mythos, sondern eine *historische Persönlichkeit;* das hat sich gegen die Bestreitungen seiner historischen Existenz am Ende des 19. Jahrhunderts durch E. Senart und H. Kern ebenso bestätigt wie bezüglich der historischen Existenz Jesu von Nazaret gegen die Bestreitungen eines A. Drews zu Beginn unseres Jahrhunderts. Aber die schwierige und umstrittene Frage ist: Was können wir vom historischen Buddha wissen?

Grundsätzlich sollte in den verschiedenen buddhistischen Richtungen und Schulen nur das Buddha-Wort als verbindlich, »kanonisch« gelten. Von den vielen alten Versionen des Kanon ist nur der in der Pāli-Sprache geschriebene und im 1. Jahrhundert vor Christus in Sri Lanka zum erstenmal in schriftlicher Form niedergelegte Kanon vollständig in der ursprünglichen Sprache überliefert, so daß zumindest für die Pāli-Überlieferung des südlichen Buddhismus oder Theravāda (in Sri Lanka und Südostasien) die Grenze zwischen verbindlicher, kanonischer und nichtkanonischer Literatur ziemlich genau vollzogen werden kann. Aber auch der spätere Mahāyāna-Buddhismus und der tantrische Buddhismus, die auch andere Texte als nur dem Pāli-Kanon entsprechende in ihren eigenen Kanon aufgenommen haben, berufen sich zu ihrer Rechtfertigung auf eine angeblich spätere Wiederentdeckung oder auch Enthüllung bis dahin verborgen gebliebener Lehren des Buddha.

Mit zunehmender Einsicht in die historische Problematik erwies sich die Bestimmung dessen, was wirklich Buddha-Wort ist, freilich als so schwierig wie im Fall der historischen *Jesus-Forschung*. Erst in unseren Jahrzehnten wird die in der ersten Jahrhunderthälfte von so unterschiedlichen christlichen Theologen wie Karl Barth, Rudolf Bultmann und Paul Tillich geteilte Skepsis hinsichtlich eines historisch gesicherten Jesus-Bildes abgelöst – aufgrund einer Wende besonders in der Bultmann-Schule selbst (Ernst Käsemann). Es ist heute weitgehend Gemeingut, daß aufgrund der Quellen eine Biographie Jesu zwar unmöglich, eine Umschreibung der unverwechselbaren Grundzüge seiner Verkündigung, seines Verhaltens und seines Geschickes jedoch durchaus möglich ist. Und wer heute noch vom »Ende« der historischen Jesus-Forschung spricht, hat weder Albert Schweitzers »Geschichte der Leben-Jesuforschung« zu Ende gelesen noch die Forschung nach Barth, Bultmann und Tillich zu Gesicht bekommen.

In der wissenschaftlichen (östlichen wie westlichen) *Buddha-Forschung* ist das Bild zur Zeit nicht einheitlich. Einerseits wird historische Forschung – im Osten aus unkritischem Fundamentalismus und im Westen aus hyperkritischem Skeptizismus – oft als unnötig, gar unmöglich bezeichnet und die Frage nach dem »ursprünglichen Buddhismus« aus dogmatischer Voreingenommenheit kaum noch zu stellen gewagt. Andererseits haben Forscher wie E. Lamotte, E. Waldschmidt und andere die historische Buddha-Forschung bis hinter die Zeit des Kaisers Ashoka vorangetrieben, wobei sie die Fehler der »liberalen« Buddha-Forschung zu vermeiden suchten, die mit einem Schema vom »rationalen, guten Buddha« an das Material heranging und so ein Buddha-Bild – analog dem »liberalen« Jesus-Bild – rekonstruierte, das oft mehr über den Forscher als über den Buddha aussagte.

Wie aufgezeigt, ist die historische Rückfrage notwendig und auch praktisch von Relevanz: Es modifiziert die buddhistische Verkündigung der Lehre nicht weniger als die christliche, wenn sie bei der geschichtlichen Gestalt (des Buddha Gautama) und ihrer menschlichen Erfahrung (der Unbeständigkeit und Leidhaftigkeit) einsetzt und nicht bei einem überirdisch-transhistorischen Buddha, seinem Vorleben (Präexistenz) und seiner legendären wunderbaren Geburt, wie sie in offensichtlich späteren Texten bezeugt sind. Es geht hier – durch alle Mythologien und späteren Transformationen hindurch – um eine intellektuelle Wiederentdeckung (»re-covery«, nicht »re-construction«) des geschichtlichen Buddha. Bei allem Unterschied in der Bewertung der Geschichte will doch schließlich auch der buddhistische Glaube nicht auf einer Legende, einem Roman oder einem Mythos, sondern auf einer geschichtlichen Persönlichkeit aufbauen.

Nun entsprechen freilich die Buddha-Biographien – wie etwa die nicht dem Kanon angehörende Nidānakathā der Theravāda-Überlieferung oder der Lalitavistara »Ausführliche (Darlegung) des (überirdischen) Spiels« des frühen Mahāyāna-Buddhismus – nicht dem historischen Ablauf des Lebens des Buddha. Will man somit historisch Gesichertes vom Buddha aussagen, kann man nicht von der Legendenbildung späterer Überlieferungsschichten oder von dem im Mahāyāna verbreiteten neuen Verständnis des Buddha als überirdischem Wesen ausgehen. Man muß vielmehr, wie es die historisch-kritische Forschung für das Neue Testament getan hat, *zurückfragen* und auch in den verschiedenen Überlieferungen kanonischer Texte immer unterscheiden zwischen dem, was ältere und was jüngere Textschichten berichten: was in der buddhistischen Tradition Redaktion, Interpretation, Explikation und unter Umständen auch Reduktion ist.

Eine *historische Rückfrage* ist unter diesen Umständen nicht nur *notwendig*, sondern auch *möglich*, zumindest wenn man keine unmöglichen Forderungen erhebt. Auch hier läßt sich ein »mittlerer Weg« der Differenzierung (zwischen unkritischem Akzeptieren und überkritischem Verwerfen) finden. Freilich muß zugegeben werden: im Fall des Buddha Gautama ist dies erheblich *schwieriger als im Fall des Christus Jesus*. Warum? Nicht nur sind die Reden Gautamas (wie die Jesu) vielfach an eine neue Situation angepaßt, verändert und ediert worden. Sondern darüber hinaus erfolgten die ersten Niederschriften im Falle Gautamas nicht zwei Jahrzehnte (wie im Falle Jesu), vielmehr rund zwei Jahrhunderte später: sie sind anonym und kaum genau datierbar. Bei den erstaunlichen Leistungen mündlicher Überlieferung im alten Indien fällt der zeitliche Abstand gewiß nicht so stark ins Gewicht. Doch ist im Vergleich zum Neuen Testament der Umfang der kanonischen Schriften im Buddhismus (zum Beispiel der Pāli-Kanon) ungeheuer angewachsen; umfaßt er doch in großer Mannigfaltigkeit Zehntausende von Seiten, was die Findung historisch-kritischer Erkenntnisse nicht gerade erleichtert. Auch wissen wir über das Indien zur Zeit Gautamas sehr viel weniger als über Palästina zur Zeit Jesu.

Doch finden sich in den vormahāyānistischen Schriften verschiedene gewichtige Texte (wie etwa die vom Auszug in die Heimatlosigkeit, von der Erleuchtung und dem Ende des Buddha und einzelne Bestimmungen der Mönchsregeln), deren Inhalt (nicht notwendig der genaue Wortlaut) auf den historischen Gautama zurückgeht. Absolute Sicherheit hat man hier wie so oft in historischer Forschung kaum, wohl aber eine ausreichend hohe Wahrscheinlichkeit. Aber ob mit diesen oder jenen Texten: aufs Ganze gesehen ist es nicht aussichtslos, auch des Buddha Gautama Verkündigung, Verhalten und Geschick in seinen grundlegenden Umrissen zu umschreiben – gewiß keine chronologisch-psychologisch genau zu rekonstruierende Biographie mit absolut gesicherten wortwörtlichen Aussagen, wie sie mit einigem Optimismus neuestens wieder Hans Wolfgang Schumann (»Der historische

Buddha«, 1982) bietet, wohl aber, wie dies aus der Exposition von Heinz Bechert deutlich wurde, die bestimmenden Tendenzen, die eigentümlichen Verhaltensweisen, die typischen Grundlinien der Botschaft, die Konturen und Hauptmotive der Verkündigung, die eindeutige Dominante, wie sie von den verschiedenen alten Traditionen festgehalten werden. Also ein nicht in Schemata zu pressendes, an den Rändern zur Legende hin offenes Gesamtbild von diesem Buddha Gautama, der »das Rad der Lehre« in Bewegung gesetzt hat und der sich nun doch von anderen großen »Religionsstiftern« sehr deutlich unterscheidet.

Legendenbildungen

Anders als in der mythologischen hinduistischen Volksreligion steht beim Buddha selber am Anfang nicht der Mythos, sondern die Geschichte, die zum Mythos führt; die Geschichte des Prinzen und dann Asketen Siddhārtha Gautama, der nach langen Übungen tiefer Versenkung der Erleuchtete wurde: Wegweiser aus diesem leidvollen Leben zu einem Zustand letzter Ruhe jenseits von Unbeständigkeit und Leiden.

Buddhistische Frömmigkeit stattete diese Geschichte schon früh mit einer Reihe *wunderbarer Ereignisse* aus. Wie bei Jesus dem Christus geschieht auch beim Buddha die Geburt nicht auf normale menschliche Weise (Motiv der geschlechtlichen Verunreinigung); ähnlich wie beim Knaben Jesus werden auch aus der Kindheit des Prinzen Siddhārtha einzelne Wundertaten berichtet; nicht nur Jesus, auch Gautama wird vom bösen Geist versucht; und nicht nur der Christus, sondern auch der Buddha vollbringt nach der späteren Überlieferung eine Anzahl von Wundern, so wie auch das Sterben bei beiden von einem Erdbeben begleitet wird.

Sind aber die »Wunder« bei Jesus von Nazaret nicht historisch verbürgt? Selbst die kritischsten Exegeten stimmen doch darin überein, daß Jesu Auftreten mit *Heilungen* verschiedenartiger Kranker und »Besessener« (Geisteskranke mit besonders auffälligen Symptomen wie Epilepsie) verbunden war: für die Menschen der damaligen Zeit staunenerregende, wunderbare Siege über den Krankheitsdämon. Heutige Medizin indessen hat längst den psychosomatischen Charakter vieler Krankheiten erkannt und weiß von erstaunlichen Heilungen aufgrund außerordentlicher psychologischer Einflüsse, aufgrund eines unendlichen Vertrauens, aufgrund von »Glauben« (die älteste Evangelientradition kennt noch Fälle, wo Jesus, wie etwa in seiner Heimatstadt Nazaret, kein »Wunder« wirken konnte, weil Glauben und Vertrauen fehlten). Historisch gesichert bleibt: Zum Unterschied vom historischen Buddha war Jesus von Nazaret nicht nur Verkünder und Ratgeber, sondern auch ein charismatisch Heilender und Helfer. Doch *Wunder im streng neuzeitlichen Sinne* einer »übernatürlichen« Außerkraftsetzung von Naturgesetzen sind weder vom Buddha noch von Jesus erweislich; sie sind – wie etwa das Gehen über Wasser, welches von Jesus wie vom Buddha berichtet wird – in beiden Fällen als legendäre Ausgestaltungen und Übermalungen anzusehen.

Außergewöhnliche Ereignisse werden bekanntlich von vielen Großen der Religionsgeschichte berichtet; sie geben dem Geschehen und den Personen übergeschichtliche Autorität, »göttliche« Legitimation. Für uns ist wichtig: diese Wundergeschichten, die man oft für das Entscheidende im Leben Jesu gehalten hat, tragen nach heutigem Verständnis nichts aus für die Einzigartigkeit des Nazareners. Dies alles gibt es auch beim Shākyamuni, auch bei Muhammad und Kungfutse, in praktisch allen Religionen. Reduzierte sich also das, was man gemeinhin die »Gottessohnschaft« Jesu nennt, auf derartige außerordentliche Ereignisse bei der Geburt oder mirakulöse Taten im Leben oder Sterben, würde er sich nicht wesentlich unterscheiden von nichtchristlichen Religionsstiftern – von weiteren Halbgöttern und Göttersöhnen, Heroen und Wundertätern der Antike ganz zu schweigen.

Was unterscheidet dann aber den Christus Jesus wirklich von den anderen großen Gestalten der Religionsgeschichte, vom Buddha insbesondere? An diese schwierige Frage versuchen wir uns schon jetzt vorsichtig heranzutasten, immer im Bewußtsein, daß die Grenzen zwischen Historie und Legende aufgrund der ungleich schwierigeren Quellenlage beim Buddha fließender sind als beim Christus. Ausgehen können wir dabei von gewissen äußeren, aber auch inneren Ähnlichkeiten zwischen Gautama und Jesus, die erstaunlich sind. Doch statt zahlreiche Details auszubreiten, konzentriere ich mich auf signifikante Grundstrukturen.

Einige ethische *Grundanweisungen* sind im Buddhismus wie in der ganzen jüdisch-christlich-islamischen Tradition *gleich*: nicht zu töten, nicht zu stehlen, nicht zu lügen, nicht Unzucht zu treiben ... Nur vom Rauschmittelgenuß spricht Jesus nicht, und das ist – wie wir sehen werden – kein Zufall; denn er soll ja häufig an Gastmählern teilgenommen haben. Doch in seinem ganzen *Verhalten* zeigt Jesus mehr Ähnlichkeit mit Gautama als etwa mit Muhammad, dem Kämpfer, Krieger, Staatsmann, der lebensfreudig blieb bis an sein Ende:

Wie Gautama war Jesus ein Wanderprediger, arm, heimatlos, anspruchslos, der eine entscheidende Wende in seinem Leben erfahren hatte, die ihn zur Verkündigung bewog.

Wie Gautama bediente sich Jesus bei der Verkündigung nicht einer unverständlich gewordenen Sakralsprache (Sanskrit – Hebräisch), sondern der Umgangssprache (mittelindoarischer Dialekt – aramäische Volkssprache), hat er weder eine Kodifikation noch gar eine Niederschrift seiner Lehre veranlaßt.

Wie Gautama appelliert Jesus an die Vernunft und die Erkenntnisfähigkeit des Menschen, wenngleich nicht mit systematisch-erwägenden Vorträgen und Gesprächen, so doch mit allgemeinverständlichen, eingängigen Spruchworten, Kurzgeschichten, Gleichnissen, die aus dem jedermann zugänglichen, ungeschminkten Alltag genommen sind, ohne sich auf Formeln, Dogmen, Mysterien festzulegen.

Wie für Gautama so bedeuteten auch für Jesus Gier, Macht, Verblendung die große Versuchung, die – so nach den Versuchungsgeschichten des Neuen Testaments – der großen Aufgabe entgegenstand.

Wie Gautama war auch Jesus, durch kein Amt legitimiert, in Opposition zur religiösen Tradition und zu deren Hütern, zur formalistisch-ritualistischen Kaste der Priester und Schriftgelehrten, die für die Leiden des Volkes so wenig Sensibilität zeigten.

Wie Gautama hatte auch Jesus bald engste Freunde um sich, seinen Jüngerkreis und eine weitere Gefolgschaft.

Aber nicht nur in ihrem Verhalten, sondern auch in ihrer *Verkündigung* zeigt sich eine grundlegende Ähnlichkeit:

- Wie Gautama trat Jesus wesentlich als Lehrer auf, für beide lag ihre Autorität weniger in ihrer schulmäßigen Ausbildung als in der außerordentlichen Erfahrung einer letzten Wirklichkeit.
- Wie Gautama, so hatte auch Jesus eine dringende, eine frohe Botschaft (der »Dharma«, das »Evangelium«) auszurichten, die von den Menschen ein Umdenken (»in den Strom steigen«, »metánoia«) und Vertrauen (»shraddhā«, »Glauben«) forderte: nicht Orthodoxie, sondern Orthopraxie.
- Wie Gautama wollte Jesus keine Welterklärung geben, übte er keine tiefsinnige philosophische Spekulation oder gelehrte Gesetzeskasuistik; seine Lehren sind keine geheimen Offenbarungen über die Beschaffenheit des Gottesreiches; sie zielen auch nicht auf eine bestimmte Ordnung der weltlichen Rechts- und Lebensverhältnisse.
- Wie Gautama geht Jesus aus von der Vorläufigkeit und Vergänglichkeit der Welt, der Unbeständigkeit aller Dinge und der Unerlöstheit des Menschen: seiner Blindheit und Torheit, seiner Verstricktheit in die Welt und seiner Lieblosigkeit gegenüber seinen Mitmenschen.
- Wie Gautama sieht Jesus die Wurzel dieser Unerlöstheit in des Menschen Begierden und Süchten, kurz, in seiner Ichbezogenheit, Ichsucht, Egozentrik.
- Wie Gautama zeigt Jesus einen Weg der Erlösung aus der Ichsucht, Weltverfallenheit, Blindheit: eine Befreiung, die nicht durch theoretisches Spekulieren und philosophisches Räsonieren erreicht wird, sondern durch eine religiöse Erfahrung und einen inneren Wandel: ein ganz praktischer Weg zum Heil.
- Wie bei Gautama werden bei Jesus auf dem Weg zu diesem Heil besondere Voraussetzungen intellektueller, moralischer oder weltanschaulicher Art nicht gemacht: Der Mensch soll hören, verstehen und daraus die Konsequenzen ziehen; niemand wird nach dem wahren Glauben, nach dem orthodoxen Bekenntnis abgefragt.
- Wie Gautamas Weg so ist auch der Jesu ein Weg der Mitte zwischen den Extremen der Sinnenlust und der Selbstquälerei, zwischen Hedonismus und Asketismus, ein Weg, der eine neue selbstlose Zuwendung zum Mitmenschen ermöglicht: Nicht nur die allgemeinen Sittengebote entsprechen sich bei

Buddha und Jesus weithin, sondern auch, im Prinzip, die »Gesinnungsethik« und die Grundforderungen der Güte und der Mitfreude, des liebenden Mitleids (Buddha) und der mitleidenden Liebe (Jesus).

Aber: so groß die Ähnlichkeit im ganzen Verhalten und in Grundzügen der Verkündigung und Einstellung, so groß ist nun doch die Unähnlichkeit in der näheren Ausformung, der konkreten Gestaltung, der praktischen Realisierung.

Was Jesus und Gautama unterscheidet

Nach den Zeugnissen des Neuen Testaments stammte Jesus nicht aus einer Familie reicher, adliger Großgrundbesitzer; er wuchs nicht auf, wie Gautama nach der Überlieferung von sich bekennt, verwöhnt, sehr verwöhnt durch Feste und vielerlei Lebensgenuß. Nein, Jesus kam offenbar aus einer Handwerkerfamilie, die sich kaum jenen Überfluß gestatten konnte, der so manche reiche Söhne wie Gautama zum Lebensüberdruß und dann zur Flucht aus dem Elternhaus trieb.

Anders als Gautama wandte sich Jesus auch nicht primär den von der Zivilisation übersättigten Zeitgenossen zu, die in Lebensekel aussteigen wollten aus der Gesellschaft des Überflusses. Er wandte sich – von keiner Partei oder menschlichen Autorität gedeckt, ohne Würdetitel in Anspruch zu nehmen und seine eigene Rolle oder Würde zum Thema seiner Botschaft zu machen – an die Mühseligen und Beladenen, die Armen, die er nicht deshalb seligpries, weil Armut ein wünschenswertes Ideal wäre, sondern weil diese noch eine Offenheit bewahrt haben für jene andere Wirklichkeit, auf die es ihm ankam.

Jesus war kein Einsamer unter Einsamen (= Monachus, Mönch), die um das Eine ringen. Er war der Meister in einer Lebensgemeinschaft von Jüngern, für die er keinen Orden gegründet, keine Ordensregeln, Gelübde, asketischen Gebote, keine besonderen Kleider und Traditionen vorgeschrieben hatte.

Die Welt war für Jesus nichts Nichtiges, aus der es sich zurückzuziehen gelte und die im Akt der Versenkung in ihrer Nichtigkeit zu durchschauen wäre; sie ist erst recht nicht mit dem Absoluten einfach zu identifizieren, sie ist vielmehr die gute, wenngleich vom Menschen immer wieder verdorbene Schöpfung.

Die Wende in Jesu Leben bedeutet kein Aufgeben eines falschen Weges und das Suchen der eigenen Erlösung; nie beruft er sich auf ein eigentliches Erleuchtungs- oder Bekehrungserlebnis. Die Wende bedeutet bei ihm ein Hervortreten aus der Verborgenheit in die Öffentlichkeit: keine Abkehr also von der Welt und einem Pantheon von Göttern, verbunden mit einer Wendung nach innen, sondern eine Hinwendung zur Welt aus einer eigentümlichen Unmittelbarkeit zu dem einen Gott Israels heraus, den er aber – in skandalöser Vertrautheit – mit »Abba«, »lieber Vater«, anredet, was Distanz und Nähe, Kraft und Geborgenheit zugleich ausdrückt. Kein Aussteigen also aus einem Kreislauf der Geburten durch eigenes Bemühen ist das Ziel, sondern das Eingehen in die Vollendung durch Gottes gnädig vollendendes Gericht.

Der religiös-philosophische Hintergrund beider – darauf brauche ich nach den Darlegungen über die indischen Religionen nur kurz aufmerksam zu machen – muß also sehr *verschieden* gesehen werden: Bei Jesus keine Vorstellung von einem automatisch wirkenden Gesetz der Vergeltung aller moralisch bedeutsamen guten oder bösen Taten (karman), sondern bei aller Anerkennung der Schuld und Sünde des Menschen der Akzent auf Gottes immer wieder vergebender Gnade; keine Wiederverkörperung in einem anderen irdischen Leben, sondern das menschliche Leben in seiner Einmaligkeit, ausgerichtet auf ein definitives ewiges Leben. Im ganzen also kein Im-Kreis-Denken, sondern ein zielgerichtetes Geschichtsdenken für den einzelnen wie die Gesamtmenschheit. So verkündet Jesus keine Botschaft für alle Zeiten (sosehr seine Botschaft von der »ewigen Wahrheit« Gottes kündet), sondern den Anbruch der Endzeit, den Einbruch von Gottes Ewigkeit in die Welt-Zeit. Für die »Zwischenzeit« fordert Jesus nicht nur nichthassenden Gleichmut und das ruhende Gefühl freundlicher Eintracht, sondern die liebende Zuwendung und tätige Anteilnahme.

Am deutlichsten können wir uns den Unterschied zwischen Gautama und Jesus klarmachen, wenn wir – wie schon im Zusammenhang mit dem Hinduismus – auf die Unterscheidung zwischen *mystischer* und *prophetischer* Frömmigkeit zurückgreifen, wie sie von Friedrich Heiler und anderen entwickelt und neuerdings von Gustav Mensching auf den Buddha Gautama und den Christus Jesus angewandt wurde (»Buddha und Christus – Vergleich«, 1978). So gesehen haben der Buddha wie der Christus ihre je eigene Größe:

- Der Buddha Gautama ist ein harmonisch in sich ruhender *Erleuchteter und Wegweiser aus mystischem Geist*:
  Von niemandem gesandt, fordert er für die Erlösung vom Leiden im Nirvāna ein Aufgeben des Lebenswillens, ruft er zu Weltabkehr und Inneneinkehr, zu methodischer Meditation in Stufen der Versenkung und so schließlich zur Erleuchtung.
  So bringt er in Gleichmut ohne alle persönliche Anteilnahme jeder fühlenden Kreatur – Mensch und Tier – Sympathie, Milde und Freundlichkeit entgegen: ein universales *Mitleid* und friedvolles *Wohlwollen.*
- Der Christus Jesus aber ist ein leidenschaftlich ergriffener *Gesandter und Wegweiser aus prophetischem Geist* und, für viele schon zu seinen Lebzeiten, der *Gesalbte* (»Messias«, »Christus«):
  Für die Erlösung aus Schuld und allem Übel im Reich Gottes ruft er die Menschen zur Umkehr; statt an ein Aufgeben des Willens appelliert er gerade an des Menschen Willen, den er nach dem Willen Gottes auszurichten fordert, welcher ganz auf das umfassende Wohl, das Heil, des Menschen zielt.
  So verkündet er eine persönlich anteilnehmende Liebe, die alle Leidenden, Unterdrückten, Kranken, Schuldiggewordenen und auch des Menschen Gegner, Feinde einschließt: eine universale *Liebe* und aktive *Wohltätigkeit.*

Der Erleuchtete und der Gekreuzigte

Aber worin besteht – wenn wir bei der historischen Betrachtungsweise bleiben – der grundlegende Unterschied zwischen Jesus und Buddha? Wir bekommen ihn wohl nur dann entscheidend in den Blick, wenn wir die Figur des lächelnden Buddha, sitzend auf einer Lotosblüte, und die des leidenden Jesus, ans Kreuz genagelt, nebeneinander halten. Nur von dieser historischen Perspektive her läßt sich die sehr viel mehr umfassende symbolisch-dogmatische Bedeutung des Buddha für die Buddhisten und des Christus für die Christen richtig verstehen.

Gautama ging durch seine Erleuchtung in das – schon in diesem Leben zugängliche – Nirvāna ein, lebte danach aber als der Erleuchtete noch Jahrzehnte, bis er schließlich durch den – aus nichtigem Anlaß erfolgten – Tod einging ins endgültige Nirvāna, ins Parinirvāna. Er lebte, wenngleich nicht ohne Schmerz und Leid, so doch heiter-ernsten Sinnes, harmonisch und erfolgreich, schließlich hochangesehen bei den Mächtigen; seine Lehre breitete sich aus, und seine Jüngerzahl wuchs ins Ungezählte. Er starb im hohen Alter von 80 Jahren an einer Lebensmittelvergiftung, aber auch dies friedlich, umgeben von seinen Jüngern. Überall in der Welt künden noch heute die Statuen dieses Buddha von seiner Gelassenheit, Abgeklärtheit, seinem Frieden, seiner tiefen Harmonie, ja seiner Heiterkeit.

Ganz anders der Mann aus Nazaret: Sein öffentliches Leben dauerte nicht Jahrzehnte, sondern bestenfalls drei Jahre, möglicherweise nur einige wenige dramatische Monate, bevor es gewaltsam beendet wurde. Eine höchst angespannte Geschichte von Anfang bis Ende, bestimmt von einem lebensgefährlichen Konflikt mit der religiösen Institution und ihrer Hierarchie: seine ganze Geschichte letztlich eine Leidensgeschichte mit Verhaftung, Auspeitschung und Hinrichtung am Ende. Nichts Abgeklärtes und Vollendetes läßt dieses Leben erkennen. Es blieb Fragment, ein Torso. Von Erfolg zu Lebzeiten jedenfalls keine Spur; dieser Mann stirbt nach den vorliegenden Berichten als Verachteter und Verfluchter, als Irrlehrer, Pseudoprophet, Gotteslästerer, Volksverführer. Ein Ende in Einsamkeit unter größter Qual: von seiner Familie gemieden, seinen Jüngern verlassen, seinem Gott offenkundig vergessen. Das allerletzte, was sie von ihm hören, ist sein Schrei am Kreuz. Von damals bis heute – und viele Jahrhunderte wagte man dies künstlerisch gar nicht darzustellen – das Bild des *Leidenden schlechthin*! Ein Leiden freilich, das schon die ersten christlichen Gemeinden nicht als schiere Verzweiflung eines Gescheiterten verstanden, sondern als einen Akt höchster Hingabe, letzter Liebe zu Gott und den Menschen.

Ein Leidender, der nicht Mitleid verströmt, sondern selber Mitleid erheischt, der nicht in sich ruht, sondern sich total hingibt. So also, *als der in Hingabe und Liebe Leidende*, unterscheidet sich dieser Jesus nach christlichem Verständnis vom Buddha, dem Mitleidenden, unterscheidet er sich unverwechselbar auch von all den vielen Göttern und vergotteten Religionsstiftern, unterscheidet er sich von allen religiösen Genies, Heroen und Cäsaren der Weltgeschichte: als der Leidende, als der Getötete, als der *Gekreuzigte*. Doch dieser Gekreuzigte ist – nach christlicher Glaubensüberzeugung – nicht ins Nichts gefallen, sondern aus der vorläufigen, vergänglichen, unbeständigen Wirklichkeit in das wahre, ewige Leben aufgenommen worden. Kein »über-natürlicher« Eingriff eines Deus ex machina, sondern das »natürliche« Hineinsterben in die eigentliche, wahre Wirklichkeit: ein Endzustand jedenfalls ohne alles Leiden. Aber, so fragt man sich: nimmt nicht auch der Buddhismus einen solchen leidlosen Endzustand an – das »andere Ufer«, das Nirvāna?

Nirvāna oder ewiges Leben?

Weder die endlosen Diskussionen im Osten noch die zahllosen Untersuchungen im Westen haben bisher eine Übereinstimmung darin ergeben, was Nirvāna wirklich bedeutet. Grundbedeutung von Nirvāna ist, so hörten wir, das »Erlöschen«: ein Endzustand ohne Leiden, ohne Gier, Haß und Verblendung – dies ist unbestritten. Umstritten ist, ob mit dem Verlöschen des Leidens auch der Mensch selber verlöscht, zugespitzt: ob dieser Endzustand negativ als totale *Vernichtung* des *Individuums* oder positiv als (wie immer konkret zu deutende) *Bewahrung* des Individuums zu verstehen ist. Was der Buddha selbst und seine ersten Jünger darüber dachten, läßt sich kaum noch eindeutig eruieren; vermutlich war er, der solchen metaphysischen Fragen generell abgeneigt war, an einer eindeutigen Klärung gar nicht interessiert.

Drückt aber das vom Buddha zur Verdeutlichung des Nirvāna gebrauchte Bild vom Verlöschen der Flamme nicht von vornherein totale Vernichtung aus? In der Exposition hörten wir, daß das Erlöschen nicht nihilistisch zu verstehen ist. Und folgt man den allerneuesten Ausführungen von L. Schmithausen, so belegt »ein alter brahmanischer Text für das alte Indien die Vorstellung, daß das Feuer beim Verlöschen nicht vernichtet, sondern lediglich durch

Eingehen in den Raum-Äther unfaßbar wird. In der Tat wird auch an einigen Stellen des alten buddhistischen Kanons – von denen wir allerdings angesichts der bisher nur in Ansätzen gelungenen Stratifizierung des Materials vorerst nicht sagen können, ob sie zum ältesten, auf den Buddha selbst zurückgehenden Textbestand gehören – unter ausdrücklicher Verwendung des Bildes der verlöschenden Flamme die Auffassung ausgesprochen, die Seinsweise des Erlösten sei ein unergründlicher, unfaßbarer Zustand, und dieser Zustand wird gelegentlich sogar als freudvoll gekennzeichnet« (»Hist. Wörterbuch der Philosophie«, 1984, S. 855).

Westliche Autoren (zum Beispiel E. Conze) und östliche (zum Beispiel H. Nakamura) haben denn auch schon früher auf der Basis der kanonischen Schriften ganze Listen von positiven Aussagen für das Nirvāna zusammengestellt, vielfach poetische Ausdrücke, die freilich ohne alle westliche Voreingenommenheit ebenso ernst zu nehmen sind wie jene ins Negative weisenden philosophischen Überlegungen. So sagt Schmithausen (unter Bezug auf Udāna VIII, 3): »Einige Stellen schließlich sprechen gar vom Nirvāna als einer transzendenten, allen Bedingungen des phänomenalen Daseins entrückten ›metaphysischen‹ Stätte oder Wesenheit, dem todlosen Ort (amritam padam), dem Unentstandenen, Ungewordenen, Unverursachten (asamskrita). Nach diesen Stellen präexistiert somit dem Nirvāna als spirituellem Ereignis eine ebenfalls Nirvāna genannte metaphysische Wirklichkeit, ein ›eschatologisches Absolutum‹ (L. de la Vallée Poussin).« Und wenn auch im Theravāda einige Richtungen das Verlöschen als totale und restlose Vernichtung verstanden, so haben doch »die meisten Schulen des Hīnayāna« das Nirvāna »als eine positive metaphysische Wesenheit« verstanden: »Sie fassen das spirituelle Ereignis des Nirvāna als Teilhabe an dieser metaphysischen Entität auf« (ebd.).

Für den so schwierigen buddhistisch-christlichen Dialog kann diese in historischer Betrachtung gewonnene Differenzierung des Nirvāna-Verständnisses sehr hilfreich sein. Denn zwischen der *christlichen* Auffassung von einem positiven Endzustand (»ewiges Leben«) und der von den meisten *buddhistischen* Schulen vertretenen Auffassung von einem positiven Endzustand (Nirvāna) muß im Grundsätzlichen, scheint mir, *nicht notwendig ein Widerspruch* bestehen. Was immer über den Weg dorthin und seine »Eingangsbedingungen« Verschiedenes zu sagen sein wird: In beiden Fällen geht es um ein – letztlich unbeschreibbares – »anderes Ufer«, eine andere Dimension, ein Transzendentes, die wahre Wirklichkeit. Auch das »ewige Leben« ist ein nicht in unseren Denk- und Beschreibungskategorien zu erfassender, ein nur zu erfahrender Zustand: »was kein Auge gesehen und kein Ohr gehört hat, was keinem Menschen in den Sinn gekommen ist« (1 Kor 2,9). Auch im »ewigen Leben« erlöschen Willenstrieb, Begehren, Empfinden, soweit alles dies Unbeständigkeit, Unvollkommenheit, Leid besagt. Auch das »ewige Leben« kann schon jetzt erfahren werden, wie die Jesus-Reden des Johannesevangeliums wieder und wieder betonen.

Es wird noch im Zusammenhang des Mahāyāna vom Nirvāna zu reden sein. Aber eine Konvergenz ist doch schon hier sichtbar:

Wenngleich die *Buddhisten* sich im allgemeinen hüten, vom Fortbestehen des Individuums im Nirvāna zu sprechen, so machen sie doch so viele positive Aussagen über den leidlosen Endzustand, daß eine Übereinstimmung mit der christlichen Vorstellung von einem »ewigen Leben« nicht von vornherein ausgeschlossen ist.

Wenngleich die *Christen* ihrerseits darauf Gewicht legen, daß die Vorstellung vom »ewigen Leben« ein Fortbestehen der menschlichen Person einschließt, so bleiben sie sich doch durchaus bewußt, daß ihre Aussagen vom »ewigen Leben« nur Bilder für das Unvorstellbare sind und daß das endliche Personsein in der Dimension des Unendlichen jenseits von Raum und Zeit alle Beschränktheit des Endlichen verliert.

Wenn man schon bildhaft reden will: Weniger das Zitat von der Auflösung des Wassertropfens im Ozean fängt das hier Gemeinte ein; der Mensch ist auch nach buddhistischer Auffassung mehr als ein Wassertropfen. Eher das Bild von der Entgrenzung, Befreiung, Erlösung der Raupe aus dem Kokon zum nicht mehr an »irdische« Dimensionen gebundenen, sondern in »himmlische« Dimensionen entlassenen Schmetterling. Christen jedenfalls werden deshalb immer beides betonen: den individuellen und den überindividuellen Charakter des leidlosen Endzustands. Denn wo Gott nicht nur »in allem« ist, sondern »*alles* in allem« (1 Kor 15,28), da wird offenbar, daß der Mensch, der nie alles ist, doch Anteil hat an dem Alles, das für Christen Gott ist.

II. Die buddhistische Gemeinde und ihre ältere Geschichte

1. Heinz Bechert: Buddhistische Perspektiven

Der Sangha

Der frühe Buddhismus war eine Erlösungslehre für den Einzelnen in einer pluralistischen Gesellschaft. Wer den Erlösungsweg konsequent beschreiten und sich dazu aus der Welt zurückziehen wollte, konnte dem Sangha beitreten, also der vom Buddha gegründeten klösterlichen Gemeinschaft von Mönchen und Nonnen. Der Buddha selbst beschreibt den Sinn dieser seiner Ordensgründung in folgender Weise:

»Da hört ein Hausvater, der Sohn eines Hausvaters oder ein in einer anderen Familie Wiedergeborener die Lehre. Nachdem er sie gehört, gewinnt er Vertrauen zum Vollendeten, und er sagt sich: ›Voller Hindernisse ist das häusliche Leben, eine Stätte der Unreinheit. Wie der freie Himmel aber ist die Hauslosigkeit. Nicht leicht ist es, im häuslichen Leben einen fleckenlosen, heiligen Wandel zu führen. Wie wenn ich mir nun Haar und Bart scherte, das gelbe Gewand anlegte und fortzöge in die Hauslosigkeit.‹ So gibt er sein Vermögen und seinen Verwandtenkreis auf, schert Haar und Bart, legt das gelbe Gewand an und zieht in die Hauslosigkeit.

So in die Hauslosigkeit gezogen, erfüllt er die Lebensregeln der Mönche: Er vermeidet das Verletzen lebender Wesen, ist voll Mitgefühl und Erbarmen zu allen Wesen. Er vermeidet das Stehlen, nimmt nur das Gegebene und ist reinen Herzens. Er vermeidet die Unkeuschheit, lebt rein und enthält sich des geschlechtlichen Verkehrs. Er vermeidet die Lüge, spricht nur die Wahrheit und täuscht niemanden. Er vermeidet die Zwischenträgerei, vermeidet grobe Worte und leeres Geschwätz. Er vermeidet es,

Keim- und Pflanzenleben zu zerstören. Er speist nur einmal am Tage, besucht keine Tanzvorstellung, Gesangs- und Musikveranstaltungen und dergleichen, schmückt sich nicht mit Kränzen, Wohlgerüchen oder Salben, schläft nicht in hohen und breiten Betten, nimmt kein Gold oder Silber an, kein rohes Getreide oder rohes Fleisch, keine Diener oder Dienerinnen, besitzt keine Haustiere usw. Er ist zufrieden mit dem Gewand, das seinen Körper schützt, und mit der Almosenspeise, die seinen Magen füllt« (Gekürzt nach Majjhimanikāya I, 179 f.).

Gelegenheit zur Verwirklichung dieses Ideals mönchischen Lebens ist mithin der Sinn der Ordensgründung. Richtig verstandener Buddhismus ist niemals reine Werkgerechtigkeit; denn die Regeln dienen nur praktischen Zwecken, sind nur Hilfe, kein Selbstzweck. Der Weg zur Erlösung selbst ist auch nur durch die richtige Geisteshaltung in Meditation und Erkenntnis zu verwirklichen, wobei es letztlich keine Rolle spielt, wie genau äußerliche Observanzen eingehalten werden. Die Regeln sind nach einem berühmten Gleichnis wie ein Floß, mit dessen Hilfe man ans andere Ufer eines Flusses gelangt. Wenn das Floß seinen Dienst erwiesen hat, so läßt man es liegen und trägt es nicht auf den Schultern weiter; denn dann würde es nur zur Last (Majjhimanikāya I, 134 f.).

Gleichwohl brauchte man aus praktischen Gründen äußere, für die Laien sichtbare Merkmale, durch die erkennbar wird, ob jemand sich ganz dem Ziel der Erlösung widmet und damit würdig ist, Spenden der Laien zu empfangen. Deshalb hat der Buddha auch äußerliche, formale Vorschriften erlassen. Diese Vorschriften regeln das Verhalten der Mitglieder des Sangha innerhalb der Gemeinschaft und gegenüber den Laien. Sie schreiben zum Beispiel vor, daß die Mönchsroben bestimmte Farben haben und in bestimmter Weise getragen werden sollen. Die Sammlung dieser Regeln zerfällt in zwei Hauptteile: Der erste enthält die Verbote, der zweite die verfahrensrechtlichen Vorschriften.

Die Verbote umfassen etwa 220 Bestimmungen als verbindlichen Verhaltenskodex. Sie reichen von den Grundregeln ethischen Verhaltens, also vom Verbot, einen Menschen zu töten, bis zu rein äußerlichen Verhaltensvorschriften, wie dem Verbot, Wasserspiele zu veranstalten. Diese Regeln sind entsprechend den für ihre Übertretung vorgesehenen Sanktionen in mehrere Gruppen gegliedert. Verstöße gegen die Regeln der ersten Gruppe ziehen ipso facto den dauernden und unwiderruflichen Ausschluß aus dem Sangha nach sich. Andere schwere Verstöße gegen die Ordensregel haben den zeitweiligen Verlust von Rechten im Sangha zur Folge, während der Buddha seiner Gemeinde die Aufhebung der sogenannten »kleineren Regeln« freigestellt hat. Diese kleineren, das äußerliche Verhalten regelnden Vorschriften sollen sicherstellen, daß die Mönche sich ihrer Umwelt gegenüber stets wohlanständig und unanstößig verhalten. Nach der Überlieferung soll der Buddha alle Regeln selbst formuliert haben. Das sogenannte Beichtformular, also der Text dieser Verbote, wurde bei den regelmäßigen Beichtfeiern vorgetragen. In der alten Gemeinde war eine Beichte der Vergehen vor dem versammelten Sangha vorgesehen, die später durch eine Art Privatbeichte bei einem ordinationsälteren Mönch ersetzt wurde.

Die verfahrensrechtlichen Vorschriften regeln genau, in welcher Weise Mönche in den Orden aufgenommen werden und wie alle anderen rechtswirksamen Handlungen der Gemeinschaft vorzunehmen sind. So ist zum Beispiel auch vorgeschrieben, welche und wie viele Mönchsroben man besitzen darf, welche Sonderregelungen für erkrankte Mönche gelten usw.

In der Gemeinschaft der Mönche und Nonnen gab es zunächst keinerlei Hierarchie; alle Mönche waren gleich, ihre Stellung in der Gemeinde war allein durch die seit ihrer Ordination verflossene Zeit, also ihr »Ordinationsalter«, bestimmt. Auch hat der Buddha keinen Nachfolger als Oberhaupt seiner Gemeinde eingesetzt. Nach seinem Tode sollten allein seine Lehre und seine Ordensregel als Wegweiser dienen. Die Lehre sollte jedem zugänglich sein, der sie erfassen kann. Der Buddha wollte keine Geheimtradition begründen, die Auserwählten vorbehalten gewesen wäre. So gab es keinerlei Elemente einer Herrschaftsausübung, und die Verfassung des Sangha konnte als Musterbeispiel für die Verfassung einer Gemeinschaft gelten, in der alle gleich sind.

Der älteste Orden war eine Gemeinschaft umherziehender Bettelmönche (bhikshu) und Bettelnonnen (bhikshunī); doch erhielt der Orden von den Laien schon früh Grundbesitz geschenkt, der für die Errichtung von Hütten und später von anderen dauerhaften Wohnsitzen für die Mönche und Nonnen benutzt wurde. So wurde der Sangha im Laufe der Zeit seßhaft und veränderte damit Eigenart und Funktionen, aber auch sein Verhältnis zur Laiengemeinde, indem die Mönche bestimmte, der christlichen Seelsorge vergleichbare Aufgaben für die Laien übernahmen.

Man konnte aus dem Orden jederzeit austreten und ihm später wieder beitreten, so daß sich zunächst kein streng abgegrenzter berufsmäßiger Mönchsstand entwickelte. In einigen Ländern, zum Beispiel in Thailand und Birma, ist dies so geblieben. Hier hat sich die Sitte herausgebildet, daß jeder junge Mann eine bestimmte Zeit als Mitglied des Ordens verbringt. Dies ist etwa katholischen Exerzitien vergleichbar. Dieser Brauch hat auch die enge Verbindung zwischen den Laien und den Klöstern weiter gestärkt. In einigen anderen buddhistischen Ländern allerdings, zum Beispiel in Sri Lanka, hat sich der Sangha zu einer Art buddhistischer Berufsgeistlichkeit entwickelt – allerdings auch mit den dazugehörigen problematischen Begleiterscheinungen.

In den traditionellen buddhistischen Gesellschaften haben die Klöster auch die Aufgabe übernommen, Grundlagen der allgemeinen Bildung zu vermitteln; diese Aufgabe ist im Laufe der Modernisierung des Schulwesens heute weitgehend auf staatliche Schulen übergegangen. Es bleibt jedoch dauerndes Verdienst dieses klösterlichen Bildungswesens, in den buddhistischen Ländern für einen hohen Stand der allgemeinen Volksbildung gesorgt zu haben, auf dem das moderne Schulwesen aufbauen konnte. Die Zahl der Analphabeten ist mithin in den buddhistischen Ländern immer gering gewesen, noch vor 150 Jahren geringer als im damaligen Mittel- und Westeuropa.

Die buddhistischen Laien

Man bekennt sich äußerlich ohne weitere Formalitäten durch die Zufluchtsformel als Buddhist: »Ich nehme meine Zuflucht zum Buddha; ich nehme meine Zuflucht zur Lehre (dharma); ich nehme meine Zuflucht zum Sangha.« Dies ist natürlich keine Definition des Buddhisten und keine Antwort auf die Frage, wer Buddhist sei. Vielmehr kann diese Formel nur dann, wenn ihr auch eine innere Haltung entspricht, als ein äußeres Zeichen für die Bereitschaft gelten, sich die Botschaft des Buddha zu eigen zu machen. Während nun der Sangha der Mönche und Nonnen eine bestimmte Verfassung hat, wie wir erfahren haben, ist die Laiengemeinde formal nicht organisiert. Sie ist aber für die Existenz des Buddhismus als Religionsgemeinschaft nicht weniger wichtig als der Sangha; es wäre ein Mißverständnis, ihn als Religion nur für Mönche und Nonnen zu betrachten.

Der tägliche Almosengang der Mönche, die mit der Bettelschale durch die Dörfer gehen, ist noch heute lebendiger Brauch in Ländern wie Thailand und Birma. So war der Sangha für seine Existenz auf die Laien angewiesen. Zwar konnten sich die Mönche notfalls Roben aus weggeworfenen Stoffetzen, die sie an Wegrändern und auf Leichenfeldern fanden, selbst zusammennähen; besonders strenge Mönchsgruppen trugen nur Kleidung dieser Art. Doch durften die Mönche auch Stoff sowie andere für ihr asketisches Leben nötige Gebrauchsgegenstände als Spenden empfangen. Obwohl es nach dem Zeugnis der Texte im alten Indien üblich war, vorbeiziehenden Bettelmönchen und Bettelnonnen unterschiedlicher Observanz Speise und andere Spenden zu reichen, so war die dauerhafte Existenz des Sangha doch stets von der Existenz einer buddhistischen Laiengemeinschaft abhängig.

Der Buddha und seine Jünger legten ihre Lehre bekanntlich jedem dar, der sie darum bat. Wenn jemand dadurch überzeugt wurde, jedoch das »Herausgehen« aus dem weltlichen Leben, also den Eintritt in den Orden, nicht vollziehen wollte oder konnte, so mochte er als Laienanhänger den Sangha durch Spenden unterstützen und sich dadurch religiöses Verdienst, also gutes Karman, erwerben. Der Laienanhänger kann aber auch, je nach seinen Lebensumständen und nach seinen Fähigkeiten, über den bloßen Erwerb von gutem Karman weit hinausgehende Fortschritte auf dem Weg zur Erlösung erzielen. So geht aus frühen Texten hervor, daß einzelne Laien sogar das Nirvāna erreichten. Später herrschte zwar die Ansicht vor, daß nur Mönche dieses Ziel voll erreichen konnten, doch wird oft von Laien beiderlei Geschlechts berichtet, die sich eifrigen Meditationsübungen hingaben. So heißt es in der Erklärung zum »Lehrtext über die Vergegenwärtigung der Achtsamkeit«, daß sich Frauen an Badestellen und Webstühlen über diese wichtigste der buddhistischen Meditationsmethoden ausführlich unterhielten. Selbst dieser Teil buddhistischer Praxis war also niemals den Mönchen vorbehalten.

Noch heute befolgen fromme Laien, über die schon erwähnten fünf Grundgebote sittlichen Verhaltens hinaus, vor allem an den buddhistischen Feiertagen noch drei zusätzliche Regeln: Sie essen an diesen Tagen nach dem Mittag nichts mehr, und sie meiden Lustbarkeiten und Luxus. Manche Laien nehmen auch wie Novizen die strengere Observanz der Einhaltung von zehn Regeln auf sich.

Überlieferung der Lehre und heilige Texte

Wie viele andere Religionsstifter hat auch der Buddha seine Lehren in Form von Predigten und Lehrgesprächen vorgetragen, hat aber noch keine Kodifikation oder gar Niederschrift seiner Lehren veranlaßt. Die buddhistische Überlieferung berichtet, daß eine Versammlung führender Mönche gleich nach dem Hinscheiden des Buddha dessen Lehren gesammelt und geordnet habe; das Ergebnis sei der Tripitaka (pāli Tipitaka), das heißt »Dreikorb«, genannte und aus drei Hauptteilen bestehende buddhistische Kanon. Allerdings sind in dieser frühesten Periode nur die wichtigsten Teile der Mönchsregel wirklich schon kodifiziert worden. In Abweichung von der vedisch-brahmanischen Tradition bediente sich der Buddha auch nicht des Sanskrit, der Sakralsprache der altindischen Überlieferung. Vielmehr lehrte er in der Umgangssprache seiner Zeit, also in einem mittelindoarischen Dialekt. Er wollte auch, daß seine Anhänger ihre jeweilige Muttersprache zur Weitergabe seiner Lehren benutzten. Freilich gingen später im Zuge der »Sanskrit-Renaissance« mehrere Richtungen des indischen Buddhismus doch dazu über, die Texte ins Sanskrit zu übertragen. Im Bereich des sogenannten südlichen Buddhismus oder Theravāda wurde einer mittelindischen Sprache, dem Pāli, die Rolle einer Sakralsprache zugewiesen. Diese Sprache steht der vom Buddha selbst benutzten Sprachform noch verhältnismäßig nahe. Übrigens wurden die Texte, wie jahrhundertelang auch die Überlieferungen der vedisch-brahmanischen Religion, bis ins

1. Jahrhundert vor Christus überwiegend mündlich tradiert. Die Bewahrung der Tradition der heiligen Texte für die Nachwelt gehörte zu den Aufgaben des Sangha.

Die älteste Sammlung der heiligen Texte bestand aus nur zwei Hauptteilen: Vinaya, das heißt Texte der Ordenszucht, und Sūtra (pāli Sutta), das heißt Lehrtexte. Daraus wurde etwas später durch Hinzufügung des Abhidharma (pāli Abhidhamma), einer Art systematischer Zusammenstellung von Lehrbegriffen und Lehrinhalten, der schon erwähnte dreifache Kanon, der Tripitaka. Die in Pāli abgefaßte Version des Kanons ist vollständig im indischen Urtext erhalten; größere Teile der Parallelversionen in Sanskrit und in anderen mittelindischen Sprachen sind wiederentdeckt und veröffentlicht worden. Mehrere Rezensionen der Ordensregeln und der alten Lehrtexte sind in teilweise sehr genauen tibetischen und chinesischen Übersetzungen überliefert. Die überlieferten Parallelrezensionen unterscheiden sich inhaltlich nur unwesentlich, so daß man die älteste Fassung durch Vergleich der erhaltenen Texte recht genau erschließen kann. Der aus den überlieferten Versionen rekonstruierbare älteste Text des gesamten Codex der Ordenszucht (Vinaya) muß hundert Jahre nach dem Tod des Buddha bereits existiert haben. Die Tradition der Lehrreden (Sūtra) wurde zunächst freier gehandhabt; sie wurden nach formalen Kriterien etwas später zu vier Sammlungen vereinigt, denen später eine fünfte Sammlung verschiedenartiger, großenteils jüngerer Werke hinzugefügt wurde. Auch der schon erwähnte etwas jüngere Abhidharma repräsentiert noch die Lehrentwicklung des frühen Buddhismus.

Durch die im nächsten Kapitel zu besprechende Entwicklung des Mahāyāna wurde die Bedeutung der frühen Lehrtexte für die Anhänger der neuen Religionsform relativiert; die frühen Texte bilden deshalb nur mehr einen relativ kleinen Teil der riesigen Textsammlungen des tibetischen und des ostasiatischen Buddhismus.

Wie nicht anders zu erwarten, wurde die frühe Überlieferung über das Leben des Buddha im Laufe der Zeit von Legenden mehr und mehr überwuchert. Weil die Lehre ursprünglich so stark im Vordergrund stand, daß zunächst kein Bedarf an einer zusammenhängenden Lebensbeschreibung des Buddha bestand, sind

Werke dieser Art meist verhältnismäßig späten Ursprungs, so daß der Historiker die Lebensgeschichte des Buddha den beiläufigen Erwähnungen in Lehrreden und den Ursprungsberichten zu den Ordensregeln entnimmt; dazu kommen die in Form zusammenhängender Werke überlieferten Texte über den Anfang der Lehrtätigkeit und über das Lebensende des Buddha.

Ashoka und die Anfänge der buddhistischen Weltmission

Eine der bedeutendsten Persönlichkeiten der frühen Geschichte des Buddhismus war König Ashoka. Er war ein Enkel des Eroberers Candragupta Maurya, der bald nach dem Indienfeldzug Alexanders des Großen das erste indische Großreich begründet hatte. Ashoka regierte von 268 bis zu seinem Tod 233 vor Christus. Als wichtigste Quelle zum Verständnis seiner Persönlichkeit dienen die Steininschriften, die er uns hinterlassen hat. Ashoka führte einen erfolgreichen, wenn auch blutigen Eroberungskrieg gegen die Kalingas und wurde damit zum Herrn fast des gesamten indischen Subkontinents. Dann aber bekehrte er sich zum Buddhismus. Nun erfaßte ihn, wie er in einer seiner großen Inschriften bekennt, tiefe Reue über das Blutvergießen, das der von ihm geführte Krieg verursacht hatte. Der König will nicht weiter durch das Schwert, sondern nur mehr durch die Kraft des Sittengesetzes, durch den Dharma, die Welt verändern. In einigen seiner Inschriften kommt auch sein persönliches Bekenntnis zur Religion des Buddha zum Ausdruck. In seinen Steininschriften geht es ihm aber nicht darum, seine eigene Religion zu propagieren, sondern um die Prinzipien einer allgemeinen, sozusagen überkonfessionellen Sittenlehre. Die Achtung vor der Unverletzlichkeit des Lebens und die gleichmäßige Förderung aller Glaubensformen stehen im Vordergrund. Zwar kann es so etwas wie eine buddhistische Staatsform schon wegen der Zielsetzung des Buddhismus nicht geben, doch darf Ashoka als Begründer eines auf buddhistischen Prinzipien beruhenden Staatsdenkens gelten; nach seiner Ansicht kommt dem Staat die Aufgabe sozialer Fürsorge für alle Menschen, ja für alle Wesen zu. So ordnete er zum Beispiel den Bau von Krankenhäusern nicht nur für Menschen, sondern auch für kranke Tiere an; bei den Buddhisten Birmas gibt es Tierkrankenhäuser übrigens bis zum heutigen Tag. Ashoka war Realist genug, die Grenzen der Möglichkeiten einer Verwirklichung dieser Ideale zu sehen. So war zum Beispiel die völlige Abschaffung der Jagd und des Schlachtens von Tieren praktisch unmöglich. Statt dessen lesen wir, daß die Unverletzlichkeit bestimmter Tierarten, die Festlegung von Schonzeiten für andere Tiere usw. bestimmt wurden.

Ashoka hat zum erstenmal das Ziel einer bewußten Weltveränderung nach buddhistischen Idealen als Aufgabe politischen Denkens und Handelns formuliert. Man kann darüber streiten, ob sich dies wirklich aus der Lehre des Buddha rechtfertigen läßt. Immerhin zeigt uns diese Entwicklung, daß man die Buddhisten nicht einfach als eine Gemeinschaft von Weltflüchtigen oder »Aussteigern« abstempeln darf.

Die Sorge des Königs Ashoka galt auch der Reform des buddhistischen Ordens. Der Orden war, wie gesagt, eine Gemeinschaft, die hohe Ansprüche an das Verhalten des Einzelnen stellte. Es war aber schwierig, diese Ansprüche auch tatsächlich durchzusetzen. Dies war schon in der Zeit deutlich geworden, die zwischen dem Tod des Buddha und der Zeit Ashokas verflossen war. Dieser König sorgte nun dafür, daß unwürdige Mönche, die durch Urteile der geistlichen Gerichtsbarkeit aus dem Sangha ausgeschlossen worden waren, auch tatsächlich nicht weiter als Mönche auftreten durften.

Ashoka war ferner Begründer der buddhistischen Weltmission. Er sandte Glaubensboten in die Nachbarländer seines Reiches, um die Lehre dort verkünden zu lassen. So wurde der Buddhismus von Ashokas Sohn Mahinda auf die Insel Ceylon (Sri Lanka) gebracht und dort zur Nationalreligion der Singhalesen. Etwa um dieselbe Zeit gelangten die ersten Buddhisten ins »Goldland« (Suvarnabhūmi), das heißt in die Küstengebiete des heutigen Birma. Andere Missionen wurden in die westlichen Länder gesandt, und für einige seiner Inschriften hat Ashoka selbst die griechische und die aramäische Sprache verwenden lassen.

So war der Buddhismus bereits rund 150 Jahre nach dem Tode seines Begründers zu einer Weltreligion geworden.

Die Form des Buddhismus, die durch die von Ashoka ausgesandten Missionare aus Indien auf die Insel Ceylon und in die Küstenländer Hinterindiens gelangte, wird von ihren Anhängern als Theravāda (»Lehre der Ordensälteren«) bezeichnet; wegen ihrer Verbreitung in den südasiatischen Ländern nennt man sie auch »südlichen Buddhismus«. Die »südlichen« Buddhisten überliefern den Tripitaka oder Kanon in der schon erwähnten Pāli-Sprache, und man achtete darauf, daß die alten Texte sehr genau tradiert wurden. Mehrere sogenannte Konzile, also Versammlungen, bei denen die heiligen Texte vorgetragen und sorgfältig auf die Genauigkeit der Texttradition überprüft wurden, wurden abgehalten. Die letzte große Versammlung dieser Art war das »Sechste Konzil«, das 1954–56 aus Anlaß des 2500. Jubiläums des Parinirvāna, das heißt des Todes des Buddha (nach traditioneller Theravāda-Zeitrechnung), in Rangoon stattfand.

Die vorhin kurz besprochenen, auf Ashoka zurückgehenden politischen Ideale hatten ein neues dynamisches Element in diese im Prinzip sehr konservative Tradition gebracht. Der Herrscher sollte einen Wohlfahrtsstaat aufbauen, in dem so viel materieller Überfluß produziert wird, daß einerseits die Erfüllung der sozialen Verpflichtungen gegenüber den Armen und Kranken gesichert ist, andererseits aber möglichst vielen Menschen die Verwirklichung spirituellen Fortschritts auf dem Wege zum Nirvāna ermöglicht wird. In Verbindung mit der Verpflichtung des Staates zum Schutz des Sangha vor innerem Verfall macht diese Entwicklung den Staat zu einer Institution übergreifender, ja religiöser Zielsetzung. Der Staat strebte – wie es Manuel Sarkisyanz ausgedrückt hat – nach seiner »eigenen Verklärung zur Erlösungsinstitution, also zur Selbstverkirchlichung«.

So war der Buddhismus aus der Erlösungslehre einer verhältnismäßig kleinen elitären Gemeinschaft zum bestimmenden Faktor im Selbstverständnis von Staaten geworden. Die erwähnten Ideale sind allerdings keine Beschreibung der Wirklichkeit in den buddhistischen Ländern, und sie sind dies auch nie gewesen. Vielmehr dienten sie der Legitimation bestehender Autoritätsverhältnisse. Sie konnten aber auch der Legitimation des Widerstandes gegen diese Autorität und sogar des politischen Umsturzes dienen, wenn der Abstand zwischen Ideal und Wirklichkeit zu groß geworden war.

Der Theravāda-Buddhismus ist noch heute die Religion der Mehrheit der Singhalesen in Sri Lanka, der Birmanen, der Thai, der Laoten und der Khmer. In Thailand und in Birma sind auch alte Methoden der Meditation lebendig geblieben. In der Theorie hielt man in diesen Ländern außerdem an der Verbindlichkeit der alten Ordensregeln fest, wenn auch in der Praxis viele Anpassungen an veränderte Verhältnisse akzeptiert wurden. Die formale Tradition der Ordination von Nonnen gilt bei den Theravāda-Buddhisten seit dem Jahre 456 nach Christus als erloschen, so daß ihr Sangha nur noch aus Mönchen besteht. Laienanhängerinnen, die zehn Sittenregeln befolgen und gelbe oder weiße Gewänder tragen, werden in den Theravāda-Ländern meist als »buddhistische Nonnen« bezeichnet.

In Thailand ist der Buddhismus bis heute Staatsreligion geblieben. Das Verhältnis des Königs zum Sangha wird als das eines Schutzherrn über die religiösen Institutionen definiert. Dabei wird von der auf König Ashoka zurückgehenden Tradition ausgegangen, nach der der König alle Religionsgemeinschaften fördert, sich aber im besonderen dem buddhistischen Sangha verpflichtet fühlt. Der König – und in seinem Namen die staatlichen Instanzen – übt eine ständige Aufsicht über den Sangha aus, um die Erhaltung der buddhistischen Lehrtradition und die Einhaltung der Regeln sicherzustellen. Der König kann also gegenüber dem Sangha Autorität ausüben, aber nur innerhalb und im Sinne der durch das buddhistische geistliche Recht vorgeschriebenen Grenzen.

An dieser Stelle sei noch auf ein verbreitetes Mißverständnis hingewiesen, das durch neuere religionswissenschaftliche Bücher geistert, nämlich die Anschauung, es gebe im traditionellen Theravāda in Wahrheit zwei Arten von Buddhismus, einen »nirvānischen« und einen »karmischen«. Ersterer sei der Buddhismus der kanonischen Texte, in dem die Erlösung im Nirvāna als Ziel erkannt und verfolgt wird. Der »karmische« Buddhismus dagegen sei die Religion all derjenigen, die sich durch gute Taten nur eine bessere Wiedergeburt verschaffen wollen. Diese Trennung geht ganz an der Wirklichkeit vorbei. Die Botschaft des Buddha ist für alle: Aber wegen der Verschiedenheit der Menschen wird jeder Einzelne diese Botschaft in unterschiedlichem Maße verstehen. Nur wenige werden sie ganz verstehen, doch ist es schon hilfreich, wenn sie ein wenig davon begreifen. Es gibt keine Trennungslinie zwischen guten Werken und dem Bestreben, den Weg zur Erlösung zu gehen: Erstere sind nur ein Schritt auf dem richtigen Weg.

Ältere Geschichte des Buddhismus in Indien

Im Gegensatz zu den eben besprochenen Ländern des Theravāda-Buddhismus blieb die Lehre des Buddha im indischen Mutterland stets eine von mehreren konkurrierenden Religionen und wurde nie auf Dauer zum bestimmenden Faktor einer Gesellschaftsordnung, bis der indische Buddhismus schließlich durch den Ansturm islamischer Eroberer im 12. und 13. Jahrhundert fast gänzlich unterging.

Schon sehr früh bildeten sich innerhalb des indischen Buddhismus verschiedene Schulrichtungen heraus, die man irrtümlich als »Sekten« bezeichnet hat. In Wahrheit handelte es sich um sehr begrenzte Meinungsverschiedenheiten über Fragen von untergeordneter Wichtigkeit, und die Laienanhänger werden – wie noch heute – kaum viel Notiz von diesen Unterschieden genommen haben. Selbst als später der sogenannte Mahāyāna-Buddhismus entstand, führte dies keineswegs überall zu einer radikalen Trennung der konservativen und der neuen Richtung. Vielmehr wissen wir, daß manchenorts Anhänger beider Richtungen friedlich in einem und demselben Kloster zusammenlebten.

Für die Schulen des frühen Buddhismus kann man die zusammenfassende Bezeichnung Shrāvakayāna (»Fahrzeug der Hörer«, das heißt der Schüler des Buddha) verwenden, da sich die Buddhisten vor etwa 30 Jahren darauf geeinigt haben, die früher übliche abwertende Bezeichnung Hīnayāna (»geringeres Fahrzeug«) nicht mehr zu verwenden. Man versteht darunter alle diejenigen Formen des Buddhismus, die ausschließlich auf den Lehren der alten kanonischen Schriften beruhen, die also die vom Mahāyāna oder »großen Fahrzeug« vertretenen zusätzlichen Lehren nicht akzeptieren. Aus den zum Teil nur fragmentarisch überlieferten Nachrichten über die frühen Schismen im Sangha läßt sich entnehmen, daß sich die Meinungsunterschiede in der frühen Zeit auf verschiedene Auslegung und Anwendung von Bestimmungen der Ordenszucht konzentrierten. Als erstes großes Schisma gilt die Spaltung der Gemeinde in die liberalere Mehrheitsgruppe der Mahāsānghika und die schon erwähnte strengere Minderheitsgruppe der Sthaviravādin oder Theravādin. Diese Spaltung ist in die Zeit vor Ashoka zu datieren. Der Streit um Einzelheiten der Anwendung der Mönchsregeln klammerte sich mehr an den Buchstaben als an den Geist der Lehre des Buddha. Später aber traten auch Meinungsverschiedenheiten über Fragen der Lehrauslegung auf, die in dieser Periode allerdings keineswegs entscheidende Grundfragen der buddhistischen Lehre betrafen. Eine Ausnahme bildeten die Vātsīputrīya mit ihrer großen Unterschule Sammatīya, die in Abwandlung der alten Lehre von der Nichtexistenz des »Selbst« die Existenz eines »undefinierbaren Individuums« postulierten. Obwohl sich diese Richtung in Indien im 4. bis 7. Jahrhundert nach Christus stark verbreitete, ist uns wenig von ihren Schriften überliefert.

Ein Bereich, der früh zu weiterführenden Überlegungen und Spekulationen Anlaß gegeben hat, ist die Frage nach den verschiedenen Arten von Heiligen und ihren Eigenschaften. Die frühe Lehre besagte dazu folgendes: Es gibt drei Arten von buddhistischen Heiligen, die das Endziel der Erlösung erreicht haben, nämlich Arhat, Pratyekabuddha und Samyaksambuddha. Ein Arhat erreicht aufgrund der Befolgung der Lehre eines Buddha, also als Jünger eines Buddha, die Erlösung. Ein Pratyekabuddha (»Für-sich-Erwachter«) hat die Erlösung aus eigener Kraft erreicht, ohne die Lehre von einem Buddha gehört zu haben. Er ist aber nicht in der Lage, den Erlösungsweg auch für andere zu formulieren und anderen zu verkünden. Ein Samyaksambuddha (»vollkommen Erleuchteter«) schließlich ist nicht nur aus eigener Kraft zur erlösenden Erkenntnis gelangt, sondern auch in der Lage, dieses Wissen anderen darzulegen. Wenn man von einem Buddha spricht, ist im allgemeinen ein Samyaksambuddha gemeint. Nur ein solcher Buddha vermag einen Orden oder Sangha zu gründen. Vor seiner Erleuchtung wird ein zukünftiger Buddha als Bodhisattva oder

»Erleuchtungswesen« bezeichnet; die buddhistische Literatur überliefert zahlreiche Erzählungen über die guten Taten des Bodhisattva im Laufe vieler Existenzen: die sogenannten Vorgeburtsgeschichten oder Jātakas. In diese Literatur wurden viele volkstümliche Märchen- und Erzählungstexte lehrhaften Charakters aufgenommen.

Man entwickelte in der Periode dogmatischer Spekulationen unterschiedliche Meinungen über die Eigenschaften der Arhats, der Buddhas usw. Für die Weiterentwicklung des Buddhismus waren die Schulen von größter Bedeutung, die sich nach Zentralasien und Ostasien ausbreiteten. Die Verbreitung des Buddhismus nach Zentralasien, vor allem nach Ostturkestan, erfolgte in der ersten Phase durch die Schule der Dharmagupta; diese Mission nahm ihren Ausgangspunkt in der nordwestindischen Landschaft Gandhāra. Später setzten sich die Sarvāstivādin im nördlichen Ostturkestan durch; ihr altes Zentrum lag in Kaschmir.

Die Sarvāstivādin wurden zur bedeutendsten philosophischen Schulrichtung des indischen Shrāvakayāna. Während der Buddha selbst sich nur insoweit zu philosophischen Fragen geäußert hatte, wie dies zur Begründung der Erlösungslehre notwendig war, entwickelte sich etwa seit dem 2. Jahrhundert vor Christus eine »Erlösungsscholastik«, die mit einer systematischen Aufzählung aller für die Erlösungslehre wichtigen Begriffe einsetzte und später zu einer hochentwickelten philosophischen Literatur ausgebaut wurde. Die Sarvāstivādin schufen auf der Grundlage älterer Ansätze die sogenannte Dharma-Theorie, nach der die Erscheinungswelt durch das Zusammenwirken bestimmter Gegebenheiten zustande kommt. Man bezeichnet diese Gegebenheiten mit dem uns schon bekannten Wort »dharma«. Nun wird ausgesagt, daß alle diese Dharmas zwar existieren, aber doch vergänglich, substanzlos und »augenblicklich« sind, das heißt nur für die Dauer eines Zeitatoms existieren. Auf der Grundlage der Texte dieser Richtung, die etwa im 1. Jahrhundert auf einem Konzil unter dem Patronat des Königs Kanishka kodifiziert wurden, schuf der Philosoph Vasubandhu der Jüngere etwa im 5. Jahrhundert sein großes Werk »Abhidharmakosha«, das heißt »Schatzkammer der Dogmatik«, das bis heute als klassische Zusammenfassung der Lehren dieser Schule und des indischen Shrāvakayāna überhaupt gilt.

2. Hans Küng: Eine christliche Antwort

In meiner ersten Antwort auf die Problematik des Buddhismus habe ich eine Grundlage zu legen versucht mit einem Vergleich zwischen dem historischen Gautama und dem historischen Jesus, der sich auf die für beide Religionen zentrale Problematik des Leidens und seiner Überwindung zuspitzte: der lächelnde Buddha, der durch die Erleuchtung das Nirvāna bereits erreicht hat, und der gekreuzigte Christus, der erst durch Leiden und Tod hindurch in die Vollendung des ewigen Lebens aufgenommen wird. Das alles wird sich noch verdeutlichen, wenn ich auf die Zentralproblematik dieses Kapitels eingehe und in meiner Antwort die Fragen der »Gemeinde«, des Mönchtums und des Ordens behandle.

Der ideale Buddhist

Selbstverständlich ist die buddhistische Zufluchtsformel keine Definition des Buddhisten, sondern – wie wir in der Exposition vernahmen – eine Bekenntnisformel, äußeres Zeichen für die innere Bereitschaft, sich die Botschaft des Buddha zu eigen zu machen. Dabei gibt es für diese buddhistische Bekenntnisformel durchaus ein christliches Analogon: Wenn Buddhist derjenige ist, der ganz praktisch seine Zuflucht nimmt 1. zum Buddha, 2. zur Lehre (Dharma), 3. zur Gemeinschaft der Mönche (Sangha), so gilt entsprechend für das Christentum: Christ ist, wer 1. an Christus glaubt, 2. seine Botschaft (Evangelium) sich praktisch zu eigen macht und 3. dies inmitten der Gemeinschaft der Glaubenden (Kirche) zu vollziehen bereit ist.

Das bedeutet nun aber: Buddhist ist zweifellos *nicht nur der*

Mönch (oder die Nonne)! Und dies schon deshalb nicht, weil der Sangha – die körperlich nicht arbeitende Ordensgemeinschaft – für seine Existenz auf die arbeitenden, spendenden buddhistischen *Laien* ständig angewiesen ist. Die Laien sind somit, wie wir hörten, für den Bestand des Buddhismus nicht weniger wichtig als die Mönche. Die Botschaft des Buddha will ja auch keine Geheimbotschaft für Auserwählte sein, sie ist grundsätzlich für *alle bestimmt*: Alle sollen – besonders den Mönchen und Nonnen – Almosen spenden; alle sollen gute Taten tun und sich an die fünf Gebote der Sittlichkeit (Verbote des Tötens, Stehlens, Lügens, der Unzucht und des Alkoholgenusses) halten, alle sind eingeladen, auch noch zusätzliche Gebote der asketischen Mönchsregel einzuhalten; allen ist Lohn für ein gutes Leben durch eine gute Wiedergeburt verheißen. Und so können denn – wenigstens nach bestimmten frühen Texten – einige Laien sogar die Erleuchtung, das Nirvāna, erlangen.

Freilich war von Anfang an die Auffassung verbreitet, daß Laien – von Ausnahmen abgesehen – lediglich die Werke der »niederen Gerechtigkeit« ausüben sollen, die ihnen nach dem Karman-Gesetz innerweltliche Güter (Reichtum, Kinder) und eine bessere Wiedergeburt verschaffen; einem jeden Menschen stehen ja mehrere Leben zur Verfügung, um – ohne alles verkrampfte Erzwingen – schließlich zur Erleuchtung zu kommen. Das heißt umgekehrt, daß normalerweise nur dem Mönch der definitive Ausstieg aus dem Wiedergeburtskreislauf (und damit der Eingang ins Nirvāna) gelingt. Nur der Mönch geht ja, wie wir hörten, den buddhistischen Erlösungsweg konsequent: er zieht sich aus der Welt zurück, um sich der von Buddha gegründeten mönchischen Gemeinschaft anzuschließen.

Wer der Lehre des Buddha radikal zu folgen bereit ist, muß auch dessen Weg gehen, muß sich aus der Welt zurückziehen, muß Frau, Familie, Freunde, ja, seine Heimat aufgeben, um in der Heimatlosigkeit das Heil zu erreichen. Wie anders kann der Mensch alles »Begehren« und »Haften« wirklich aufgeben? Wie anders die Wirkungen der bösen Taten (böses Karman) auslöschen oder auch – was für das Verlöschen im Nirvāna ebenso wichtig ist – kein neues gutes Karman ansammeln? Allein das Nicht-Erlangen von (schlechtem oder gutem) Karman führt ja zur Nicht-Wiedergeburt.

Freilich: wie soll man im konkreten Leben auf alles Begehren und Haften verzichten können? Und wie stünde es um den Staat, die Ökonomie, die Familie, die Gesellschaft überhaupt, wie aber auch um den buddhistischen Orden, wenn alle dem asketischen Mönchsideal folgten und auf alles Streben und Haften, auf Ehe und körperliche Arbeit verzichteten? Nein, der radikale Weg zur Erlösung ist grundsätzlich nur wenigen, einer religiösen *Elite*, vorbehalten, die dazu willig und intellektuell zu einem kontemplativen Leben auch fähig ist. Und diese Elite wird denn auch im dreifachen Kanon, in den »drei Körben« des Tripitaka, angesprochen: Wie in den Ordensregeln (Vinaya), so werden – von wenigen Ausnahmen abgesehen – auch in den Lehrreden (Sūtra) allein die Mönche angeredet, und auch die theoretischen Spekulationen des Abhidharma sind nicht für das Volk geschrieben. Nur wenige werden die Botschaft ganz verstehen, nur wenige durch den Abschied von der Welt den buddhistischen Heilsweg konsequent zu Ende gehen.

Gewiß, es bleibt wahr: auch der Laie ist Buddhist. Aber der Laie steht nun einmal – auch nach eigenem Selbstverständnis und erst recht nach dem Verständnis der Mönche – auf einer niedrigeren Stufe, während erst der Mönch letztlich fähig ist, das Nirvāna zu erreichen. Anders gesagt: der für die gesamte Laienschaft vorbildhafte *ideale* Buddhist ist der *Mönch*! Nur die Mönche sind *»Söhne Buddhas«*! Gilt Ähnliches auch vom Christentum? Wie ist hier das Verhältnis von christlicher Botschaft zur mönchischen Lebensweise?

Söhne Buddhas – Söhne Christi?

Das Mönchtum, wiewohl das Herz des Buddhismus, ist keine Erfindung des Buddha, sondern eine *uralte indische Einrichtung,* die schon in den Upanishaden und in deren Betonung des Verzichts als der höchsten Tugend eine theoretische Begründung finden konnte. Die *buddhistischen* Mönche unterschieden sich von anderen indischen Mönchen dadurch, daß sie dem Buddha nachfolgten und seine Lehre als maßgebend annahmen; zuerst, wie wir hörten, als Eremiten und Wandermönche, dann auch als Koinobiten in Klöstern.

Blickt man nun vom indisch-buddhistischen Mönchtum auf die Geschichte des *christlichen Mönchtums* (sowohl griechisch-östlicher wie lateinisch-westlicher Provenienz), so zeichnen sich trotz dieses sehr verschiedenen Hintergrundes auffällige *Ähnlichkeiten zwischen buddhistischer und christlicher Spiritualität* ab. Doch ist zu fragen, ob diese erstaunliche buddhistisch-christliche Ähnlichkeit auch Ähnlichkeit mit dem Christus Jesus bedeutet. Die Mönche sind als »Söhne Buddhas« die wahren Buddhisten. Sind christliche Mönche vielleicht auch als »Söhne Christi« die wahren Christen?

Christliche Mönche haben sich vielfach so verstanden: zu Recht? Man wird sich auch in der östlich-orthodoxen und in der römisch-katholischen Kirche der Frage stellen müssen: Das christliche Mönchtum ist alt – ist es aber *ursprünglich christlich*? Gewiß, der apolitische (wenn auch nur scheinbar unpolitische) Radikalismus der Mönche, der »Alleinlebenden« (griechisch »mónachos« = allein) oder der »Anachoreten«, der (aus der Welt in die Wüste) »Entwichenen«, diese anachoretisch-monastische Tradition der kritischen Distanzierung und des Rückzugs von der Welt im Namen Christi geht bis in die ersten christlichen Jahrhunderte zurück. Ich habe schon auf die möglichen, aber nicht erweisbaren indischen Einflüsse auf Alexandrien und das Niltal hingewiesen. Dort gab es zunächst einzelne asketische »Einsiedler« oder »Eremiten« (ihr klassisches Vorbild der ägyptische Wüstenvater Antonios im 3. Jahrhundert), dann auch die (später kirchlich begünstigten) organisierten Mönchsgemeinschaften, die ein »gemeinsames Leben« (»Koinobitentum«) führen (Begründer des Klosterwesens Pachomios im 4. Jahrhundert).

Parallelen zwischen dem christlichen und dem buddhistischen Mönchtum sind somit nicht nur bei gemeinsamen Motiven und formalen Elementen greifbar, sondern vor allem hinsichtlich einer gemeinsamen asketischen Grundstimmung und eines geänderten Bewußtseins, das damals weite Kreise der zivilisierten Menschheit erfaßt hatte, zu einem Höhepunkt drängte, allerdings dann auch – wenngleich sehr zeitverschoben – wieder zurückging. Buddhistische Mönche konnten sich dabei auf den Buddha berufen. Doch die christlichen? Wie steht es um die Parallelen zwischen dem beidseitigen Mönchtum und Jesus selber? Auf drei Gesichtspunkte muß ich aufmerksam machen:

a. Buddhistisches und christliches Mönchtum finden sich in der Forderung nach *Absonderung*, Auszug, Auswanderung aus der Welt. Emigration des Einzelnen oder der Gruppe, äußerlich-lokal und innerlich-geistig, Isolierung durch Wegzug oder Neuansiedlung: das ist die Parole. Darin stimmt die anachoretisch-monastische Tradition der Christenheit völlig mit dem Buddhismus überein, dessen achtfacher Weg ganz ursprünglich auf Menschen zielte, von denen eine solch radikal-monastische Lebensentscheidung erwartet wurde. *Gautama* selber hatte sich ja, wie er sagte, vom »häuslichen Leben«, einer »Stätte der Unreinheit«, zurückgezogen und hatte Erlösung abgesondert von den normalen Menschen gesucht. Auch *christlicherseits* hat das Mönchtum – ob von Männern oder Frauen gelebt – immer mit den Kategorien von Reinheit und Vollkommenheit, mit einer »Stufenethik« moralischer Vervollkommnung, seine Existenz gerechtfertigt. Auch das Judentum kannte im übrigen mönchische Lebensgemeinschaften wie die in Qumran am Toten Meer.

Der Jude *Jesus* aber war anders: »Was nennst du mich gut? Niemand ist gut als der Eine Gott« (Mk 10,17). Gefragt, wie man vollkommen würde, schickte er den reichen Jüngling bekanntlich nicht ins Kloster von Qumran (vgl. Mk 10,17–31, Mt 19,16–22): Um ins ewige Leben einzugehen, fordert er von seinen Anhängern nur das Einhalten der Grundgebote (nicht töten, ehebrechen, stehlen, falsches Zeugnis geben, aber Vater und Mutter ehren) und vor allem »deinen Nächsten lieben wie dich selbst«. Jesus hat nur in bestimmten Fällen aufgefordert, alles aufzugeben und mit ihm zu wandern – um der Verkündigung des Evangeliums willen. Nachfolge, Jüngersein kann grundsätzlich auf viele Weisen geschehen. Jedenfalls hat Jesus anders als der Buddha weder einen Orden noch Klöster gegründet. Seine Jüngergemeinschaft trug weder eremitische noch klösterliche Züge. Seine Botschaft verlangte keine äußere oder innere Emigration, keine Abkehr vom Getriebe der Welt und keinen Abschied von der Gesellschaft. Das Heil, das er ankündigte, sollte nicht durch Abbau des Ichs und seiner Bindungen an die Welt erreicht werden, sondern durch das Engagement der Liebe im Alltag der Welt. Versenkungslehren, wie sie im Osten und dann im Westen (mit Berufung auf ihn) ausgebildet wurden, sind Jesus fremd.

b. Buddhistisches und christliches Mönchtum treffen sich im Eifer um die *Erfüllung der Regel*: Nach der Überlieferung soll der *Buddha* selber – bei aller Kritik an den brahmanischen Regeln und Riten (wie Tieropfer oder sündentilgendes Baden im Ganges) – all die vielen hundert Regeln, all die Bestimmungen des Straf- und Verfahrensrechts für die Mönchsgemeinde begründet haben. Aber selbst wenn nur ein Grundstock aller Vorschriften für die Mönche auf den Buddha zurückgehen sollte, so bleibt Charakteristikum jedes Mönchtums, besonders in seiner koinobitisch-klösterlichen Form (ob buddhistisch, christlich oder jüdisch), das klar geregelte Leben. Der Vinaya, die Mönchsregel, erwies sich denn auch von allem Anfang an als ein sehr viel stabileres und einheitlicheres Element von Buddhas Botschaft als der Dharma, das Lehrgesetz.

Selbstverständlich sind die Regeln kein Selbstzweck, soll nicht der Werkgerechtigkeit das Wort geredet werden, als ob durch äußerliche Observanz die Erlösung bewirkt werden könne. Doch sind sie die Hilfe, das Floß, deren der Mönch bedarf, wenn er dem Begehren nicht erliegen und das andere Ufer, die Erleuchtung, die Erlösung erlangen will. Deshalb wird die Beachtung der Regeln streng gefordert. Die Kehrseite ist dann ein geregeltes Strafverfahren, das die Gebote absichert, die Verfehlungen mit Sanktionen belegt und so die Mönchsgemeinschaft vor Verfall und dem Verlust ihrer Glaubwürdigkeit nach innen und außen bewahrt. So findet sich denn auch zur christlichen Beicht- und Bußpraxis eine entsprechende Parallele im buddhistischen Mönchsorden mit der ursprünglich vor dem ganzen Konvent abzulegenden, später privaten Beichte der Verfehlungen: Beichtformulare und Beichtfeiern. Interessanterweise spielen in den Ordensgemeinschaften auch das Gewand und seine Farbe immer eine signifikante Rolle: ob dies nun das ockerfarbene Gewand der buddhistischen Mönche oder das weiße der jüdischen Qumran-Mönche ist oder aber alle möglichen Farben von den schwarzen und braunen Franziskanern über die blauen Petites Sœurs des Père de Foucauld bis hin zu den Weißen Vätern oder den Trappisten. Die zahlreichen Vorschriften bezüglich Zahl, Art, Farbe und Tragweise der buddhistischen Mönchsroben sind nur ein Beispiel für die meist mit Gesetzesobservanz verbundene Gesetzeskumulation (ob über eine oder beide Schultern getragen, wurde zu einer Hauptdifferenz zwischen verschiedenen Ordenszweigen in der buddhistischen Welt).

Jesus aber war wiederum anders: Durch alle Evangelien hindurch zeigt er gegenüber dem Gesetz eine erstaunliche Freiheit. Er stellte keine bestimmten formalen Regeln auf für die, die ihm nachfolgen wollen: kein Noviziat, keine Gelübde, keine regelmäßigen Übungen, keine langen Meditationen, keine liturgischen Anweisungen! Auch keine unterscheidenden Kleider, keine Speisevorschriften, keine rituellen Waschungen, kein Straf- und Verfahrensrecht! Im Vergleich mit dem buddhistischen wie dem christlichen Mönchtum gab es in seiner Gemeinschaft eine sträfliche Ungeregeltheit, Selbstverständlichkeit, Spontaneität, Freiheit! Statt Regeln für Essenszeiten oder die jahrelange Abhängigkeit des Schülers von seinem persönlichen Lehrer (Guru) zu fordern, erzählte er Gleichnisse von der Herrschaft Gottes zum Wohl des Menschen. So kam er denn ohne jeglichen Strafkatalog aus. Gehorsam forderte er gegenüber dem Willen Gottes, und insofern bestand Gehorsam im Freiwerden von allen anderen Bindungen. Für »Elite« hatte er wenig übrig; ihn erbarmte des Volkes. Das Streben nach besseren Plätzen und Ehrenstellen verurteilte er; selbst einen Vorrang des Ordinationsalters, der Anciennität, kannte er nicht. Die übliche hierarchische Ordnung wird von ihm geradezu auf den Kopf gestellt: Die Niedrigen sollen die Höchsten und die Höchsten sollen die Diener aller sein. Unterordnung hat gegenseitig zu geschehen, in gemeinsamem Dienst.

c. Buddhistisches und christliches Mönchtum treffen sich in ihrer Forderung nach *Enthaltsamkeit, Askese.* Grundlage einer solchen Forderung ist vielfach das Streben nach Reinheit, vor allem Verzicht auf die Ehe. Schon der *Buddha* selbst lehnte zwar auf seinem »mittleren Weg« aktive Selbstquälerei und Unterernährung (wie damals in Indien verbreitet) ab. Doch forderte er für die Elite der Mönche unzweideutig Askese (im passiven Sinn), konkret vor allem geschlechtliche Enthaltsamkeit (denn Leib und leibliches Begehren sind Haupthindernis für die Befreiung). Zugleich verlangte er: nur Mahlzeiten vor der Mittagszeit mit erbettelten (nicht erarbeiteten) Speisen, Verzicht auf die meisten Formen von Eigentum, Verzicht auf Musikveranstaltungen, Haustiere, Haarpracht...

Auch christlicher- und jüdischerseits hat man in solchen Formen von Askese das Wesentliche des Mönchtums erblicken wollen, die im Christentum oft sogar Formen ausgesprochener Selbstquälerei einschloß. Ehelosigkeit (»Keuschheit«), Eigentumsabgabe an die Gemeinschaft (»Armut«) und absolute Unterordnung unter den Oberen (»Gehorsam«) gelten gemeinhin als die drei »evangelischen Räte«, die freilich auch schon in Qumran geläufig waren und von denen jedenfalls der dritte im Evangelium selbst keine Basis hat. Gewiß: buddhistisches und christliches Mönchtum kennen unterschiedliche Bräuche in Einzelbereichen. Schließlich läßt sich ja asketisch oft beides begründen: das Haar- und Bartscheren (bei buddhistischen Mönchen und manchen christlichen Bettelorden) ebenso wie umgekehrt auch der ungehemmte Haar- oder Bartwuchs (bei Hindu-Sādhus, orthodoxen Mönchen und Kapuzinern); der Waschverzicht (vieler Asketen in Indien) ebenso wie umgekehrt die Dauerwaschung (ein raffiniert ausgebautes Wasserversorgungssystem mit elf verschiedenen Wasserbecken etwa in Qumran). Um Reinheit, Askese, Vollkommenheit ging es in dieser oder jener Form allemal, aber auch um eine – oft phobische Formen annehmende – Auslöschung der Sexualität, verbunden mit einer Abwertung des Leibes und erst recht der Frau, dieser größten Versuchung für einen Asketen.

Auch hier war *Jesus* anders: Schon im Vergleich zu Muhammad war der Mann aus Nazaret nicht als Asket erschienen. Zusätzliche ethische Forderungen und asketische Sonderleistungen im Hinblick auf die Vollendung waren seine Sache nicht. Statt der Bußtaufe und des Fastens wurde für ihn das gemeinsame Mahl (auch mit »Sündern«) charakteristisch. Verglichen mit Asketen wie dem Täufer Johannnes mußte er sich den (in seiner Peinlichkeit zweifellos authentischen) Vorwurf gefallen lassen, er sei ein Fresser und Weinsäufer. Er verteufelte weder den Leib noch die Sexualität, noch die Frau, und keine bösen Worte über den geschlechtlichen Verkehr sind von ihm überliefert. Gerade Frauen umsorgten ihn. Die Ehe war für ihn nichts Verunreinigendes, sondern der

Wille des Schöpfers. Deshalb verlangte er, obwohl unverheiratet, von niemandem die Ehelosigkeit. Eheverzicht war freiwillig: charismatische Ausnahme, nicht Regel für die Jüngerschaft; Petrus und die Apostel (Paulus ist die Ausnahme) nahmen die Ehefrau mit auf ihre Missionsreise. Selbst der Verzicht auf materiellen Besitz war zur Nachfolge nicht für jedermann notwendig. Gegenüber der düsteren Lehre von Qumran und dem strengen Bußruf des Täufers erschien Jesu Botschaft als eine in vieler Hinsicht frohe, befreiende Botschaft. Charakteristisch für ihn war nicht die Bußtaufe für die Sünder, sondern das festliche Mahl mit den Sündern.

Was ist das Resultat unserer bewußt scharfen Profilierung und Kontrastierung? Wesentliche Elemente jenes christlichen Koinobitentums oder Klosterwesens, wie es vom Ägypter Pachomios begründet, von Basileios dem Großen theologisch untermauert, von Johannes Cassianus dem lateinischen Westen vermittelt und durch Benedikt von Nursia und die Benediktinerregel für das gesamte abendländische Mönchtum vorbildlich wurde, finden sich auch im Buddhismus (und auch schon im jüdischen Qumran): »1. Gemeinsamkeit des Lebensraumes in Wohnung, Arbeits- und Gebetsstätte; 2. Gleichförmigkeit in Kleidung, Nahrung und asketischer Haltung; 3. Sicherung dieser Gemeinschaft durch eine schriftlich fixierte Regel auf der Grundlage des Gehorsams« (K. Baus, Art. Koinobitentum, in: »Lexikon für Theologie und Kirche« VI, S. 368). Dies ist, trotz des verschiedenen Hintergrundes und aller Modifikationen (kein Gehorsamsgelübde), charakteristisch auch für den Buddha – aber nicht für Jesus, den Christus der Christen.

Paradigmenwechsel von der Elitereligion zur Massenreligion

Es mußte für den Buddhismus Folgen haben, als er aus einer Heilslehre der wenigen Radikalen, die zumeist aus den privilegierten »weltlichen Honoratiorenschichten« stammten, zu einer Heilslehre der Vielen, der Massen, wurde. Die Ausbreitung über ganz Indien, Sri Lanka und die Küstenländer Südostasiens in den Jahrhunderten vor Christus hatte die Entstehung des Theravāda-

Buddhismus zur Folge. Schon Max Weber hat auf diese »Umwandlung« der einzigartig radikalen »vornehmen Intellektuellensoteriologie« aufmerksam gemacht, deren »treibendes Moment ... neben der unvermeidlichen Akkomodation an die Bedingungen der Existenz in der Welt das Interesse der Laienschaft« war: »Der Kleinbürger und Bauer konnte ja mit den Produkten der Soteriologie der vornehmen Bildungsschicht nichts anfangen. Am wenigsten mit der altbuddhistischen Soteriologie. Er dachte nicht daran, Nirvāna zu begehren, ebensowenig wie die Vereinigung mit dem Brahman. Und vor allem: er hatte auch gar nicht die Mittel in der Hand, zu diesen Heilszielen zu gelangen. Denn dafür war Muße für die Meditation erforderlich, um die Gnosis zu erlangen. Diese Muße hatte er nicht und sah sich in aller Regel nicht veranlaßt, sie sich durch ein Leben als Büßer im Walde zu verschaffen« (»Gesammelte Aufsätze zur Religionssoziologie«, Bd. 2, 1921, S. 251 f., 254 f.). Oder positiv gesagt: »Die Art der Erlösung, welche dem Bettelmönch versprochen wurde, war nicht nach dem Geschmack sozial gedrückter Schichten, die vielmehr einen Entgelt im Jenseits oder aber zukünftige Diesseits-Hoffnungen verlangt hätten« (S. 247). Statt auf das baldige Eingehen ins Nirvāna (sofern dies nicht positiv als »Seligkeit« verstanden wurde) konzentrierte sich das Interesse primär auf eine bessere Wiedergeburt in dieser Welt.

Dieser Befund macht deutlich, daß das Mönchtum Buddhismus wie Christentum zwar gemeinsam ist, aber für beide unübersehbar einen anderen Stellenwert hat. Es ist für den Buddhismus ganz anders zentral und wesentlich: Buddhas Botschaft war nun einmal von einer Radikalität in ihrer Weltverneinung, daß ihr faktisch nur der mönchische Lebensstil der Söhne Buddhas entsprechen konnte. Anders bei Jesus: Man mußte – um zu Jesu Gemeinde zu gehören, ihm »Bruder« oder »Schwester« zu sein – nicht den Lebensstand wechseln. Seine Botschaft ist grundsätzlich in verschiedenen Formen lebbar und wurde von Anfang an auch in verschiedenen Formen gelebt. Man konnte für Jesus sein, ohne mit ihm zu wandern, ihm im wörtlichen Sinne »nachzufolgen«; man konnte von Anfang an in vollem Sinne Christ sein, ohne Ehe, Eigentum und Heimat aufzugeben. Und so hat denn auch weder Jesus noch ein christlicher Mönch je behauptet, nur auf seinem

Weg der »Vollkommenheit« könne man die definitive Erlösung, das ewige Leben, erlangen. Kurzum: Das *Mönchtum* ist die *Basis für den Buddhismus, nicht für das Christentum.* Wurde das Mönchtum vernichtet (wie in Indien durch den Islam), wurde faktisch der Buddhismus ins Herz getroffen.

Hier liegt ein entscheidender Unterschied, der auch für das Verständnis und die Praxis des heutigen Buddhismus von großer Tragweite ist. Wenn nämlich mönchische Existenz das eigentliche existentielle Äquivalent buddhistischer Lehre ist, dann ist im Buddhismus, ganz anders als im Christentum, ein Konflikt immanent »eingebaut«, über den es im Verlauf der Geschichte immer wieder zu großen Veränderungen kommen mußte: *eine Grundspannung zwischen »eigentlicher« monastischer und »uneigentlicher« laikaler Existenz.* Gewiß: auch das Christentum durchzieht wie jede Religion der immanente Konflikt zwischen Botschaft und Praxis, Anspruch und Wirklichkeit. Aber im Buddhismus geht es über den allgemeinen Konflikt zwischen Anspruch und Wirklichkeit hinaus um den verschärften Konflikt zwischen Buddhistsein und Mönchsein: daß ursprünglich nur das Mönchsein das wahre, authentische Buddhistsein verkörperte.

Eine Metamorphose großen Stils! Wie das Christentum ohne den Paradigmenwechsel vom judenchristlich-apokalyptischen Paradigma zum hellenistisch-ökumenischen nie zu einer Weltreligion hätte werden können und wie auch im Islam (aufgrund der militärischen Expansion und der Zerstreuung der Prophetengenossen) das Paradigma der Urgemeinde durch ein neues ersetzt wurde, so wird auch der Buddhismus – folgt man Max Weber – nur dadurch zu einer »Weltreligion«, daß »er selbst seine innere Struktur tiefgreifend verändert« (S. 252). Zwar ging es noch immer um die alte buddhistische Botschaft; der Buddha, der Dharma, der Sangha blieben die Konstante – sie aber wurden jetzt mit anderen Variablen gedeutet: im Kontext einer anderen »Gesamtkonstellation von Überzeugungen, Werten und Verfahrensweisen«, in einem anderen »Paradigma« (Th. S. Kuhn). Anders gesagt: bestimmte buddhistische Grundfaktoren wurden beibehalten, wurden aber jetzt in einem neuen Paradigma gelebt, wo vertraute Begriffe sich ändern, Kriterien, die über die Zulässigkeit einzelner Probleme und Lösungen bestimmen, sich verschieben und wo »vieles von dem, was da gleichsam durch die Vordertür hinausgeworfen wurde, dann durch die Hintertür in den Buddhismus wieder eingetreten« ist (H. Bechert).

Wie sich Strukturen dieses veränderten Paradigmas in den Theravāda-Ländern bis in unsere Gegenwart erhalten haben (ähnlich wie die des hellenistisch-byzantinischen Paradigmas in den östlich-orthodoxen Kirchen), zeigen detaillierte dreibändige Studien, die Heinz Bechert über »Buddhismus, Staat und Gesellschaft in den Ländern des Theravāda-Buddhismus« (1966–1973) veröffentlicht hat. Bechert weist zu Recht darauf hin, daß »auch der Theravāda ... trotz seiner theoretisch konservativen Grundhaltung von einer ganzen Reihe von Veränderungen nicht verschont geblieben« sei: »Wesentliche Umgestaltungen des Erscheinungsbildes der buddhistischen Religion mußte vor allem die Tatsache im Gefolge haben, daß sie im Laufe ihrer Ausbreitung zur Religion der Volksmasse der Völker Südostasiens wurde. Obwohl der Buddha den Glauben an die Wirksamkeit von Riten und Zeremonien als eine der ›zehn Fesseln‹ betrachtet hatte, entwickelten sich schon sehr früh Formen buddhistischen Kultes, voran die Reliquienverehrung, die unmittelbar nach dem Tode des Buddha einsetzte. Kulthandlungen sollten freilich ursprünglich keinen anderen Sinn haben als den, die Lehre des Buddha sinnbildlich lebendig werden zu lassen und dadurch den Verehrenden innerlich zu läutern. Bald aber wurden die Kulthandlungen selbst zur Quelle unermeßlichen Verdienstes und sicherten eine gute Wiedergeburt ... Während das Streben nach dem Nirvāna und dem Verständnis des tieferen Sinnes der buddhistischen Lehre naturgemäß das Anliegen nur weniger Menschen bleiben mußte, konnten für die Masse der buddhistischen Bevölkerung nur die sittlichen Gebote ihrer Religion, die Kenntnis der Lebensgeschichte des Buddha und der Heiligen und schließlich das Sammeln religiösen Verdienstes Inhalt ihrer Religiosität sein, wobei das der ursprünglichen Buddha-Lehre fremde magische Denken erheblichen Einfluß gewann« (Bd. I, S. 19 f.).

Neuere anthropologische Untersuchungen wie die von Melford E. Spiro über Birma (»Buddhism and Society. A Great Tradition and its Burmese Vicissitudes«, 1970), von S. J. Tambiah über Thailand (»Buddhism and the Spirit Cults in North-east Thailand«,

1970; »World Conqueror and World Renouncer. A study of Buddhism and Polity in Thailand against a Historical Background«, 1976) oder von Richard F. Gombrich über Sri Lanka (»Precept and Practice: Traditional Buddhism in the Rural Highlands of Ceylon«, 1971) weisen in die gleiche Richtung. Diese Veränderungen bestehen nach Spiro »nicht so sehr in der Einverleibung fremder Elemente in die normative Ideologie – obwohl auch dies in einem gewissen Ausmaß stattfand – als in einer selektiven Betonung und Neuorganisation der ursprünglichen Elemente« (S. 68). Um welche Veränderungen geht es konkret? Spiro – auf der Linie von Max Weber – faßt so zusammen, was er durch (allerdings sehr eingeschränkte) Felduntersuchungen in Birma zu belegen versucht, was nach ihm aber auch für andere Theravāda-Länder gilt:

»Charakteristisch ist: statt allem Begehren (und der Welt) zu entsagen, erstreben Buddhisten vielmehr eine künftige Existenz in der Welt, in der ihre Wünsche Befriedigung finden. Im Gegensatz zum Nirvāna-Buddhismus, der lehrt, daß vergebliches Mühen ein unvermeidliches Charakteristikum samsārischer Existenz sei, sehen sie ihr Leiden als einen vorübergehenden Zustand an, das Ergebnis ihrer gegenwärtigen Stellung im Samsāra. Es gibt aber – und sie suchen dies zu erreichen – andere Formen samsārischer Existenz, die große Vergnügen ermöglichen. Diese reichen von der weltlichen Existenz eines Reichen bis zur himmlischen Existenz eines seligen Deva. Frustriert in ihrem Bemühen, im gegenwärtigen Leben größere Vergnügen zu erreichen – um diese generelle Diskussion etwas zu spezifizieren –, hoffen die Birmanen darauf, es in einem künftigen Leben zu finden. Ihr Ziel ist nicht, die samsārische Welt zu überwinden, sondern ihr Schicksal (in einem zukünftigen Leben) innerhalb dieser Welt zu verbessern. – Im Gegensatz also zur Doktrin des Nirvāna-Buddhismus, ist der Buddhismus für die meisten Buddhisten nicht so sehr ein Mittel der Wunschauslöschung als vielmehr der Wunschbefriedigung; nicht so sehr ein Mittel, Wiedergeburt zu beenden, als vielmehr, eine bessere Wiedergeburt zu erlangen; nicht so sehr Mittel einer Art absoluter Selbstpreisgabe – ob dies nun als Auslöschung des Seins oder, weniger extrem, eines individualisierten Ichs verstanden wird – als vielmehr ein Mittel zur Dauerhaftigkeit des individuellen Selbst im Zustand sinnlich wahrnehmbarer Glückseligkeit. Selbst wenn folglich das soteriologische Ziel in der Sprache des Nirvāna – ›Möge ich Nirvāna erlangen!‹ – ausgedrückt wird, so ist der Inhalt der Sehnsucht eher samsārisch als nirvānisch« (S. 67).

Eine kleine Elite, so hörten wir, vermochte zweifellos schon immer ein negativ verstandenes Nirvāna positiv anzustreben. Aber für die meisten Buddhisten war dies eine Überforderung. Für die große Masse der Buddhisten gab es zwei Möglichkeiten:

- Entweder man verstand das Nirvāna negativ als totales Erlöschen des Individuums, und dann war dies für die große Masse der Buddhisten kein anstrebbares Ziel; man strebte dann lieber (durch Sammeln möglichst vieler Verdienste) nach einer besseren Wiedergeburt in einem oder mehreren Leben, wobei das Nirvāna natürlich nicht geleugnet, aber doch weithin aus dem Bewußtsein verdrängt wurde.
- Oder man verstand das Nirvāna doch positiv als glückhaftes Endziel der unerschütterlichen Ruhe, des endgültigen Friedens und der unaussprechlichen Seligkeit (statt »duhkha« jetzt »sukha«), dann ließ sich dies selbstverständlich auch direkt anstreben; die Vorstellung vom Nirvāna glich dann weithin der christlichen Vorstellung von einem »ewigen Leben«.

Sangha und Kirche

An ihrem Anfang standen Buddhismus wie Christentum vor manchen analogen Problemen, die sie auch in analoger Weise gelöst haben: Wie der Buddha zum Beispiel das indische Kastenwesen nicht abschaffen wollte oder konnte, es aber durch die Aufnahme von Menschen aus allen Kasten (auch von Frauen) in seiner Ordensgemeinschaft faktisch relativierte, so hat auch (nach Jesu Sklaventod) Paulus das griechisch-römische Sklavenwesen nicht bekämpft, es aber im Geiste Jesu Christi durch die Aufnahme von Herren *und* Sklaven, Männern *und* Frauen in die christliche Gemeinde und durch die Betonung der Gleichberechtigung aller Menschen vor Gott radikal relativiert. Dies wird man sagen dürfen: Obwohl keine Sozialrevolutionäre, haben sowohl der Buddha wie der Christus – revolutionärer als alle Revolutionäre – die Menschheit so verändert, daß nach ihnen eine neue Zeitzählung (Muhammad wäre hier einzuschließen) begonnen wurde.

Der Paradigmenwechsel von der ursprünglichen Elite- zur Massenreligion wirkte sich freilich nicht nur für das fromme Individuum, sondern auch für die religiöse Gemeinschaft – Sangha oder Kirche – aus. Im Lauf der Zeit haben allerdings bedauerlicherweise beide Religionen – im Christentum jedenfalls gegen die Intentionen des »Stifters«! – der Bildung einer *neuen Zwei-Klassen-Gesellschaft* Vorschub geleistet, haben einen religiös-gesellschaftlichen Dualismus von Elite und Masse, Hierarchie und Volk, »Klerus« und »Laien« entstehen lassen. Und der Einfluß dieser religiösen Machteliten auf Staat und Gesellschaft ist überall dort besonders groß geblieben, wo eine Religion praktisch oder gar verfassungsrechtlich zur Staatsreligion geworden ist.

Was die Rolle der *Laien* betrifft, so ist bei allem Unterschied doch eine doppelte Parallelität sichtbar geworden. Laien haben in beiden Religionen vor allem *zwei Funktionen*: 1. für den Lebensunterhalt der Mönchs- oder Klerikerhierarchie aufzukommen, 2. für sich selbst im Blick auf Wiedergeburt oder ewiges Leben »Verdienste« zu sammeln. Oder negativ formuliert: Rechte gegenüber »dem Sangha«, »der Kirche«, hatten die gewöhnlichen Laien (im Gegensatz natürlich zu den Machthabern der jeweiligen Staaten) kaum; »Klerikalismus« und »Bonzentum« also gibt es, wie immer man dies nennen mag, auf beiden Seiten. Ein solches Ausmaß an Hierarchisierung, an Feudalisierung und schließlich an Bürokratisierung allerdings wie in der christlichen (römisch-katholischen) Kirche, die sich dem Staat lange Zeit als »vollkommene Gesellschaft« (»societas perfecta«) entgegensetzte, kannte man im Sangha nirgendwo, weil dieser die Laienschaft ja überhaupt nicht »organisierte«, sich kaum um sie kümmerte und sie in einer sektenanfälligen Strukturlosigkeit beließ (keine »Gemeinde« der Laien!). Doch war der Sangha für sein Überleben meist nicht nur auf die freiwilligen und sporadischen »milden Gaben der Gläubigen« angewiesen, sondern auch auf den Herrscher, der die mönchische Institution aus staatlichen Mitteln unterstützte; daß diese Unterstützung nach der islamischen Eroberung wegfiel, trug wesentlich zum Untergang des Buddhismus in Indien bei, während etwa der Jainismus, sich auf reiche Händler stützend, überlebte.

Auch die Diskriminierung der *Frau* ist sowohl im Buddhismus wie im Christentum bis heute eine Tatsache. Nur zwei bezeichnende Symptome seien genannt: Obwohl vom Buddha schließlich gewährt, wird Nonnenordination unter den Theravāda-Buddhisten Südostasiens seit 456 nach Christus nicht mehr praktiziert, aus wenig überzeugenden Gründen. Im Christentum kennt bekanntlich nur der Protestantismus (und zum Teil der Anglikanismus) die Praxis der Frauenordination, während Katholizismus und Orthodoxie sich hier nach wie vor verweigern. Im Hintergrund stehen auf beiden Seiten dogmatisch verfestigte patriarchale Auffassungen von der Minderwertigkeit der Frau: im Christentum Auffassungen von einer wesenhaften Männlichkeit des Erlösers (und präexistenten Gottes-»Sohnes«) und dessen »Priesterschaft«, im Buddhismus die Auffassung, daß ein Wesen nur dann zum Buddha werden kann, wenn es in »männlicher Gestalt« geboren beziehungsweise wiedergeboren worden ist. Erst sehr viel später wird dann das Mahāyāna auch weibliche Bodhisattvas (Zum-Buddha-Bestimmte) akzeptieren und den männlichen Bodhisattva Avalokiteshvara schließlich auch als weibliche »Madonna« (chin. Kuanyin, jap. Kannon) verehren.

Der hier beschriebene Paradigmenwechsel vom Buddha zur »älteren Gemeinde« hatte also Konsequenzen nicht nur für die rein private Frömmigkeit, sondern auch für die der religiösen Gemeinschaft. Ein drittes kommt hinzu: er hatte nicht unerhebliche Auswirkungen auch auf die politische Theorie und Praxis.

Weltentsagung und Weltgestaltung

Die Weltentsagung blieb Angelegenheit der Mönche. Aber die Frage nach der Weltgestaltung drängte sich nun für die Nachfolger des Buddha mit neuen politischen Entwicklungen immer mehr in den Vordergrund. Schon im Pāli-Kanon finden sich Ermahnungen zu einem moralischen, gerechten Verhalten des Königs. Doch eine eigentliche politische Theorie und Strategie – so hörten wir in der Exposition – entwickelte erst *Kaiser Ashoka*, der große Vertreter buddhistischer Menschlichkeit und Toleranz, aber auch staatlicher Zentralisierung und Nivellierung der indischen Gesellschaft. Ihm war es gelungen, ganz Indien im Zeichen des Buddhismus zu einigen: der Dharma jetzt verstanden als Prinzip einer religiösen und politisch-sozialen Ordnung! So schuf Ashoka das »Modell, welches politische Aktion sowohl bewirkte wie legitimierte«, die spannungsgeladene und ambivalente »Realisierung einer paradigmatischen buddhistischen Politik«, den »großen Vorläufer und das Modell für die heraufkommenden Staatswesen Süd- und Südostasiens«, kurz, das für die Theravāda-Länder Südostasiens bis heute geltende religiös-politische »Paradigma« (so S. J. Tambiah, »World Conqueror«, S. 54.5).

Auch dem Buddhismus blieb eine Art von »konstantinischer Wende« mit all ihren zweifelhaften Folgen nicht erspart. Das buddhistische »Mittelalter« bereitete sich vor: Überall beginnt man besonders seit dieser Zeit über Buddha-Reliquien zahllose Stupas als verdienstliche Werke zu bauen und bringt auf diese Weise selbst architektonisch zum Ausdruck, wie sehr sich die Praxis statt auf Kein-Karman-Sammeln (und Eingehen ins Nirvāna) auf Gutes-Karman-Sammeln, auf ein Sammeln von Verdiensten für eine bessere Wiedergeburt, konzentrierte. Seit Ashoka – so hörten wir in der Exposition – wurde aus der Religion für weltentsagende Mönche eine Macht der politischen Weltveränderung und Weltgestaltung: zuerst in Indien (wo Klöster Großgrundbesitzer wurden, feudalistische Institutionen, die entgegen der Regel viele Diener hielten, immer mehr verweltlichten, um dann freilich bei der muslimischen Eroberung keinen Rückhalt mehr im Volk zu haben), dann in Sri Lanka und ganz Südostasien. Bekanntlich wurde auch das Christentum aus einer verfolgten Sekte schließlich zur offiziellen (und sehr weltlichen) Staatsreligion des römisch-byzantinischen Imperiums. In beiden Fällen trotz grundlegender Unterschiede ein Staat mit religiöser Zielsetzung, eine Religion mit politischen Ambitionen. Und ähnlich wie im christlichen Byzanz wurde auch im Buddhismus – bei allen Unterschieden von Sangha und Kirche – der weltliche Herrscher der Patron der religiösen Gemeinschaft: eine perfekte Einheit auch in den Theravāda-Ländern der vormodernen Zeit von Staat, Kultur und Religion.

Faktisch haben sich – »im Rahmen des in der realen Welt Möglichen« – sowohl der Buddhismus wie das Christentum im Laufe der Jahrhunderte mit sehr verschiedenen politischen Philosophien und staatlich-gesellschaftlichen Systemen verbunden. Daher gibt es *die* buddhistische Staatsform ebensowenig wie *die* christliche. Vom christlichen Ost- und Westrom angefangen über das Heilige Römische Reich Deutscher Nation bis hin zu den modernen Demokratien und christlich-demokratischen Parteien gab es ungefähr alle möglichen Formen der Symbiose und zeitweise – als gesellschaftliche Utopie – auch des Antagonismus. Viele dieser gesellschaftlichen Realisierungen haben irgendwelche Parallelen im Buddhismus und sind jedenfalls – wieder muß es gesagt sein – nicht spezifisch christlich.

Freilich läßt sich nicht übersehen: eine *politisch-parlamentarische Demokratie* hat sich in keinem buddhistischen Land Südostasiens von sich aus entwickelt. Obwohl der Buddha selbst seiner Tradition und Überzeugung nach eher Republikaner war, hat der Buddhismus schon früh dem Modell eines monarchischen Regimes Vorrang eingeräumt. Mit dem Mönch als dem religiösen Ideal schlechthin war der »gerechte König« eine Leitfigur für die buddhistische Gesellschaft. Und nicht nur in früheren Jahrhunderten, sondern auch noch in den letzten Jahrzehnten haben Premierminister in Thailand, Birma und Sri Lanka sich um Unterstützung und Legitimation durch den Orden bemüht. Allerdings: dort, wo die parlamentarische Demokratie eingeführt wurde (Sri Lanka, Thailand), war es wichtig – Heinz Bechert macht zu Recht darauf aufmerksam –, »daß ihr eine Legitimation aus der eigenen kulturellen Tradition gegeben wurde, und daher ist das Überleben der Demokratie in diesen Ländern sicher kein Zufall. Diese Integration geschah, indem man die Struktur des buddhistischen Sangha als Modell ansah, das auf die menschliche Gesellschaft im allgemeinen angewendet werden sollte; denn im Sangha sind alle Mönche grundsätzlich gleich, und nach Möglichkeit soll Einstimmigkeit für alle Beschlüsse erzielt werden. Wo dies nicht gelingt, sind bestimmte Beschlüsse nicht zulässig, andere durch Mehrheitsentscheidung zu fassen. So ließen sich Grundregeln demokratischer Selbstverwaltung als Teil der buddhistischen Tradition in Anspruch nehmen« (»Weltflucht oder Weltveränderung: Antworten des buddhistischen Modernismus auf Fragen unserer Zeit«, 1976, S. 29 f.).

Toleranz?

Eine wichtige, mit der politischen Dimension des Buddhismus zusammenhängende Frage ist die der *Toleranz*, die der Buddhismus Andersdenkenden gegenüber praktiziert. Hat nicht in der Tat der Buddhismus – ganz anders als das Christentum – seine Lehre, seine Wahrheit immer wieder entschieden vertreten können, ohne andere Glaubens- und Lebensformen unterdrücken oder gar gewaltsam ausrotten zu müssen? Im Buddhismus ist kein Raum für religiöse Verfolgungen, Kreuzzüge, Inquisition; in ganz Asien hat sich der Buddhismus humanisierend ausgewirkt, und die buddhistischen Jahrhunderte in Indien, China, Japan, Sri Lanka gehörten künstlerisch und kulturell zu den glanzvollsten in der Geschichte dieser Völker. Überhaupt scheinen sich mystische Religionen leichter mit der Toleranz zu tun als Religionen, bei denen das prophetische Gotteswort auf Entscheidung drängt, eine »Krisis« provoziert und damit faktisch eine Scheidung zwischen Hörenden und Nichthörenden, Erwählten und Nichterwählten, letztlich zwischen Geretteten und Verdammten herbeiführt.

Entspricht aber dieses Bild vom toleranten Buddhismus und dem weitgehend intoleranten Christentum den geschichtlichen Tatsachen? Gibt es neben aller erschreckenden dogmatischen, kirchlichen, politischen Herrschaftsgeschichte, neben allen Schandtaten eines »christlichen« Imperialismus und Kolonialismus nicht *auch* eine *Toleranzgeschichte* von der Freiheit des Gewissens, die kirchlich in der Freiheit eines Christenmenschen der Reformation und allgemein-gesellschaftlich (unter entscheidenden außerkirchlichen Anstößen) in der Religionsfreiheit der Aufklärung epochal durchgebrochen ist?

Auch Buddhisten waren in Kriege, Streitigkeiten und Gewalttätigkeiten verwickelt, und nicht immer ist der Buddhismus von buddhistischen Königen gewaltlos verbreitet worden. Buddhistische Mönche haben sowohl in Tibet wie in Birma, in China wie in Japan des öfteren zur Gewalt gegriffen, und auch neueste Rückschläge für den Buddhismus etwa in Birma und Sri Lanka haben mit dem übermächtigen Einfluß des Sangha zu tun. Der den Buddhismus stets sympathisch präsentierende Buddhologe Edward Conze weist auf verschiedene Beispiele der Gewaltanwendung hin (aus der jüngsten Geschichte müßte man vor allem die Rolle der buddhistischen Mönche im Kampf um Vietnam und die Unterdrückung der hinduistischen Tamilen-Minderheit durch die buddhistische Singhalesen-Mehrheit in Sri Lanka untersuchen) und bemerkt: »In dem Bedürfnis, ihre Abneigung gegen das Christentum deutlich zu machen, haben viele Schriftsteller die Geschichte des Buddhismus in einem viel zu reinen Lichte dargestellt; man darf nicht ganz vergessen, daß auch die Buddhisten sich gelegentlich so aufgeführt haben, wie wir es in vielen Fällen von Christen gewöhnt sind« (»Buddhism, its Essence and Development«, 1953; dt.: »Der Buddhismus. Wesen und Entwicklung«, ⁶1977, S. 60 f.).

Nein, es gibt keine unschuldige Religion, und jede Religion hat ihre Heiligen und ihre Schurken. Doch besser als beidseitige Schuldenkonten aufzurechnen, besser als der (nur zu oft rechthaberisch ausbeutbare) gegenseitige Vorwurf eines (möglicherweise nur akzidentiellen) Versagens gegen die eigenen religiösen und ethischen Prinzipien scheint mir eine Diskussion über die hier involvierte *Problematik einer billigen Toleranz* im Buddhismus zu sein, der man gerade im interreligiösen Dialog nicht ausweichen sollte: Die Gefahr unkritischer Assimilation, opportunistischer Kompromißhaltung, gefährlicher Kritiklosigkeit und mangelnder Widerstandskraft gegenüber höchst fragwürdigen westlichen »Errungenschaften« zeigt sich besonders deutlich an dem technologisch am weitesten entwickelten Land Asiens: Japan.

Eine *kritische Toleranz* braucht dem Ideal buddhistischer Ethik, ihrem ersten Gebot, nicht entgegenzustehen: *Lebendes nicht zu verletzen.* Dieses Gebot der Gewaltlosigkeit, das der Buddhismus von Anfang an mit dem Jainismus gemeinsam hatte, richtete sich sowohl gegen die Gewaltanwendung zwischen Stämmen und Einzelnen als auch gegen die umfangreichen Tierschlachtungen bei den vedischen Opfern. Wenngleich die Unverletzlichkeit *allen* Lebens (ein konsequentes Vegetariertum also) in der buddhistischen Praxis unmöglich konsequent durchgehalten werden kann, so wäre es für Christen doch der Überlegung wert, wie Ehrfurcht vor dem Leben – auch vor dem Leben der Tiere und Pflanzen (schon Schopenhauer macht diesbezüglich auf Parallelen zwischen dem Buddha und Franz von Assisi aufmerksam) – besser nachgelebt werden könnte. Allzu einseitig hat man in der Tat aus dem Buche Genesis das eine Wort »Macht euch die Erde untertan« zitiert und praktiziert.

Heilssuche und Ökonomie

Wie immer es um den monastischen Ursprung und die monastische Einfärbung des Buddhismus steht, es ist deutlich geworden: der Buddhismus läßt sich heute auf keinen Fall mehr als Religion prinzipieller Weltverneinung verstehen. Mystische Religion ist ja keineswegs immer mit Weltverneinung und Passivität, prophetische Religion dagegen mit Aktivität und Weltbejahung identisch. Allerdings kann niemand übersehen, daß sich mit der buddhistischen Karmanlehre – verbunden mit der Lehre von der Wiedergeburt – der soziale Status quo leichter rechtfertigen läßt, da alle Unterschiede der Macht, des Prestiges und des Reichtums als karmanbestimmt erklärt werden. Es erinnert geradezu an das »christliche« Mittelalter, wenn man etwa in Birmas ältester Hauptstadt (jetzt ein Dorf) Pagan (trotz aller Zerstörung durch die Mongolen) noch heute über 800 zum Teil gut erhaltene Tempel und Pagoden (früher waren es rund 9000) betrachtet: auf vielen Quadratkilometern ein einzigartiges Symbol für die *Verwertung ökonomischen Verdienstes zum Erwerb religiöser Verdienste.* Liegt in diesem System des »dāna«, all jener frommen »Spenden« von Blumen und Räucherwerk angefangen, über Gewänder, Uhren und Schreine für Mönche bis zur Stiftung von Tempeln und Pagoden, nicht ein klassischer Fall vor für das – Max Weber so brennend interessierende – Problem der Beziehung von Heilssuche und ökonomischer Tätigkeit?

Melford E. Spiro macht freilich in Auseinandersetzung mit Weber auf wichtige Differenzierungen aufmerksam: »Für den Buddhisten – das heißt den karmischen Buddhisten – nicht weniger als für den (christlichen) Puritaner stellt das Streben nach Erlösung ein machtvolles Motiv für wirtschaftliches Handeln dar. Wenn aber Buddhismus und Puritanismus gegensätzliche Konsequenzen für ihr wirtschaftliches Fortkommen und Wachstum zeitigen, dann nicht, weil die Soteriologie des einen (wie Weber argumentierte) ein Motiv für weltliches Handeln liefert und die des anderen nicht. Es ist vielmehr so – was die Rolle der Religion (und nicht der Sozialstruktur, der Kultur oder des Charakters) betrifft –, daß ihre Soteriologien zu verschiedenen Motivationen im Blick auf die finanziellen Gewinne führen. Für den Puritaner, der bereits zu Heil oder Unheil vorherbestimmt ist, liefert erfolgreiches wirtschaftliches Handeln (falls Weber recht hat) den Beweis, daß er zu den Erwählten gehört, und finanzielle Gewinne sind neu zu investieren, um weiteren Reichtum zu schaffen – alles zur größeren Ehre Gottes. Für den Buddhisten, dessen Erlösung problematisch ist, ist erfolgreiches wirtschaftliches Handeln eine Voraussetzung, seine Heilschancen zu verbessern, und Gewinne sind für dāna auszugeben – um des Anwachsens des eigenen Verdienstanteiles willen. Für den Buddhisten ist also die Heilsgewißheit nicht im Ansammeln und Neuschaffen von Reichtum zu finden, sondern im Weggeben in der Form von dāna« (S. 460).

Die Folgen aus diesem Dāna-System für die soziale Situation des Landes sind weitreichend und werden von Spiro unmißverständlich beim Namen genannt: »Es sollte nun deutlich geworden sein: so wie Birma eine raschere wirtschaftliche Entwicklung hätte nehmen können, wenn nicht ein solch großer Prozentsatz seines Reichtums für dāna ausgegeben worden wäre, so hätte sich auch der Erziehungsstandard, das Niveau der Sozialleistungen und die Qualität seiner medizinischen Versorgung usw. deutlich verbessern lassen können, wenn die Birmanen nicht so tief damit beschäftigt wären, Verdienste durch dāna zu erlangen, oder wenn Zuwendungen zu säkularen Institutionen ebenfalls als dāna verstanden werden könnten. In der Tat: wenn die finanziellen Mittel, die für überflüssige Geschenke an Mönche ausgegeben werden – das zweite Kloster, das unbewohnt bleibt, die vierte Großvater-Uhr, die Sonderrationen, die pi-dogs zu fressen bekommen usw. –, in Erziehung gesteckt würden, wären die Auswirkungen auf die birmanische Gesellschaft nicht unbedeutend. Dies wird nur allzu deutlich von Birmanen selbst erkannt, obwohl es zu wenige gibt, um das System zu verändern« (S. 466).

Andererseits ist es ein hoffnungsvolles Zeichen, daß es innerhalb des Sangha starke Tendenzen gerade auch unter jüngeren Mönchen gibt, die sich nicht länger auf die traditionell beschränkte Rolle festlegen lassen wollen, die scharfe Kritik an der traditionellen religiösen Praxis üben, die Abschaffung überholter Regeln (Fasten nach Mittag, allein Sprechen mit Frauen, Trennung von Mönchen und Laien) fordern und bereit sind, sich sozial und unter Umständen auch politisch zu engagieren. Ein neues soziales Verantwortungsbewußtsein und praktischer Sozialdienst sind Zeichen einer echten buddhistischen Erneuerung. Bemühungen wie etwa die des Mönchs Rajavaramuni um die Grundlegung einer buddhistischen Sozialethik im heutigen Thailand (»Social Dimension of Buddhism in Contemporary Thailand«, 1983) sind hier genauso wichtig wie die des buddhistischen Laien Sulak Sivaraksa und seines Asian Cultural Forum on Development, um von authentischer buddhistischer Basis her soziale und politische Verbesserungen in Gang zu bringen. Hier treffen sich Tendenzen eines prophetisch verstandenen Christentums mit einem auf gesellschaftliche Veränderungen hin interpretierten Buddhismus; mancherorts besteht auch jetzt schon eine ganz praktische Kooperation zwischen Buddhisten und Christen.

Immanente Spannung zwischen mönchischer und laikaler Existenz

Wir unterbrechen hier zunächst die historisch-systematische Analyse und fragen, welche Konsequenzen der hier skizzierte innerbuddhistische Paradigmenwechsel für den interreligiösen Dialog mit dem Christentum haben könnte. Zuerst versuche ich an dieser Stelle – nach der ersten Hälfte des Gesprächs – ein methodologisches Resümee über mein bisheriges Vorgehen und formuliere im Anschluß daran, ohne ins Detail zu gehen, einige Überlegungen auch für das Gespräch mit dem Theravāda-Buddhismus.

1. In einer *ersten Denkbewegung* haben wir den Buddhismus von seinem *Ursprung* her zu verstehen versucht. Entsprechend dem Gang

der Exposition sind wir zur Gestalt Siddhārtha Gautamas zurückgegangen: in der Gewißheit, am Ursprung die ganze Kraft und radikale Andersartigkeit des Buddhismus zu erspüren; gleichzeitig in der Hoffnung, im Rückgang auf den Gautama der Geschichte ein Kriterium zu finden, das es gestattet, Geschichte von Wirkungsgeschichte zu unterscheiden, Spezifisches von Unspezifischem zu trennen und so – nach einem verwirrend-komplexen Geschichtsprozeß – buddhistische Identität und Authentizität für Christen zu profilieren. Wenngleich die Gestalt des Buddha historisch weniger faßbar ist, für Buddhisten »theologisch« einen anderen Stellenwert hat und seine Person mehr hinter die Lehre zurücktritt als die Gestalt des Christus für Christen: es kann sich eine Religion, insofern sie auf einen »Stifter«, eine Leitfigur und ein Lebensmodell, zurückgeht, die kriteriologische Frage nach ihrer Ursprungsauthentizität nur ersparen bei Strafe eigener Identitätsdiffusion.

2. Im Prinzip gilt die *Parallele*: so wie es für das real existierende, faktisch gelebte Christentum immer wieder eine radikale *Kritik* bedeutet, mit dem konkreten Jesus von Nazaret, seinem Leben und seiner Lehre, konfrontiert zu werden, so dürfte auch die Konfrontation des real existierenden, faktisch gelebten Buddhismus in den Theravāda-Ländern mit dem Gautama der Geschichte, seiner Lehrverkündigung und Lebenspraxis, nichts weniger sein als eine radikale Kritik, die zur Selbstbesinnung und radikalen Lebensänderung Anlaß sein könnte.

3. Die besondere Problematik des Buddhismus jedoch liegt im Mönchsein des Buddha: Unsere Analyse hat deutlich gemacht, daß vom Urbuddhismus her schon den älteren Buddhismus eine *immanente Spannung zwischen mönchischer und laikaler Existenz* durchzieht, die tiefer reicht als die »klassische« ethische Spannung zwischen Anspruch und Wirklichkeit, die jede Religion aushalten muß. Denn die Radikalität des Buddha und seiner Lehre fordert einen radikalen Lebensstil, dem im allgemeinen nur die mönchische Existenz entsprechen kann. Da aber die überwältigende Mehrheit der Menschen nicht Mönch werden kann oder will, ja, die Mönche auf die Laien notwendigerweise angewiesen sind, darauf also, daß ein Großteil der Anhänger gar nicht radikal

Buddhist sein will oder kann (wenngleich vielleicht sein möchte), mußte es im Buddhismus zu grundlegenden Neuinterpretationen von Lehre und Praxis kommen.

4. In einer *zweiten Denkbewegung* habe ich deshalb im Anschluß an neuere Forschungen deutlich zu machen versucht, daß im *real gelebten Buddhismus* der Theravāda-Länder außerhalb des Ordens von der Radikalität des Buddha wenig zu spüren ist. Der von der Elite- zur Massenreligion sich manifestierende Paradigmenwechsel erscheint als ein Indiz dafür, daß die Botschaft des Buddha von der radikalen Weltverneinung und Ich-Auflösung zwar im Kloster, nicht aber im konkreten privaten wie öffentlichen Leben zu leben ist. Zu leben ist hier sozusagen nur das Nichtmönchische des Buddhismus. Wie aber steht es im Christentum? Lassen denn die »christlichen« Länder etwas von der Radikalität etwa der Bergpredigt erkennen? Wohl kaum. Aber hier geht es gerade *nicht* um diesen unbestreitbaren *ethischen* Grundkonflikt zwischen Theorie und Praxis, zwischen hohem Ethos und miserabler Verwirklichung, sondern um die Frage nach dem für die Verwirklichung einer Lehre *letztlich geforderten Lebensstil.* Jesu radikale Botschaft (»die Bergpredigt«) kann im Prinzip – weil nicht auf Mönche zugeschnitten – von jedem Menschen im Alltag der Welt gelebt werden und wird (bei aller sichtbaren Unchristlichkeit christlicher Länder) unauffällig von Ungezählten in West und Ost gelebt, die sich alltäglich um teilnahmsvolle Nächstenliebe, um Dienst unabhängig von der Rangordnung, um Vergeben ohne Einschränkung und um Macht- oder Rechtsverzicht ohne Gegenleistung, um praktische Liebe also, ja, um Feindesliebe bemühen. Der ideale Christ ist gerade nicht der Mönch.

Des Buddha radikale Botschaft von der Vollendung des Weges zur Erlösung aber kann (von Ausnahmen abgesehen) praktisch nur von Mönchen gelebt werden. Als Laie kann man im Normalfall nur versuchen, das Karman zu verbessern und so bessere Voraussetzungen zum Eintritt in die Erlösung zu schaffen. Diese Tatsache stellt für die meisten Laien (und Mönche) kein Problem dar: Die Mehrheit der Menschen (heutzutage auch: der Mönche) verspürt entweder gar nicht das Bedürfnis nach Erlösung (ein neues Leben unter besseren oder »paradiesischen« Umständen erscheint als viel erstrebenswerter) oder betrachtet sich als spirituell noch nicht weit genug fortgeschritten – und hat so genügend von jener Geduld mit sich selbst, die das Gegenteil ist von aller »prophetischen Ungeduld«. Problematisch, ja tragisch kann dies in den Fällen werden, in denen ein Mensch den klaren Wunsch nach Erlösung im buddhistischen Sinne hat, den mönchischen Lebensstil, an den die buddhistische Lehre von der endgültigen Erlösung faktisch gebunden ist, jedoch nicht durchhalten kann oder aber trotz skrupulösen Einhaltens dieses Lebensstils versagt und so nicht jene buddhistische Geduld mit sich selber aufbringen kann, die mit Tausenden von Wiedergeburten rechnet. Hier tritt dann die ganze Härte des Nur-auf-sich-selbst-gestellt-Seins eines Buddhisten des Shrāvakayāna auf. Hier wäre freilich der Platz für einen buddhistisch-christlichen Dialog: Von christlicher Seite wäre ein recht verstandenes »allein aus Gnade« einzubringen, von buddhistischer Seite müßte kritisch gefragt werden, wieweit die christliche Seite sich nicht Illusionen über die »harte« Wirklichkeit hingibt.

5. Die Identität des faktisch gelebten Buddhismus als Lehre *Buddhas* steht damit auf dem Spiel. Anders gesagt: dem *allgemeinen Lehr-Gehalt* entspricht im Buddhismus, anders als in anderen Religionen, eine *spezifische Lebens-Gestalt.* Leben und Lehre, Form und Inhalt sind beim Buddha so verschmolzen, daß der Buddhismus seine Ursprungskraft zu verlieren droht, wenn man sie auseinanderreißt: sei es in Form einer verdünnten intellektuell-westlichen Religionsphilosophie, die für Mönchtum wenig übrig hat, oder in Form eines praktisch ganz anders gelebten alltäglichen Volksbuddhismus, der das Mönchtum nur verehrt und ernährt und bisweilen auch untergehen läßt, selbst jedenfalls völlig andere Wege geht. Gewiß: die Karman- und Wiedergeburtslehre, die Überzeugung also, daß der Laie eines Tages genug gutes Karman angesammelt haben wird, um als Mönch wiedergeboren zu werden, erleichtert dem buddhistischen Laien das Sichabfinden mit der minderen buddhistischen Existenzform. Wenn man aber statt des Nirvānas immer wieder neu nur ein besseres Leben in dieser Welt anstrebt, verspielt man dann nicht vielleicht doch den radikalen Ernst der Botschaft des Buddha? Die Folge jedenfalls ist, daß

Schlüssellehren des Buddha – die Vergänglichkeit samsārischer Existenz, die Lehre vom Nicht-Ich, die Wunschauslöschung als Voraussetzung des Eintritts ins Nirvāna und das Streben nach Nirvāna durch strengste Selbstdisziplin – von der großen Masse bestenfalls kommemoriert, faktisch aber ignoriert wurden und werden.

Konsequenzen für das Gespräch mit dem Theravāda-Buddhismus

Worauf den Dialog mit dem Buddhismus konzentrieren? Auf die Gestalt des *Mönches Gautama*? Den Buddhismus messen an dem, was der Buddha gewollt, gelebt und erreicht hat und was auch unzählige Mönche in der Nachfolge des Buddha auf sich genommen haben? Das wäre eine Möglichkeit. Man müßte dann vom fundamentalen *Unterschied* zwischen Gautama, dem Mönch, und Jesus, dem Nichtmönch, ausgehen. Dies würde freilich den Buddhismus faktisch auf Monastizismus festlegen und den Dialog zwischen Buddhisten und Christen weithin reduzieren auf einen Dialog zwischen (tatsächlichen oder potentiellen) Mönchen auf beiden Seiten.

Die andere Möglichkeit ist, über das Monastische hinaus von jener *tieferen Übereinstimmung* zwischen Jesus, dem Christus, und Gautama, dem Buddha, auszugehen, die auch unter Berücksichtigung verschiedener religiös-metaphysischer Rahmenbedingungen und eines verschiedenen Lebensstils bestehen bleiben. Dabei ist der religiösen Praxis auf beiden Seiten nicht weniger Aufmerksamkeit zu schenken als der Theorie. Faktisch (ohne es zu wissen) leben ja jetzt schon viele *Christen* gerade in Asien (ohne dadurch »anonyme Buddhisten« zu werden!) auf christliche Weise bestimmte buddhistische Grundintentionen: über die ethischen Grundgebote hinaus eine letzte Selbstlosigkeit, ein Streben nach Überwindung der widersprüchlichen, leidvollen, unbeständigen irdischen Existenz, eine Offenheit für die – wie immer zu verstehende – definitive Erlösung. Alles, was wir über ethische Grundanweisungen, über Verhalten und Verkündigung an Übereinstimmung zwischen Jesus und Gautama herausarbeiten konnten, behält dann seine Gültigkeit. Hier kann und muß der interreligiöse

Dialog zwischen Christentum und Buddhismus in ganzer Breite fortgeführt und vertieft werden.

Für den buddhistisch-christlichen Dialog ist umgekehrt von Bedeutung, daß faktisch (ohne es zu wissen) manche *Buddhisten* in den Theravāda-Ländern so vieles leben, was starke Affinitäten zum christlichen Welt- und Existenzverständnis aufweist. Dies konstatieren heißt auf keinen Fall, solche Buddhisten als eine Art »anonyme Christen« zu vereinnahmen. Dies heißt sehen, daß in der Praxis der Religionen trotz aller Divergenzen vielfach mehr Konvergenzen vorhanden sind, als Doktrinen und Schulbücher wahrhaben wollen.

Wenn nun aber die Praxis des Volkes bestimmte Doktrinen – weil nicht praktizierbar! – in konstanter Weise ignoriert, müßte dies nicht auch Folgen haben für ein Neudurchdenken der Lehre? Es kann doch für niemanden gleichgültig sein, daß gerade der Weg monastisch vollzogener Selbsterlösung in radikaler Welt- und Selbstverneinung bestenfalls von einer winzigen Elite, von den nach Hunderten von Millionen zählenden buddhistischen Massen aber offenbar nicht gelebt werden kann und daß so eine religiöse Praxis mit entsprechender Theorie sich entwickelt hat, die christlichem Denken von seinem eigenen Selbstverständnis her nicht allzu fremd erscheinen muß. Ob es von daher nicht christliche und buddhistische Praxis verbindende, gemeinsame religiöse Grundbedürfnisse und Grundstrukturen gibt, die das Christentum (und mit ihm alle prophetischen Religionen) möglicherweise adäquater von einer »mittleren Linie« her – zwischen Weltverneinung und Weltbejahung – aufgefangen und interpretiert hat als der radikale, monastische Buddhismus?

Wenn der Christ die Gestalt des *Buddha*, der ein *elitär* denkender Mensch war, kennenlernt, wird er die große Herausforderung spüren, sein vielleicht allzusehr an Erfolg und Leistung orientiertes Leben radikal in Frage zu stellen und neu zu gestalten. Umgekehrt: wenn der Buddhist sich mit Jesus von Nazaret, dem *Christus*, der sich des *Volkes* erbarmte und der *Scheiternden* annahm, konfrontieren läßt, wird er eine Einladung verspüren, die Aufteilung in zwei Klassen religiöser Anhängerschaft »um des Wohles *aller* Menschen willen« zu überwinden, dem Laien als dem angeblich Niedrigen nicht nur eine zweitrangige Funktion, sondern einen direkten Zugang zur Erlösung, ein eigenes Recht und eine eigene Würde zu geben und den Schwachen, Zukurzgekommenen und Ausgebeuteten zu Hilfe zu kommen, um gerade so die Welt in Mitleid und Liebe zum Wohle aller hier und jetzt zu verändern.

Wie immer: die Gestalt des Buddha, seine Lehre und sein Leben, steht als erratischer Block Christentum und Buddhismus entgegen. Ganz anders noch als das Christentum von Jesus her ist der Buddhismus von ihm her in ein Relevanz- und Identitätsdilemma gestellt, das es ihm – von einer kleinen Elite abgesehen – schwergemacht hat, jene Authentizität faktisch zu verwirklichen, die vom Buddha selbst her verlangt wäre. Der Paradigmenwechsel vom Urbuddhismus zum Theravāda-Buddhismus war kein Zufall, und kein Zufall war es auch, daß noch weitere tiefgreifende Veränderungen die buddhistische Bewegung ergriffen haben, die erneut mit der Stellung des Laien zu tun haben. Denn der Mahāyāna-Buddhismus, von dem wir in der nächsten Vorlesung hören werden, ist der zweite große, wieder einmal alles verwandelnde Paradigmenwechsel innerhalb der buddhistischen Bewegung, der zu einer sehr viel freieren Interpretation des Mönchtums, ja, auf weite Strecken zu einer ausgesprochenen Laienreligion führen wird.

III. Vom Theravāda zum Reinen Land: Formen buddhistischen Denkens und Lebens

1. Heinz Bechert: Buddhistische Perspektiven

Shrāvakayāna (Hīnayāna) und Mahāyāna

Auch der Buddhismus hat sich dem Gesetz der Veränderlichkeit alles Existierenden nicht entziehen können. So ist eine verwirrende Fülle verschiedenartiger Religionsformen auf der Grundlage der Lehre des Buddha entstanden, und diese Verschiedenartigkeit geht so weit, daß bei manchen Formen die gemeinsame Grundlage nur mehr schwach durchschimmert. Gelegentlich ist man jedoch überrascht, wieviel vom Geist der alten Lehre auch an entlegenster Stelle weiterlebt oder oft ganz spontan wieder lebendig wird.

Die Kultlosigkeit der ursprünglichen Buddha-Lehre entsprach nicht den religiösen Bedürfnissen der Masse seiner Anhänger. Ausgehend von Reliquienkult und Wunderglauben entwickelten sich bald allerlei Formen des Rituals, obwohl die Lehrtradition selbst noch lange besagte, daß Kult und Ritus ohne Wert für die Erlösung seien und bestenfalls der Verbreitung der Lehre und der Erinnerung an den Buddha dienen könnten. Doch war der Reliquienkult schon stark entwickelt, als der Theravāda-Buddhismus in der Zeit Ashokas nach Ceylon gelangte und sich danach auch in Hinterindien verbreitete. Diese Religionsform hat uns, im ganzen gesehen, die frühen Texte gut überliefert und die alte Lehrauslegung weitgehend bewahrt. Gleichwohl veränderte auch sie ihren Charakter, und zwar durch die Transformation des Buddhismus aus der Erlösungslehre für den Einzelnen in die Religion ganzer Völker sowie die daraus folgende Verflechtung von Religion und Staat, wie ich schon angedeutet habe.

Im indischen Mutterland blieben verschiedene Formen des

Shrāvakayāna oder Hīnayāna, also der Schulen des alten Buddhismus (zu denen auch der Theravāda zu zählen ist), noch lange erhalten. Sie wurden jedoch durch das sich etwa seit dem 1. Jahrhundert vor Christus entwickelnde Mahāyāna (»Großes Fahrzeug«) mehr und mehr in den Hintergrund gedrängt. Der Mahāyāna-Buddhismus ist nicht ein einheitliches, in sich geschlossenes Lehrgebäude, wie es der alte Buddhismus gewesen war, sondern umfaßt eine Vielfalt von Religionsformen, denen einige Grundgedanken gemeinsam sind. So waren sich die Bekenner aller Richtungen des Mahāyāna darüber einig, daß die von den traditionellen Mönchsgemeinden vertretenen Lehren unvollständig seien. Der historische Buddha und andere Buddhas hätten, so sagte man nun, über die bisher bekannten Lehren hinaus noch Einsichten gelehrt, für deren Verständnis frühere Generationen noch nicht reif gewesen seien. Nun aber sei die Zeit für die Verkündung jener tieferen Lehren gekommen, die das wahre Wesen der Welt erkennen lassen und zur »Vollkommenheit der Erkenntnis« (prajnāpāramitā) führten. Sie sind in den Lehrtexten des Mahāyāna niedergelegt, die großenteils im 1. bis 5. Jahrhundert nach Christus ihre heutige Textgestalt erhalten haben dürften.

Die Anhänger des Mahāyāna haben keineswegs die Autorität der alten kanonischen Schriften bestritten. Vielmehr relativierten sie lediglich deren Gültigkeit, indem sie sich der Lehre von der doppelten Wahrheit bedienten, wonach der Buddha in Anpassung an die Fassungskraft seiner Hörer manchmal Aussagen im Sinne konventioneller, manchmal aber auch im Sinne der höchsten Wahrheit gemacht hat. Man kann ihre Ansichten über das Verhältnis von Hīnayāna-Kanon und Mahāyāna-Sūtras in gewisser Weise mit den christlichen Anschauungen über das Alte und das Neue Testament vergleichen. Vor allem hielten die Mahāyāna-Mönche an der Verbindlichkeit der überkommenen Regeln der Ordenszucht für die Mönchsgemeinde fest. Sie übernahmen den Vinaya der Mönchsgemeinschaft, aus der ihre Ordinationstradition herrührte. Da die Struktur einer Mönchsgemeinschaft nicht in erster Linie von gemeinsamen dogmatischen Anschauungen bestimmt war, lebten manchmal Anhänger beider Richtungen friedlich in einer und derselben Klostergemeinschaft zusammen.

Während der Sinn der Lehre des alten Buddhismus ganz im individuellen Erlösungsstreben zu sehen war, setzen sich die Anhänger des Mahāyāna das neue Ziel, selbst ein Buddha, ein Verkünder des Erlösungsweges zu werden. Dazu sollen sie den langen und mühevollen Weg auf sich nehmen, der für einen Bodhisattva, also einen zukünftigen Buddha, vorgezeichnet ist. Das Mahāyāna bietet auch eine große Verheißung. Nicht mehr nur wenigen Asketen soll das Heil offenstehen, sondern der Masse der Menschen. Auch so ist die Bezeichnung »Großes Fahrzeug« zu verstehen. Das Vorhandensein einer unermeßlichen Zahl von Buddhas und Bodhisattvas gibt allen die Möglichkeit, am Heilsgeschehen mitzuwirken oder auch an dem Schatz der Verdienste dieser Welterlöser teilzuhaben.

Shūnyavāda und Yogācāra

Im indischen Mahāyāna-Buddhismus entwickelten sich zwei große philosophische Schulrichtungen, durch deren Lehren die späteren Formen des Buddhismus in Ostasien und Tibet entscheidend geprägt worden sind. Die ältere dieser Schulen ist der Shūnyavāda (»Lehre vom Leeren«), der auch als Lehre der Mādhyamikas, der Vertreter der »mittleren« Lehre, bekannt ist. Man findet ihre Vorformen bereits in den älteren Prajnāpāramitāsūtras (»Lehrtexte von der Vollkommenheit der Erkenntnis«). Der berühmteste Vertreter des Shūnyavāda ist der Philosoph Nāgārjuna (um 200 nach Christus), der die Thesen der Schule mit einer fein ausgearbeiteten Dialektik begründet hat. In ihrem Mittelpunkt steht die Lehre von der »Leerheit« (shūnyatā).

Erinnern wir uns noch einmal daran, was zur Frage nach der Existenz des Erlösten im Nirvāna zu sagen war, auf die eine Antwort nicht gegeben werden konnte. Wo nun die Vorstellungs- und Denkformen unserer bedingten vergänglichen Existenz und die Alternative Existenz und Nichtexistenz nicht mehr anwendbar sind, wird der Begriff der »Leere« (shūnyatā) eingeführt; er bildet die Mitte zwischen den beiden Gegensätzen (daher »mittlere« Lehre). Die Lehre von der »doppelten Leerheit der Wesen und der Dinge« in der Philosophie des Shūnyavāda ist mithin eine

Weiterführung der schon erwähnten, im alten Buddhismus formulierten These von der »Leerheit der Wesen«, das heißt der Nichtexistenz des »Selbst«.

Der Shūnyavāda steht an einer bestimmten Stelle der philosophiegeschichtlichen Entwicklung. Er wendet sich gegen den »Realismus« der seinerzeit in Indien sehr einflußreichen Hīnayāna-Schule der Sarvāstivādin. Wie wir schon erfahren haben, behaupteten diese, daß die »Gegebenheiten« (dharma) existieren, das heißt Sein besitzen. Sie lehrten allerdings auch in Übereinstimmung mit allen anderen Buddhisten, daß die Gegebenheiten kein »Selbst« (ātman), also keine unvergängliche Seele, enthalten oder konstituieren. Die Mādhyamikas wandten nun ein, daß auch den Gegebenheiten kein »eigenes Wesen« zukommen könne, weil sie verursacht und entstanden sowie dem Vergehen unterworfen seien. Man könne von ihnen weder sagen, daß sie existierten, noch daß sie nicht existierten; in Wahrheit sind sie »leer« (shūnya). Nur weil sie kein eigenes Wesen besitzen, mithin vergänglich sind, können sie nach dem Gesetz des »bedingten Entstehens« oder »Entstehens in Abhängigkeit« in der Erscheinungswelt auftreten und verschwinden, so daß sie im Sinne der konventionellen Wahrheit als existent betrachtet werden. Im Sinne der höchsten Wahrheit allerdings sind alle Erscheinungen der Welt – einschließlich der Buddhas, ihrer Lehre und ihrer Gemeinden – »leer«. Dies impliziert nach der Lehre der Mādhyamikas, daß keine bestimmte Aussage über sie gemacht werden kann, auch nicht die Aussage ihrer Nichtexistenz. Deshalb besteht im Sinne der höchsten Wahrheit auch kein Unterschied zwischen dem Samsāra, also der Erscheinungswelt, und dem Nirvāna. Beide sind wesensgleich, sie sind »leer« (shūnya).

Nun neigen manche Autoren dazu, in der »Leerheit« eine Umschreibung des »Absoluten«, ja sogar eine Art Gottesbegriff zu sehen. Eine solche Aussage über die Natur der »Leere« ist jedoch deshalb irreführend, weil sie das »Absolute« in einen Gegensatz zum »Relativen« setzen würde. Die Erlösung aber besteht in der Überwindung aller Gegensätzlichkeit. Zu dieser Frage möchte ich noch einige Sätze aus der letzten Abhandlung Etienne Lamottes, des kürzlich verstorbenen, wohl bedeutendsten Kenners dieser Form des Buddhismus, zitieren; er beantwortet die Frage, wie sie sich uns anhand einer unvoreingenommenen Interpretation der Texte darstellt:

»Einige westliche Auslegungen haben versucht, in der ›Leerheit‹ eine Art (wenn auch) negatives Absolutes zu finden. Wenn die Mahāyāna-Anhänger sagen, daß Wesen und Gegebenheiten ›leer‹ sind, so weisen sie ihnen keinerlei Attribute zu. Sie lehnen es ab, die Leerheit zu hypostasieren, weil sie ›überhaupt nichts‹, ›bloße Nicht-Existenz‹ ist. Es ist nicht infolge der Leerheit, daß die Wesen und Gegebenheiten leer sind. Sie sind leer, weil sie nicht sind. Die Vorstellung von der Leerheit ist zudem nur von provisorischem Wert: Es ist ein Floß, das man aufgibt, wenn man den Strom überquert hat, eine Medizin, die man wegwirft, wenn man wieder gesund ist. Und deshalb sind die Mahāyānisten auch keine Nihilisten: Nihilisten verneinen, was sie sehen. Die Mahāyānisten sehen nichts, und konsequenterweise bestätigen sie weder etwas noch verneinen sie etwas« (E. Lamotte, »Mahāyāna«, in: »Die Welt des Buddhismus«, S. 93).

Die Frage nach dem Absoluten ist so, wie sie auch in unserem Dialog immer wieder gestellt wird, aus der Sicht des Shūnyavāda falsch gestellt; sie ist eine nutzlose Frage, die nur das Festhalten an einer falschen Vorstellung bewirkt, vom Weg zur Erlösung ablenkt und in die Irre führt.

Zur Frage nach dem Absoluten gibt allerdings die zweite große philosophische Schule des Mahāyāna, die auch als Vijnānavāda (»Bewußtseinslehre«) bekannte Yogācāra-Schule, eine andere, unserem gewohnten Denken näherliegende und leichter faßbare Antwort. Die neue Betrachtungsweise kommt bereits in einem formal noch zum Mādhyamika im weiteren Sinne gerechneten Werk, dem Ratnagotravibhāga (auch unter dem Titel Mahāyāna-Uttaratantra bekannt), zum Ausdruck. Dieser Text ist von einem Philosophen namens Sāramati um 250 nach Christus verfaßt worden. Als Begründer der eigentlichen Yogācāra-Lehre sind Maitreyanātha (um 300 nach Christus) und Asanga (4. Jahrhundert nach Christus) anzusehen.

Schon bei Sāramati steht das höchste Sein im Mittelpunkt seiner Betrachtungsweise. Es ist »fleckenloser«, »leuchtender Geist«. Häufige Bezeichnungen des Absoluten sind »Soheit« (tathātā), »Element der Gegebenheiten« (dharmadhātu), »Element der

Buddhas« (buddhadhātu); auch das Wort »Leerheit« (shūnyatā) wird nun in diesem neuen Sinne gebraucht. Während das höchste Sein nach Sāramati sogar bestimmte Eigenschaften hat, sagt die klassische Yogācāra-Lehre, daß es »unausdrückbar« und »ohne Vielfalt« sei. Es liegt gleichwohl dem Trug der Erscheinungswelt zugrunde. Die Erscheinungswelt selbst wird nun als Vorstellung des Geistes aufgefaßt, der als »Element« (dhātu) allen Lebewesen innewohnt. Diese Vorstellung ist unwirklich, das heißt, es entsprechen ihr keine wirklich seienden Dinge. Strenggenommen gibt es weder außerhalb noch innerhalb des Erkennens eine Wirklichkeit. Der Gegensatz oder die »Zweiheit« von Subjekt und Objekt wird uns in der Vorstellung nur vorgespiegelt. Die Vollkommenheit, die der Übende durch die Meditation schließlich erreicht, ist die restlose Befreiung des vorstellungsfreien Geistes, die Verwirklichung der Buddha-Natur.

So gelangte die Yogācāra-Lehre auch zu einer anderen »Buddhologie«, also einer neuen Auffassung vom Wesen der Buddhas. Ihre eigentliche Natur ist mit dem Absoluten identisch. Sie haben außer ihrem »Wandlungskörper« (nirmānakāya), das heißt ihrer irdischen Erscheinungsform, auch noch eine himmlische Erscheinungsform, den »Genußkörper« (sambhogakāya), und schließlich den »Körper der Lehre« (dharmakāya); dies ist ihr wahres Wesen, das mit dem höchsten Sein identisch ist.

Bereits in der Blütezeit der Yogācāra-Schule in Indien setzte die Verschmelzung von Shūnyavāda- und Yogācāra-Tradition ein. Dabei setzten sich die neue Buddhologie und die neue Auffassung vom Absoluten weitgehend durch. Auf weitere Einzelheiten der Entwicklung und auf die weitere Geschichte der buddhistischen Philosophie in Indien, die mit der logisch-erkenntnistheoretischen Schule von Dignāga (um 480–540) und Dharmakīrti (7. Jahrhundert) ihren Höhepunkt erreichte, kann hier nicht eingegangen werden.

Die Yogācāra-Schule hat ganz entscheidend zur Prägung des ostasiatischen – und übrigens auch des tibetischen – Buddhismus beigetragen. So bestimmt sie bis heute die japanische Interpretation nicht nur der Quellen des indischen Mahāyāna, sondern auch – wie nicht anders zu erwarten – die japanische »theologische« Auffassung der Lehren des ursprünglichen Buddhismus, die ja schon die alten Yogācāra-Lehrer in entsprechendem Sinn gedeutet hatten. So wird auch das Nirvāna-Verständnis der japanischen Buddhisten stark durch Yogācāra-Lehren geprägt.

Vajrayāna-Buddhismus

Etwa um die Mitte des 1. nachchristlichen Jahrtausends entstand der sogenannte tantrische Buddhismus. Als Tantra (eigentlich »Aufzug eines Gewebes«) bezeichnet man bestimmte Systeme religiöser Praktiken, die meist Geheimlehren waren. Ihre Anhänger wurden durch besondere Rituale in die Gemeinschaft der Wissenden aufgenommen. Tantrismus entwickelte sich wahrscheinlich zuerst im Hinduismus. Der buddhistische Tantrismus brachte eine Annäherung an hinduistische Denkweisen mit sich. Seine Selbstbezeichnung war Vajrayāna (»Diamant-Fahrzeug«) oder Mantrayāna (»Fahrzeug der heiligen Formeln«).

Nach der Lehre des alten Buddhismus war der Glaube an die Wirksamkeit von Ritualen und magischen Formeln ein Hindernis für den Erlösungsuchenden. In die volkstümliche Religionsausübung fanden solche Praktiken gleichwohl schon früh Eingang. Ältere Mahāyāna-Texte enthalten Dhāranīs, Bannformeln zum Festhalten guter und böser Kräfte. Im Theravāda-Buddhismus wurde es üblich, bei der sogenannten Paritta-Zeremonie heilige Texte zu rezitieren, um Übel abzuwenden. Was bis dahin Randerscheinung geblieben war, wurde im Tantrismus zentrales Erlösungshilfsmittel; Ritual und heilige Formeln sollten einen verkürzten Weg zum Nirvāna öffnen.

In jedem Tantra unterscheidet man vier Systeme. Die erste Stufe, Kriyā (»Handlung«), besteht im öffentlichen Ritual, an dem jeder teilnehmen kann. Sie ist das äußere Gesicht der tantrischen Kultgemeinschaften, ihre Verbindung mit den Uneingeweihten. Die zweite Stufe ist Caryā, der »Wandel« des Tantra-Schülers. Er ist dem Eingeweihten vorbehalten. Der Adept muß seine Fähigkeit zur Selbstbeherrschung bewiesen haben und wird erst nach sorgfältiger Prüfung durch seinen Lehrer zur ersten »Weihe« (abhisheka) und danach zu anderen Ritualen zugelassen. Eine Gottheit oder ein Bodhisattva wird sein persönlicher Schutzpatron. Im Zentrum der tantrischen Symbolik steht jeweils ein Mandala (»Kreis«). Dies ist ein Hilfsmittel, in dem Symbole für höhere Einsichten, übernatürliche Kräfte und geistige Zusammenhänge eingezeichnet werden, um als Gegenstand von Ritualen und Meditationen zu dienen. Jedem Tantra sind bestimmte Mandalas zugeordnet. Sie werden entweder auf die Erde gezeichnet oder aber in dauerhafter Form hergestellt, zum Beispiel als Bild oder selbst als Bauwerk. Als gewaltigstes Mandala gilt der Borobudur in Java, der größte buddhistische Tempel Südostasiens. Aus Nepal und Tibet sind zahlreiche Tempelbilder mit Mandalas in unsere Museen gelangt.

Schon auf der Stufe des »Wandels« darf der Tantriker das Ziel, den Buddha, der zugleich das Absolute ist, im eigenen »Erlösungsdenken« (bodhicitta) zu finden, nie aus dem Auge verlieren. Die nächste Stufe ist der Yoga; hier schreitet der Adept vom Ritual als äußerer Form nun zur Meditation fort, die ihn der Vereinigung mit dem Absoluten näherbringt. Auf der höchsten Stufe, dem Anuttarayoga (»unübertrefflicher Yoga«), wird für ihn der Buddha sichtbar, mit dem er die Einheit verwirklicht. Er erscheint, umgeben von anderen überirdischen Wesen, wieder in Form eines Mandala. Aber dieses Mandala wird nicht gezeichnet. Es entsteht im Meditierenden als Bild der höchsten Wirklichkeit. Die letzte, höchste Erkenntnis besteht in der Realisierung der »Nichtzweiheit«. Alle Unterscheidungen erweisen sich als Schein. Das Absolute wird durch den Vajra (»Diamant«) – ursprünglich der Donnerkeil Indras – symbolisiert; es wird oft als Vajrasattva (»Diamantwesen«) bezeichnet. So ist das Tantra das »Fahrzeug zum Vajra« (Vajrayāna).

Shaktistischer Tantrismus

Man unterscheidet zwei Hauptformen des Vajrayāna, nämlich nichtshaktistisches und shaktistisches Tantra. Die meisten Formen des Tantrismus gehören zur ersten Gruppe. Die zweite Form, der shaktistische Tantrismus, wird zwar von der Mehrzahl der Buddhisten nicht akzeptiert, hat jedoch neuerdings größere Publizität erlangt, weshalb ich auf diese eigenartige Weiterentwicklung des Buddhismus hier noch eingehen will. Wort und Begriff Shakti (»Kraft«) wurden bereits im Zusammenhang des Hinduismus erwähnt. Göttliche Kräfte werden als weibliche Gottheiten personifiziert, und die Entfaltung des Absoluten zur Welt der Erscheinungen wird als Folge einer scheinbaren Selbstentzweiung des höchsten Seins durch die als weiblich betrachtete »Kraft« (shakti) des höchsten Seins erklärt. Im Ritual der shaktistischen Tantriker finden die sogenannten fünf Ma-kāras Anwendung, das heißt fünf Dinge, deren Sanskrit-Bezeichnung mit dem Laut m beginnt: mada (Branntwein), matsya (Fisch), māmsa (Fleisch), mudrā (Getreidekörner) und maithuna (Geschlechtsverkehr). Ziel des Tantrikers ist es, im Wissen um die letztendliche Einheit der Welt die animalischen Lebensäußerungen aus dem Bereich menschlicher Leidenschaften herauszulösen und zur Grundlage religiöser Erfahrung und höherer Einsichten zu machen.

Da die Erreichung des Zustands des vollendeten Glücks (mahāsukha), in dem »Selbst« und Welt in der Einheit des Absoluten zusammenfallen, Ziel des tantrischen Yoga ist, muß dabei an die Stelle des von uns empfundenen sinnlichen Glücksgefühls durch die Mittel der mystischen »Verwirklichung« (sādhanā) das grenzenlose Glücksempfinden der Selbstverwirklichung treten. Diese Transformation geschieht durch die richtige Verbindung von Kult und Yoga. Nun ist die sexuelle Erfahrung eine der intensivsten Formen der Glücksempfindung in unserem normalen Leben. Sexualität und höchstes Glück des Nirvāna sind für den älteren Buddhismus entgegengesetzte Pole der Wirklichkeit, so daß dem Mönch die sexuelle Betätigung untersagt ist. Im shaktistischen Tantrismus wird die Betrachtungsweise radikal verändert. Hier werden Methoden entwickelt, um Sexualität zur Realisierung des Mahāsukha anwenden zu können. Dabei bedeutet die Einheit des Absoluten das Zusammenfallen aller Gegensätze, und das ist im geistigen Sinne die Einheit von Prajnā (»Erkenntnis«) und Upāya (»Erlösungsmittel«), symbolisiert durch die Vereinigung des Weiblichen und des Männlichen. Darin liegt die Begründung des sexuellen Symbolismus der shaktistischen Tantras, wie wir ihn in den Texten und in der tantrischen Kunst finden.

Die tantrische Yoga-Theorie geht von eigentümlichen Vorstellungen über die Bewegung der Lebenskräfte im Körper und über die Nervensysteme aus. Die Nervensysteme des tantrischen Weltbildes haben nichts mit dem Nervensystem unserer medizinischen Wissenschaft zu tun. Die Tantriker kennen drei, vier oder sechs Cakras (»Räder«) im menschlichen Körper, die als Mittelpunkte des Lebenssystems gelten. Sie sind Sitz bestimmter psychischer Kräfte, und sie werden in der Identifikation von Makrokosmos und Mikrokosmos zum Ort bestimmter Gottheiten, Prinzipien und zum Objekt der Identifikation mit religiösen Werten. Die Hauptadern des Nervensystems werden mit den Grundbegriffen der Erlösungslehre verbunden: Der linksseitige Nervenstrang (lalanā) hat die Natur der Prajnā (»Erkenntnis«) und des weiblichen Prinzips, der rechtsseitige Nervenstrang (rasanā) die Natur des Upāya (»Erlösungsmittel«) und des männlichen Prinzips. In der Mitte, durch das im Herz lokalisierte Cakra führend, liegt die Avadhūtī, durch die das Bodhicitta (»Erlösungsdenken«) fließt. Durch die Vereinigung des linken und des rechten Nervenstrangs mit dem zentralen wird das große Glück des Prajnopāya, der Vereinigung von Prajnā und Upāya, zur Wirklichkeit.

Der Begriff Yoga bezeichnet mithin in den tantrischen Systemen etwas anderes, als wir es aus den klassischen Yoga-Übungen kennen. Der tantrische Yoga ist auch grundsätzlich verschieden von den Meditationen und Versenkungen des frühen Buddhismus, auch soweit dieselben Bezeichnungen verwendet werden. Sind die frühen buddhistischen Übungen von Samādhi (»Versenkung«) und Vipashyanā (»Klarsicht«) ganz auf die geistige Konzentration und die Überwachung der körperlichen und geistigen Funktionen orientiert, so ist der tantrische Yoga auf den eigenen Körper hin ausgerichtet. Steht im frühen Buddhismus die Betrachtung der Vergänglichkeit alles Körperlichen im Vordergrund der auf den Körper bezogenen Meditationen, so wird nun im Tantrismus der Körper zur Stätte aller höheren Erkenntnis. Die Tantriker sehen das Gefühl des Glücks und das Wesen des Absoluten als zusammengehörig an. Wenn wir das perfekte Glück verwirklichen, erreichen wir das Absolute, das Nirvāna; dies ist allerdings auch nach der Lehre der Tantriker nicht eine Hervorbringung geistiger Aktivitäten, da es in der Überwindung aller Gedankentätigkeit besteht. Nirvāna ist daher nur im Zustand völliger Befreiung von Gedanken und Empfindungen zu verwirklichen.

Auch die Empfindung der Befreiung selbst muß überwunden werden.

In den Texten des shaktistischen Yoga wird dargelegt, unter welchen besonderen Voraussetzungen und in welcher Form in der Vereinigung des Yogin und der Yoginī, die auch seine Prajnā genannt wird, das Erleuchtungsdenken hervorgebracht und die Verwirklichung der Einheit des Selbst und der Erscheinungswelt vollzogen werden kann. Spätere Kommentare und auch die tibetische Auslegungstradition tendieren zu einer metaphorischen Erklärung dieser Texte, nach der sich diese Vereinigung nur in der Meditationssphäre des Yogin vollzieht, doch sind die in den Texten beschriebenen Praktiken zur Blütezeit des tantrischen Buddhismus in Indien wohl auch tatsächlich durchgeführt worden.

Die Urheber der ältesten Formen des shaktistischen Tantra waren religiöse Einzelgänger, die sich aus den wohlgeordneten Traditionen des Klosterlebens bewußt herauslösten und als Wandermönche durch das Land zogen. Mit magischen Kräften ausgestattet, als Kenner geheimer zauberkräftiger Formeln und mystischer Praktiken, erregten sie Anstoß, Aufsehen und Bewunderung. Scheinbar alle Traditionen verachtend, provozierten sie durch die bewußte Verletzung der Konventionen. Vielfach stammten sie aus sozial benachteiligten Volksschichten, und doch war die etablierte Gesellschaft bereit, ihnen mit einer Mischung aus Furcht und Neugier Respekt zu erweisen. Später jedoch nahmen sich die Gelehrten der tantrischen Lehren an. Die bis dahin formlos weitergegebenen Lehren wurden in einer umfangreichen Literatur niedergelegt, systematisiert und schließlich auch mit astrologischem Wissen angereichert.

Das letzte der großen Systeme des indischen Spätbuddhismus, das Kālacakra (»Zeitrad«), das um 1000 nach Christus in Bengalen entstand und stark von astrologischen Vorstellungen geprägt wurde, vertrat auch die Lehre vom Ādibuddha (»Ur-Buddha«), aus dem alle anderen Buddhas, Bodhisattvas, Götter usw., ja letztlich die ganze Welt hervorgegangen ist. So ist der tantrische Buddhismus im Laufe der Entwicklung seiner Konzeption vom Absoluten schließlich bis zu einer dem christlichen und islamischen Gottesbegriff recht nahestehenden Glaubensvorstellung gelangt.

Die folgende Kurzfassung der Überlieferung vom Lebenslauf des Tantrikers Tsi-lu-pa oder Mahākālacakrapāda (nach H. Hoffmann, »Die Religionen Tibets«, S. 122 f.) mag die Entwicklung eines tantrischen Systems exemplifizieren:

Eines Tages kam ein Yogin im blauen Gewand, der ein drittes Auge auf der Stirn besaß, zu einer Branntwein verkaufenden Yoginī in Bengalen. Er hielt einen Vajra (Donnerkeil) aus Akazienholz in der Hand. Dieser Yogin kaufte Branntwein und verbrachte die Nacht mit der Yoginī. Am Morgen war er verschwunden; nur der Vajra war noch da. Als die Yoginī diesen Vajra in die Hand nahm, ging davon ein blaues Licht aus, das in die Arme der Yoginī einging. Der Yogin war der Bodhisattva Vajrapāni. Ein Jahr später wurde als Folge dieser geheimnisvollen Verbindung von der Yoginī ein Sohn zur Welt gebracht. Als er sieben Jahre alt war, nahm ihn ein Mönch, der als Bodhisattva Avalokiteshvara identifiziert wird, als Novize an und lehrte ihn die Tantras. Er brachte ihn durch die Luft in das Land Shambhala, wo er der Predigt des Meisters Kulika zuhörte. Der Mönch trug dem Novizen, der nun den Mönchsnamen Tsi-lu-pa führte, auf, den Inhalt dieser Predigt, das Kālacakra, in Bengalen zu verbreiten. Tsi-lu-pa ging später nach Südindien und zeichnete dort die bis dahin nur mündlich überlieferte Kālacakra-Lehre auf. Schließlich begab er sich zur Klosteruniversität Nālandā, besiegte in einer Disputation den Abt des Klosters, Nādapāda, und bekehrte ihn zum Kālacakra. Nādapāda, von den Tibetern Naropa genannt, wurde der bedeutendste Interpret des Kālacakra in seiner Zeit.

So begann der Weg des Kālacakra bei der Wandernonne, die entgegen allen Konventionen Branntwein verkauft und mit ihrer Verachtung der traditionellen Formen des asketischen Lebens die Einsicht in die Identität aller Gegensätze – auch des Gegensatzes von Gut und Böse – deutlich macht. Am Ende dieses Weges stehen aber die gelehrten Studien im berühmten Nālandā, die Aufnahme des Tantra in die etablierte Tradition, in der nun die Verletzung der Konventionen nicht mehr erlaubt ist und die metaphorische Interpretation der Texte vollzogen wird.

Der Untergang des indischen Buddhismus

Während der Buddhismus im Süden Indiens durch die Renaissance des Hinduismus schon früher verdrängt wurde, existierten in Nordindien noch um 1000 nach Christus zahlreiche buddhistische Klöster und Tempel. Sie wurden Opfer der Zerstörung durch islamische Eroberer, die im 11. und 12. Jahrhundert die nordindischen Ebenen überrannten. Islamische Geschichtsschreiber berichten stolz, mit welcher Gründlichkeit die Heiligtümer der »heidnischen« Religionen vernichtet wurden. Die buddhistische Kultur Indiens, die im Gegensatz zum Hinduismus in ihrer Überlieferung an die Tradition der Klöster und Gelehrtenschulen gebunden war, ging durch diesen Ansturm restlos zugrunde. Die letzte der großen Klosterhochschulen, Vikramashīla, wurde 1207 zerstört. Sogar der Grundstein wurde ausgegraben und im Ganges versenkt. Keine Spur verrät mehr, wo Vikramashīla lag.

Nur in der von Bergen umschlossenen Hochebene des Nepaltales, das die Eroberer nicht erreicht haben, konnten Reste des Buddhismus auf dem indischen Subkontinent bis in die Gegenwart weiterbestehen. Der dortige Vajrayāna-Buddhismus wurde allerdings stark mit Elementen des Hinduismus durchsetzt. Unter der Herrschaft hinduistischer Könige wurde das buddhistische Klosterwesen unterdrückt, so daß es in den traditionellen buddhistischen Heiligtümern Nepals nur noch eine Laiengemeinde gibt.

In anderen Teilen des Subkontinents paßten sich Gruppen von Buddhisten, die die muslimische Eroberungswelle überlebt hatten, mehr und mehr dem Hinduismus an. So wurde die Personifizierung der buddhistischen Lehre, Dharma, in Bengalen zu einer Volksgottheit. Der aus dem buddhistischen Tantrismus hervorgegangene Sahajavāda wurde im Laufe der Jahrhunderte ganz in eine Form des Vishnuismus transformiert. Obwohl der Buddhismus in den meisten Gebieten Indiens im 14. Jahrhundert als selbständige Religionsform untergegangen war, hatte er doch in vielerlei Weise die Entwicklung des Hinduismus beeinflußt.

In dem mir hier gegebenen Rahmen kann ich nur eine ganz grobe Skizze der weiteren Geschichte des Buddhismus geben, ohne auf die Fülle der verschiedenen Religionsformen näher einzugehen.

In ihrer ersten Ausbreitungswelle gelangte die Religion Buddhas ins heutige Afghanistan sowie Westturkestan (Sowjet-Zentralasien) und Ostturkestan (Sinkiang). Zahlreiche Kunstdenkmäler und Ruinenstätten zeugen noch heute von dieser Epoche, die mit der islamischen Eroberung dieser Länder zu Ende ging.

Dagegen ist Tibet auf Dauer für die buddhistische Religion gewonnen worden. Sie wurde hier zuerst unter König Srong-tsen-gam-po (620–649) eingeführt. Schon bald danach wurden zahlreiche Texte ins Tibetische übersetzt. Übersetzerkommissionen vereinheitlichten die buddhistische Terminologie. Zwar kam es unter König Lang-dar-ma (836–842) zu einer Unterdrückung des Buddhismus und zu einer Restauration der einheimischen Bon-Religion, doch erneuerte sich der Buddhismus Tibets im 11. Jahrhundert wieder unter starkem indischen Einfluß. Die aus Indien übernommenen Texte des alten Buddhismus, des Mahāyāna und des Vajrayāna wurden zum Kanjur, der aus 108 Bänden bestehenden Sammlung der heiligen Texte, zusammengestellt, zu denen noch der Tanjur mit 225 Bänden (Erklärungswerke, Lehrtexte usw.) kommt. Im Laufe der Jahrhunderte paßte sich sogar die mit ihm zunächst rivalisierende Bon-Religion so stark an den Buddhismus an, daß man sie heute als eine besondere buddhistische Sekte bezeichnen darf. Von Tibet aus gelangte der Buddhismus zu den Mongolen, die um 1575 endgültig bekehrt wurden, und zu anderen zentral- und nordasiatischen Völkern.

Der tibetische Buddhismus hat uns Lehrtraditionen aller Epochen des indischen Buddhismus einschließlich des Vajrayāna erhalten, sie aber in eigentümlicher Weise weiterentwickelt. Nach Jahrhunderten der Isolierung Tibets von der Außenwelt wurde die Religion dieses Landes bei uns besser bekannt, seit viele Tibeter ihre Heimat als Folge der chinesischen Invasion und Unterdrükkung verlassen mußten.

Südostasien wurde von mehreren Wellen indischen Kultureinflusses berührt, in deren Gefolge sich beide großen indischen

Religionen ausbreiteten. In mehreren Ländern der hinterindischen Halbinsel setzte sich, wie wir schon erfahren haben, der Theravāda-Buddhismus durch. In der indonesischen Inselwelt existierten Hinduismus und Vajrayāna-Buddhismus zunächst nebeneinander, verbanden sich jedoch in ihrer weiteren Entwicklung zu einer synkretistischen Religionsform, die man »Shiva-Buddhismus« nennt. Zwar wurde diese Religion auf Sumatra und Java fast völlig durch den Islam verdrängt, lebt jedoch auf der kleinen Insel Bali bis heute weiter. Auf Java wirkten buddhistische Denkweisen stark auf die islamische Mystik ein.

Der ostasiatische Buddhismus

Nach China gelangte die buddhistische Religion schon im 1. Jahrhundert; die Tradition betrachtet das Jahr 67 nach Christus als Anfang ihrer Geschichte im »Reich der Mitte«. Auch hier wurden zahlreiche Texte aller drei »Fahrzeuge« (Hīnayāna, Mahāyāna und Vajrayāna) aus den indischen Originalen übersetzt. In die chinesischen Sammlungen der heiligen Texte des Buddhismus wurden zudem zahlreiche Werke chinesischen Ursprungs aufgenommen. Man darf diese großen Textsammlungen nicht eigentlich als einen »Kanon« im üblichen Sinne bezeichnen, sondern muß darin eine Enzyklopädie der gesamten verfügbaren älteren buddhistischen Literatur sehen. Im Laufe der Geschichte des chinesischen Buddhismus bildeten sich zwei Hauptformen heraus, nämlich der Meditationsbuddhismus und der Buddhismus des »Reinen Landes«. Ersterer ist als Ch'an (japanisch Zen) bekannt und ist der Überlieferung nach von dem indischen Mönch Bodhidharma um 470 ins Reich der Mitte gebracht worden. Seine Philosophie beruht im wesentlichen auf Yogācāra- und Shūnyavāda-Traditionen. Der Buddhismus des »Reinen Landes« gründet sich auf den Glauben, daß Amitābha, der Buddha des »unermeßlichen Lichtes«, alle diejenigen zum Heil führen wird, die ihm vertrauen. Mit dieser Wende ist aus der Lehre der »Selbsterlösung«, die der Buddha verkündet hatte, nun das Gegenteil geworden, eine Lehre der »Fremderlösung«, in der der Mensch das Heil von einem übernatürlichen Wesen erwartet. Man hat diese Form des Buddhismus auch als einen »Buddhismus des Glaubens« gekennzeichnet und vor allem ihre japanischen Varianten unter diesem Gesichtspunkt mit dem protestantischen Christentum verglichen. Der Amidismus hat vor allem als Volksreligion weite Verbreitung in ganz Ostasien gefunden.

Der Buddhismus Japans ist ebenso wie der Koreas und Vietnams von China ausgegangen und hat sich in zahlreichen verschiedenen Formen weiterentwickelt. Einige Richtungen beruhen auf Traditionen des nichtshaktistischen Tantrismus. Die bedeutendsten Formen des japanischen Buddhismus sind jedoch Zen und Amidismus.

Zen ist die japanische Form des chinesischen Ch'an oder Meditationsbuddhismus. Die Bezeichnung Ch'an ist aus dem Sanskrit-Wort dhyāna, »meditative Versenkung«, herzuleiten. In den meisten Formen des Zen, das Japans Malerei und Dichtung stark beeinflußt hat, postuliert man die Möglichkeit einer unmittelbaren, »blitzartigen« Erleuchtung, die auf viele Jahre der Vorbereitung folgen mag. Der Zen-Meister bedient sich eines sogenannten Kōan, das er seinem Schüler als Aufgabe und Meditationsgrundlage gibt. Dies ist meist ein Rätselspruch, ein schwer verständlicher Dialog oder eine andere Aussage, die sich für diesen Zweck eignet. Lassen Sie mich ein solches Kōan zitieren und seine Vorgeschichte skizzieren, deren Kenntnis wir einer kürzlich erschienenen Studie von Professor Toshio Kazama verdanken:

»Einst fragte ein Anhänger einer fremden Lehre den Buddha: ›Man fragt weder um Belehrung durch Worte noch um Belehrung ohne Worte.‹ Der Buddha saß still da. Der Anhänger einer fremden Lehre sprach voller Bewunderung: ›Die große Güte und das große Erbarmen des Erhabenen haben die Wolken meiner Irrungen geöffnet und mich in den Weg zur Erlösung eintreten lassen.‹ Er erwies seine Verehrung und ging davon.

Darauf fragte Ānanda den Buddha: ›Welche Erleuchtung hat der Anhänger einer fremden Lehre erlangt, daß er dich so pries und dann von dannen ging?‹

Der Buddha antwortete: ›Wie allemal ein gutes Pferd läuft, wenn es auch nur den Schatten einer Peitsche sieht‹« (Übersetzung nach H. Dumoulin).

Der philosophisch wichtige Teil des Kōan ist der Anfang: »Man fragt weder um Belehrung durch Worte noch um Belehrung ohne Worte.« Diese Stelle kann auf einen Text zurückgeführt werden, der sich im Kanon des frühen Buddhismus findet. In der ältesten Fassung dieses Lehrtextes besucht ein nichtbuddhistischer Pilger namens Dīghanakha, der auch den Namen Aggivessana trägt, den Buddha. Er ist ein absoluter Skeptiker, der alle Lehraussagen, also auch die des Buddha, nicht gelten läßt. Der Buddha erklärt ihm, daß er im Prinzip recht habe. Man darf sich an nichts hängen, wenn man die Erlösung erreichen will, auch nicht an eine Lehre; denn die Erlösung besteht ja eben in der Befreiung von allem Sichanhalten an etwas. Der Buddha erklärt dann die Hinfälligkeit der körperlichen Gestalt und der Gefühle. Der Pilger Aggivessana erreicht nun unmittelbar – also durchaus im Sinne des Zen-Buddhismus – die erlösende Befreiung.

In unser Kōan ist der erste Teil des Dialogs eingegangen, in dem Aggivessana seine Skepsis darlegt und der Buddha darauf antwortet. Der Dialog lautet folgendermaßen:

Aggivessana: »Herr Gautama, ich rede nun folgendermaßen und bin dieser Ansicht: ›Ich erkenne alle Ansichten nicht an.‹«

Der Buddha: »Eben diese Ansicht, Aggivessana, ›Ich erkenne alle Ansichten nicht an‹, erkennst du auch diese Ansicht nicht an?«

Aggivessana: »Wenn ich, Herr Gautama, diese Ansicht anerkennen würde, so wäre das einerseits so wie die *Nichtanerkennung* aller Ansichten und andererseits so wie die *Anerkennung* der Ansicht, daß ich keine Ansichten anerkenne.«

Der Buddha: »Darum, Aggivessana, sind diejenigen in der Welt mehr als viele, die folgendermaßen reden: ›Das wäre einerseits so wie die Nichtanerkennung aller Ansichten und andererseits so wie die Anerkennung der Ansicht, daß ich keine Ansichten anerkenne.‹ Sie geben einerseits diese Ansicht nicht auf und nehmen andererseits eine andere Ansicht an. Darum, Aggivessana, sind diejenigen in der Welt weniger als wenige, die folgendermaßen reden: ›Das wäre einerseits so wie die Nichtanerkennung aller Ansichten, und das wäre andererseits so wie die Anerkennung der Ansicht, daß ich keine Ansichten anerkenne.‹ Sie geben einerseits diese Ansicht auf und nehmen andererseits eine andere Ansicht nicht mehr an« (Übersetzung nach Toshio Kazama).

Aggivessana rückt also von seiner Skepsis nicht ab. Er läßt aber erkennen, daß er den Widerspruch in seiner Aussage durchaus erkannt hat. Er will seinem Satz die allgemeine Gültigkeit, die ihm eigentlich zukäme, nicht zuschreiben. Der Buddha erklärt nun, daß Aggivessanas Worte in unterschiedlicher Weise verstanden werden können. Die Mehrzahl der Hörer gerät in einen unlösbaren Widerspruch. Nur wenige sind imstande, aus der Meditation über den gedanklichen Widerspruch eine unmittelbare mystische Einsicht abzuleiten, die sich einer sprachlichen Formulierung völlig entzieht. Deshalb wird der Text als Kōan im Meditationsbuddhismus verwendet.

Aggivessana geht von dannen. Es heißt nicht, daß er Buddhist geworden ist. Wozu auch? Darauf kommt es nicht an. Nur eines zählt: Aggivessana ist der Durchbruch zur Schauung der Wahrheit gelungen. Er ist auf dem Weg, der Welt der Gegensätze endgültig zu entrinnen.

Während der Zen-Buddhismus, wie dieses Beispiel zeigt, wesentliche Elemente des Geistes der alten Lehre und der überlieferten Meditationspraxis bewahrt und immer wieder erneuert hat, ist der »Amidismus« ein »Buddhismus des Glaubens«. In ihm werden in gewisser Weise die Ideen des Buddha in ihr Gegenteil verkehrt. Am radikalsten wurde er in dem von Shinran Shōnin (1173–1202) begründeten Jōdo Shin-shū vertreten, wonach wir einzig und allein durch die Gnade des Amitābha zum Heil gelangen können. Diese Lehre beruht übrigens auf einer Stelle im Sukhāvatīvyūha, einem Mahāyāna-Werk indischen Ursprungs (etwa aus dem 2. Jahrhundert), die durch die textgeschichtliche Forschung als spätere Interpolation nachgewiesen worden ist. So ist hier im mittelalterlichen japanischen Buddhismus eine Religionsform entstanden, deren Ähnlichkeit mit der Lehre des protestantischen Christentums, wie schon gesagt, auf der Hand liegt.

Japan hat mit der Schule des Nichiren (1222–1282), die auf einer sehr eigenwilligen Interpretation des ebenfalls aus dem indischen Mahāyāna stammenden »Lotos-Sūtra« (Saddharmapundarīkasūtra) beruht, schon im Mittelalter auch eine aggressive Richtung des politischen Buddhismus hervorgebracht, die vor allem in ihrer Anfangsperiode in schroffen Gegensatz zu den übrigen, meist auf friedliches Nebeneinander eingestellten Formen des japanischen Buddhismus getreten ist.

2. HANS KÜNG: Eine christliche Antwort

Der Buddha Gautama und der Christus Jesus, Buddhistsein und Christsein – diese beiden Vergleiche standen im Vordergrund meiner bisherigen Antworten. Wir haben Divergenzen und Konvergenzen festgestellt, doch dabei bewußt eine Frage ausgeklammert, die nun bei der weiteren Entwicklung des Buddhismus vom Theravāda zum Reinen Land, bei den so verschiedenen Formen buddhistischen Denkens und Lebens, im Hinblick auf den buddhistisch-christlichen Dialog im Zentrum unserer Betrachtung stehen muß: die schwierige, aber unumgängliche und in dieser dritten Exposition buddhistischer Perspektiven besonders angesprochene Frage nach einer »letzten Wirklichkeit«, einem »Absoluten«, nach »Gott«. Unbestreitbar ist in der Tat, daß Hinter- und Untergrund beider Religionen ganz und gar verschieden sind: das Christentum und der Glaube an Gott auf der einen, der Buddhismus mit seiner entschiedenen Ablehnung eines personhaften Gottes auf der anderen Seite. Werden sich – abgekürzt formuliert – eine theistische und eine a-theistische Religion hier wirklich je verstehen, gar verständigen können? Diese Frage stellt sich besonders im Zusammenhang mit der von Heinz Bechert in seiner Exposition behandelten Wende vom Theravāda- zum Mahāyāna-Buddhismus, dieser weiteren »Drehung des Rades der Lehre«.

Paradigmenwechsel vom Kleinen zum Großen Fahrzeug

Der Mahāyāna-Buddhismus ist weder plötzlich aus dem Nichts aufgetaucht noch einfach Produkt einer harmlos-kontinuierlichen Fortentwicklung: Weder eine »Big-Bang-Theorie« noch eine organische Entwicklungstheorie würde der geschichtlichen Wirklichkeit des Mahāyāna gerecht werden. Es handelt sich vielmehr um einen langsam ablaufenden, großräumigen und vielschichtigen Transformationsprozeß in zuerst unsystematischer, dann systematisch-philosophischer Form, der bei aller Kontinuität eine entscheidende Diskontinuität enthält. Kurz: es geht – ohne daß man hier den Geschichtsprozeß in Schemata zu pressen braucht – um einen *Paradigmenwechsel*, der Fortschritt, aber nie nur Fortschritt besagt: Vieles wird gewonnen, aber auch manches Wahre und Gute des früheren Paradigmas wird verloren, vergessen, verdrängt. Insofern bedeutet die echt dialektische Geschichtstheorie von Paradigmenwechseln – zwischen geschichtsphilosophischer Melancholie und Triumphalismus angesiedelt – ein »Aufheben« (im dreifachen Hegelschen Sinn) sowohl jeglicher Fortschrittstheorie (ständiges Aufsteigen zu größerer Wahrheit) wie jeglicher, ebenso undifferenzierter Dekadenztheorie (immer stärkerer Abfall vom Goldenen Zeitalter des Ursprungs).

Auch dieser Paradigmenwechsel setzt die *Krise des früheren Paradigma*, des Hīnayāna oder Kleinen Fahrzeugs, voraus, wie sie Edward Conze knapp umschreibt: Das Mahāyāna »war vorbereitet durch das Erschöpftsein der alten Impulse, die weniger und weniger Heilige (Arhats) hervorbrachte; durch die Spannungen innerhalb der Lehren, die sich bis dahin entwickelt hatten; und durch die Forderungen der Laienschaft nach mehr Gleichberechtigung mit den Mönchen. Fremdeinflüsse hatten ebenfalls beträchtlich damit zu tun . . .« (»A Short History of Buddhism«, 1982, S. 44).

So ist denn die schon im Urbuddhismus angelegte und im Theravāda bald auf breiter Front sichtbar gewordene, aber durch die Dāna-Frömmigkeit aufgefangene *immanente Grundspannung zwischen monastischer und laikaler Existenz* im Mahāyāna schließlich zur Auswirkung gekommen. Wie wir es in der Exposition hörten: »Nicht mehr nur wenigen Asketen soll das Heil offenstehen, sondern der Masse der Menschen.« Insofern ist die Bezeichnung »Großes Fahrzeug« über den breiten Fluß des Leidens zum anderen Ufer (der Erlösung) berechtigt, wenngleich das frühere Paradigma nicht mehr abwertend »Kleines (›mangelhaftes‹) Fahrzeug« genannt werden soll, sondern »Shrāvakayāna« (Fahrzeug der Hörenden), deren wichtigster Zweig der Theravāda ist.

Die Verschiebungen sind beträchtlich: dieselben buddhistischen Grunddaten, eingefügt jetzt in einen anderen Bezugsrahmen, dieselben Konstanten, realisiert jetzt in einer *neuen Konstellation von Variablen.*

- Statt den wenigen Mönchen soll jetzt vielen Menschen der Weg zur definitiven Erlösung eröffnet werden; anstelle des mönchischen Arhat-Ideals, des weltabgewandten Heiligen, nun das Ideal des menschenfreundlichen Heiligen, des Bodhisattva: aus der Mönchsreligion wird jetzt immer mehr eine Laienreligion.
- Statt das Wesen allen Daseins nur allgemein in dessen Unbeständigkeit, Leidhaftigkeit, Substanzlosigkeit zu sehen, soll letztere jetzt radikalisiert als Leerheit verstanden werden: Wesenlosigkeit als das wahre Wesen des Universums oder aber – unter taoistischem Einfluß mehr positiv – als die Natur und Mensch gemeinsame, kosmische Buddha-Natur.
- Statt der Erlösung durch Entsagung und Abkehr von der Welt die Möglichkeit der Erleuchtung, der Befreiung, der Weisheit mitten im jetzigen Leben: das Nirvāna im Samsāra.

Es half der Ausbreitung des Mahāyāna in Indien, China, Tibet, Korea und Japan, daß man hier sehr viel weniger am Buchstaben kanonischer Texte klebte und sowohl die Mönchsregel wie die Lehrreden elastisch zu interpretieren und zu adaptieren verstand. Der Geist Buddhas wurde so bewahrt, ja, sogar in neuer Weise wieder lebendig. Aber aus der Weisheitslehre für eine Elite wurde – unter Angleichung oft an hinduistische, taoistische oder shintoistische Vorstellungen und Formen eines Kultes zahlreicher gnadenspendender Buddhas und Bodhisattvas – eine devotionale Frömmigkeitsbewegung für die Massen: so etwas wie eine Universalkirche.

Wenngleich Shrāvakayāna- und Mahāyāna-Mönche, zumindest am Anfang zusammengehalten durch dieselbe Mönchsregel, vielfach friedlich in gemeinsamen Klöstern zusammenwohnten, so konnte doch auf die Dauer ein wahrhaft *revolutionärer Wandel* nicht übersehen werden: »Man hat wohl niemals voll realisiert, welch radikale Revolution die buddhistische Gemeinde verwandelt hat, als der neue Geist, der jedoch seit langem in ihr lauerte, in den ersten Jahrhunderten nach Christus voll zum Durchbruch kam. Wenn wir eine atheistische, seelenverneinende, philosophische Lehre von dem Pfad zu einer persönlichen letzten Selbstpreisgabe – bestehend in einer absoluten Auslöschung des Lebens – und eine schlichte Liturgie im Gedächtnis an ihren Gründer, wenn wir dies übertroffen sehen durch eine großartige Hoch-Kirche mit einem höchsten Gott, umgeben von einem unabsehbaren Pantheon, einer großen Zahl von Heiligen, eine in höchstem Maße fromme, zeremonielle und klerikale Religion mit einem Ideal von universaler Erlösung aller lebenden Kreatur, einer Erlösung durch die göttliche Gnade von Buddhas und Bodhisattvas, einer Erlösung nicht in totaler Auslöschung, sondern in ewigem Leben: dann sind wir wohl voll zu der Annahme berechtigt, daß die Religionsgeschichte kaum jemals einen solchen Bruch zwischen Neu und Alt erlebt hat innerhalb der Grenzen dessen, was trotz allem nicht aufhört, eine gemeinsame Abstammung von demselben religiösen Gründer zu beanspruchen« (Th. Stcherbatsky, »The Conception of Buddhist Nirvāna«, 1927, S. 36).

So gibt es denn auch für die Mahāyānisten nur ein einziges Fahrzeug zum Heil: das Große Fahrzeug, für welches das Kleine Fahrzeug und die »Pratyekabuddhas« (welche die Wahrheit selbst gefunden haben, aber nicht verkünden) nur vorbereitenden Wert haben. Wenn sich – bei allen wesentlichen Unterschieden – der frühe Wandel vom urbuddhistischen Paradigma zum Theravāda-Paradigma in mancher Hinsicht mit dem Wandel vom urchristlichen Paradigma zum hellenistisch-byzantinischen vergleichen ließ: so läßt sich jetzt – trotz unbestreitbarer wesentlicher Unterschiede – der Wechsel vom Shrāvakayāna (der »Orthodoxie«) zum Mahāyāna in mancher Hinsicht vergleichen mit dem Wechsel vom hellenistisch-byzantinischen zum mittelalterlich-katholischen Paradigma. »Eine großartige Hoch-Kirche mit einem höchsten Gott, umgeben von einem unabsehbaren Pantheon, einer großen Zahl von Heiligen, eine in höchstem Maße fromme, zeremonielle und klerikale Religion ...«: Parallelen zur Praxis mittelalterlichen Christentums drängen sich auf. Und wer die mittelalterliche römisch-katholische Christenheit mit dem Urchristentum vergleicht, der kann vermutlich Stcherbatsky nicht zustimmen, »daß die Religionsgeschichte kaum jemals einen solchen Bruch zwischen Neu und Alt erlebt hat, innerhalb der Grenzen dessen, was trotz allem nicht aufhört, eine gemeinsame Abstammung von demselben religiösen Gründer zu beanspruchen«. Nein, ein analoger Umbruch läßt sich auch in der Geschichte der Christenheit kaum übersehen.

Trotzdem gilt: auch das Mahāyāna blieb selbstverständlich Buddhismus; Sonne und Gestirne bleiben, nur die Kon-stellation hat sich völlig verändert. Es geht noch immer um die alte Buddha-Botschaft, um von Anfang an wichtige Grundgedanken, Grundhaltungen und Grundpraktiken. Bei allen unbestreitbaren Variablen: zentrale *Grundkonstanten buddhistischer Lehre, Praxis und Institutionalisierung blieben erhalten*:

- noch immer die vorbuddhistischen indischen Vorstellungen, wie die der Wiederverkörperung, des Karman sowie Methoden der Meditation und mancher ursprünglich brahmanischer Frömmigkeitspraktiken;
- noch immer die »Zuflucht zum Buddha«, dem großen übermächtigen Lehrer und Wegbereiter zur Erlösung, dem man (wenngleich in mythologischer Fiktion) nun auch die im 1. bis 5. nachchristlichen Jahrhundert entstandenen Lehrtexte zuschreibt, wie dies auch für den späteren Buddhismus charakteristisch bleibt;
- noch immer die »Zuflucht zum Dharma«, zur Lehre von den »vier edlen Wahrheiten«, vom Leiden und von der Überwindung des Leidens, von der Unbeständigkeit und Substanzlosigkeit der Welt und des Ichs, von der Ausrottbarkeit von Unwissenheit, Gier und Haß durch Erleuchtung und Weisheit – eine Lehre, die aber nicht nur repetiert, sondern angesichts neuer Bedürfnisse und Fähigkeiten der Menschen neu formuliert werden soll, die, »unvollständig«, zur »Vollkommenheit der Erkenntnis« geführt werden soll;
- noch immer die »Zuflucht zum Sangha«, zur Mönchsgemeinschaft, deren überkommene Ordensregel aber auch in einer Vielfalt verschiedener Lehren und sehr viel freieren Formen gelebt werden kann, die den Unterschied zwischen Mönchen und Laien einebnen.

Es war dem Mahāyāna vorbehalten, ein umfassendes buddhistisches Wirklichkeitsverständnis auszuarbeiten, gründend auf urbuddhistischen Einsichten, wie der »Entstehung in Abhängigkeit« (Sanskrit: »Pratītyasamutpāda«) und der Ichlosigkeit. Die individuelle »Leere« erscheint hier – unter taoistischem Einfluß – von vornherein aufgehoben in die Menschen und Natur umfassende Einheit und Ganzheit einer »Fülle«, die man die kosmische (überpersonale) Buddha-Natur oder Dharmakāya (ähnlich dem Tao) nennt, die aber das Menschliche zunächst nicht übersteigt, sondern es nach seiner Tiefendimension hin verwirklicht. Bevor wir uns der Frage nach dem Absoluten zuwenden, muß zum Zweck des Dialogs die Frage nach dem Verständnis der Wirklichkeit im allgemeinen und des Menschen insbesondere zwischen Christen und Buddhisten geklärt werden. Die entsprechenden Ausführungen der Exposition zum Problemkomplex der »Entstehung in Abhängigkeit« kann ich dabei voraussetzen und mich gleich der für den Dialog wichtigen Frage zuwenden, ob diese Lehre von der »bedingten Entstehung« unchristlich sein muß.

Daß Mensch und Welt nur eine *allseitig bedingte Realität* zukommt: so allgemein formuliert kann dies als Überzeugung auch christlicher Theologie grundsätzlich festgehalten werden. Auch die christliche Theologie – belehrt von Bibel und griechischer Philosophie – affirmiert ja, daß in dieser Welt allenthalben nur Bedingtes, nur Relatives feststellbar ist: alles entstehend und vergehend, nicht ewig aus sich existierend, freilich auch nicht unwirklich, sondern relativ existent – in gegenseitiger Abhängigkeit, wie immer dies letztlich erklärt wird. Nichtnotwendigkeit, Kontingenz, Unbeständigkeit, Vergänglichkeit kennzeichnen die Welt, wie sie uns »erscheint«, die Welt der »Erscheinungen« oder »Phänomene«.

Die christliche Theologie kennt von daher eine Bedingtheit aller das individuelle Dasein ausmachenden körperlichen und geistigen Phänomene, wie dies ja auch von der modernen Naturwissenschaft (Kausalitätsgesetz) bestätigt wird. Gerade die Physik, aber auch die Psychologie unseres Jahrhunderts haben demonstriert, daß der Mensch – auf der Ebene der subatomaren Elementarteilchen ebenso wie auf der Ebene der vielfältigen Gehirnprozesse – nur als sehr *flüchtiges Augenblickswesen* adäquat verstanden werden kann. Freilich: die nicht mehr vorstellbaren Zahlendimensionen, mit denen diese Wissenschaften umgehen (zirka 13 Milliarden Jahre seit dem Entstehen der Welt oder zirka 15 Milliarden Nervenzellen im menschlichen Gehirn) scheinen eher die gewaltigen mythischen Zahlenreihen der buddhistischen Schriften zu bestätigen als die recht kurzfristigen der Bibel. Von daher kann man solch skeptische Fragen verstehen: Gibt es denn in Wirklichkeit überhaupt *»die Materie«*, die als hinter den Erscheinungen gedachte verborgene Wirklichkeit der Welt, die als Substrat oder Ding an sich zu verstehen wäre, oder gibt es eben doch nur unbeschreibbare subatomare Strukturen und Prozesse? Gibt es in Wirklichkeit jenes *»Ich«*, jenes überdauernde Subjekt aller Wahrnehmungen, Vorstellungen, Gedanken, Gefühle, Handlungen, oder eben doch nur eine Summe oder Verknüpfung von Wahrnehmungen und Vorstellungen (das Ich als längste aller Erinnerungsketten)?

Schon Immanuel Kant – auf ihn muß auch die Theologie immer wieder zurückgreifen – hat es in seiner Erkenntniskritik dargelegt: Unsere theoretische Vernunft erkennt nur diese Welt der »Erscheinungen« oder »Phänomene«, nicht die Welt an sich, wie sie in sich ist. »Welt«, »Ich« und auch »Gott« sind zwar erkenntnisregulierende Leitideen, ihre Wirklichkeit aber ist Glaubenssache; Sache eines vernünftigen Vertrauens würde ich weniger mißverständlich sagen. *Die Welt, wie sie uns* – abhängig vom Standpunkt des Beobachters – *»erscheint«*: Die moderne Atomphysik, die bei allen ungeheuren Fortschritten nicht das innerste Wesen der Materie selbst zu erkennen beansprucht, hat diese philosophische Einsicht Kants ebenso bestätigt wie die experimentell-naturwissenschaftlich arbeitende Psychologie, die bei allem Gewinn von Daten über psychische Vorgänge im Menschen trotzdem nicht vorgibt, das innerste Wesen der Person erkennen zu können. Kosmos, Atom und menschliche Person bleiben in ihrem Innersten »terra incognita«. Was bleibt übrig, als sich mit Interpretationsbegriffen, mit Symbolen, Formeln und Modellen an die Wirklichkeit heranzutasten, immer unter dem Vorbehalt, den Phänomenen damit noch keineswegs auf den

Grund gekommen zu sein. Das gilt für Natur- und Humanwissenschaften, das gilt aber auch für Philosophie und Theologie, das gilt für Buddhismus und Christentum.

Von daher stellen etwa die neuesten Arbeiten des amerikanischen Physikers Fritjof Capra eine unschätzbare Hilfe dar, auch wenn sie allzu exklusiv an einer Konvergenz westlicher Physik mit östlicher (hinduistisch-buddhistisch-taoistischer) Weisheit interessiert sind. Es ist beeindruckend, wie Capra in seinem für die Wissenschaft in der »Wendezeit« (»The Turning Point«, 1982) wegweisenden Buch »The Tao of Physics« (1975, ^{2}1983) in der Nachfolge von Max Planck, Albert Einstein und Werner Heisenberg für die *Komplementarität* von Analyse und Synthese, rationaler Erkenntnis und intuitiver Weisheit, Forschung und Moral, *Wissenschaft und Religion* und so für ein *postmodernes Paradigma* plädiert. Aber die von ihm konstatierte Komplementarität ist durchaus auch von einem westlich-christlichen Standpunkt aus erzielbar, wie dies mit anderen der physikalische Biochemiker und Theologe A. R. Peacocke (»Creation and the World of Science«, 1979) aufgrund neuester naturwissenschaftlicher Daten aufzeigte. Dabei ist das eine nicht unbedingt leichter als das andere. Denn um von der östlichen Weisheit her die Konvergenz aufweisen zu können, muß Capra von der ganzen bizarr-mythologischen Kosmologie des Ostens, die es in der geschichtlich orientierten jüdisch-christlichen Tradition so nun doch nicht gibt, abstrahieren und sich eklektisch und vage auf einige ausgewählte philosophische Aspekte östlich-mystischen Denkens konzentrieren, ohne dessen Komplexität und auch Widersprüchlichkeit immer genügend Rechnung zu tragen.

Nun läßt sich freilich nicht übersehen, und Capra weist hier in der Tat auf erstaunliche Parallelen hin: *Östliches Denken,* anders als das oft substanzhaft-statische Denken der griechisch-mittelalterlichen wie der neuzeitlich-kartesianischen Philosophie, hat von seinen Grundvoraussetzungen her sehr viel Sinn sowohl für die *grundlegende Einheit wie die innere Dynamik der Natur im Makro- wie im Mikrokosmos,* für jene allseitige Interdependenz und Interaktion aller Dinge, Ereignisse, Phänomene, wie sie die heutige Physik im subatomaren Bereich erforscht. Gerade die Elementarteilchenphysik (immer wichtiger geworden auch für die Molekularbiologie) versteht ja die Wirklichkeit nicht mehr als eine Ansammlung von im Prinzip gleichen physikalischen Objekten, sondern als ein endloses, untrennbares, komplex-dynamisches Beziehungsnetz, ein hochdynamisches System, das schon im subatomaren Bereich alle möglichen Differenzen, Kontraste und Gegensätze in einer komplementären Einheit umfaßt, das sich jedoch nicht durch objektive Beobachtung, sondern nur durch objektiv-subjektive Partizipation erkennen läßt: umschrieben mit Begriffen, die nicht Abbilder der Wirklichkeit, sondern Schöpfungen unseres Geistes sind, Teil der Landkarte, nicht des Landes selbst. Erscheint damit das aus mystischer Tradition kommende östliche Denken und besonders die Lehre von den Dharmas oder Gegebenheiten nicht von bestechender Rationalität? Weist es nicht eine offenkundige Affinität zum Naturverständnis heutiger Naturwissenschaft auf? Kann es nicht ohne metaphysische Voraussetzungen, ohne glaubensmäßige, von der Vernunft nicht überprüfbare Annahmen die Einheit des Menschen mit dem Kosmos wahrhaft ernst nehmen?

Umgekehrt ist das *Christentum* keineswegs von vornherein auf eine bestimmte physikalische oder philosophische Welterklärung festgelegt. Freilich hat die mittelalterliche Scholastik im Anschluß an Platon und Aristoteles eine sehr komplexe Akt-Potenz- und Materia-Forma-Lehre zur Erklärung dieser vergänglichen, kontingenten Werdewelt entwickelt. Aber auch die buddhistische Scholastik hat eine nicht weniger komplexe Spekulation über die vom Buddha verkündigte zwölfgliedrige Konditionskette der bedingten Entstehung ausgearbeitet. Von der modernen Wissenschaft her gesehen ist beides überholt. Beides braucht heute jedenfalls kein Hindernis zu einer Verständigung zwischen den beiden Religionen zu sein. Denn wie immer man Entstehung und Strukturen von Welt und Mensch physikalisch-psychologisch-philosophisch erklären will: solche Erklärungsmodelle müssen Christen und Buddhisten nicht letztlich trennen, wenn sie nicht mit universalem Wahrheitsanspruch vorgetragen werden. Und dies schon deshalb nicht, weil solche Spekulationen bei den Meistern selbst, beim Buddha und beim Christus, die beide nicht theoretisch-philosophisch, sondern existentiell-praktisch eingestellt sind, eine geringe Rolle spielen. Und so wie man grundsätzlich auch im Kontext einer indisch-ostasiatischen Philosophie Christ sein kann, so kann man Buddhist sein vermutlich auch im Kontext einer europäisch-amerikanischen Philosophie.

Doch bei allen möglichen Konvergenzen und Komplementaritäten in der philosophisch-naturwissenschaftlichen Wirklichkeitstheorie: buddhistisches Wirklichkeitsverständnis hat erhebliche Konsequenzen für das Verständnis der menschlichen *Person,* die von christlichen Voraussetzungen her schwerwiegende Probleme aufwerfen.

Denn westlich-christliches Denken – schon im Zusammenhang mit dem Hinduismus war es deutlich geworden – kann von einer anderen Auffassung von Geschichte her nun vielleicht doch ein tieferes Verständnis entwickeln für die Besonderheit der menschlichen Person im Gesamt des Universums. Kann man – fragt man sich gerade als christlicher Theologe – die Würde des Menschen ernst nehmen, wenn man ihm ein Ich abspricht?

Die Würde der menschlichen Person

Es ist im Buddhismus umstritten, wie man, im Kontext der Lehre von der gegenseitigen Abhängigkeit aller Dinge (Phänomene), besonders die sie ergänzende Lehre von der *Ichlosigkeit,* dem *Nicht-Ich* (»anātman«) des Menschen, zu verstehen hat. Selbst wenn diese Bestandteil der Lehre des historischen Buddha gewesen sein soll, handelt es sich bei ihm jedenfalls noch nicht um eine metaphysische Doktrin (was der Buddha grundsätzlich ablehnte), sondern um die ethisch-praktische Einladung zu einer Erfahrung: sich von der »Selbstbefangenheit« in dieser leidvoll-vergänglichen Erscheinungswelt in *»Selbstlosigkeit«* abzuwenden, sich von der Egozentrik des empirischen Ichs, das keinen Bestand hat und im Grunde »leer« und »nichtig« ist, zu lösen und durch die Einsicht in die Nichtigkeit aller Dinge (durch den »großen Tod«, wie man es später nannte, hindurch) die Erlösung zu erreichen.

Von dieser ethischen Perspektive her kann dann gesagt werden, daß auch dem Christentum solche Grundgedanken keineswegs fremd sind. Geht es nicht ursprünglich christlich um die Umkehr (»Metanoia«) des *ganzen* Menschen (ohne den griechischen Leib-Seele-Dualismus) von der Egozentrik seines Ichs (wie immer verstanden) zum wahren Selbst? Geht es nicht darum, in radikaler Veränderung des Bewußtseins (des »Herzens«) zu einer neuen Existenz vorzustoßen? Muß nicht, christlich verstanden, das phänomenale empirische Ich sterben, um so zum eigentlichen Leben des wahren Selbst zu gelangen? »Wer sein Leben verliert, wird es gewinnen« (Lk 17, 33). Ein Schlüsselsatz, der heutzutage im Dialog auch von manchen Buddhisten gerne zitiert wird.

Christliche Denker, die »Person« lange »individualistisch«, als ein in sich abgeschlossenes »Individuum«, verstanden haben, mühen sich heute um ein vertieftes, *relationales Personverständnis*, das heißt um ein Verständnis der menschlichen Person in Relation: als Beziehungswesen. Sie reagieren damit auf jenen fatalen westlichen Individualismus, der sich mit Berufung auf das Selbst und die Selbstverwirklichung (des Individuums, der Nation, der Kirche) in hohem Maße zerstörerisch für das menschliche Zusammenleben, für westliche Ökonomie, Politik und Kultur, ja, auch für Philosophie und Theologie ausgewirkt hat. Paul F. Knitter hat in seinem vorzüglichen Bericht »Horizons of Christianity's New Dialogue with Buddhism« (in: »Horizons« 8/1, 1981, S. 45) mit Berufung auf führende christliche Repräsentanten dieses Dialogs wie R. H. Drummond, C. Dunne, W. Johnston, P. Kreeft, Th. Merton, L. A. de Silva, D. K. Swearer auf eine nach allen Mißverständnissen überraschende christliche Übereinstimmung mit der Interpretation der buddhistischen Nicht-Ich-Lehre aufmerksam gemacht: »Sie anerkennen, daß der Buddhismus Christen die Möglichkeit eröffnet, zu wissen und zu erfahren, daß die wahre Wirklichkeit der menschlichen Person nicht darin besteht, ein ›Individuum‹ zu sein, eine gegebene Entität. Das wahre Selbst ist vielmehr radikal, wesentlich und beständig in Beziehung zum anderen Selbst und aller Realität; sein ›Sein‹ ist beständig das einer fortlaufenden ›Entstehung in Abhängigkeit‹; sein Sein ist relational. Deshalb ist das wahre Selbst ein selbstloses Selbst, das sein Selbst ständig verliert und findet in seiner Beziehung zu anderen!«

Darum also geht es: Ausbruch aus einem Ego-Bewußtsein und die Erfahrung eines nichtegoistischen Einheitsbewußtseins, wie es in der universalen Buddha-Natur des Mahāyāna zum Ausdruck kommt, wie es vielleicht aber auch biblische Aussagen und Bilder

(»in Christus sein«, »ich lebe, aber nicht ich, sondern Christus lebt in mir«, »mit Gott vereint sein«) in einem neuen Licht verstehen läßt. Ob man sich dabei als christlicher Theologe im Interesse einer (hier fragwürdigen) Verständigung mit dem Buddhismus auf gewagte Formeln christlicher Mystiker wie »die Seele *ist* Gott« oder »Gott ist meine wahre Identität« einlassen soll, ist freilich eine andere Frage. In jedem Fall, scheint mir, wäre es nötig, auch deutlich *kritische Rückfragen* an die buddhistische Position zu richten, damit sich nicht nur das christliche Menschenverständnis im Licht des buddhistischen, sondern auch das buddhistische Menschenverständnis im Licht des christlichen verändert.

In einem Prozeß »gegenseitiger Transformation« (John Cobb) müßten Christen immer wieder kritisch einbringen, warum sie nicht ohne weiteres bereit sind, die in der Alltagserfahrung nun einmal gegebene Wirklichkeit einer psychosomatischen Einheit des Menschen und eines individuellen Ich als bloße »konventionelle Wahrheit«, ja, als pure Illusion abzutun und ihr so nur ein geborgtes Scheindasein zuzubilligen. Das Ich ist gewiß nichts Festes, Greifbares, Statisches, Substantielles. Aber ist es deshalb nichts Wirkliches?

Aus buddhistischer Perspektive bemerkt Luis O. Gômez: »Ein Selbst, das sich nicht verändert, ein Selbst, das haben kann, was es will, und hat, was es behalten kann, ein Selbst, das wirkliche Dinge, Gedanken und Gefühle besitzt, dieses Selbst existiert – nach buddhistischer Lehre – offensichtlich nicht. Andererseits: ein Selbst, das in einem konstanten Fluß ist, das ein Zusammengesetztes ist aus Faktoren (geistigen, physischen, emotionalen), ein Konglomerat von Faktoren also, das moralischer Führung und Transformation – guter und schlechter – zugänglich ist, dieses Selbst existiert. Aber, wenn eigentlich verstanden, so ist dieses Selbst so verschieden von unserem Verständnis des ›Selbst‹, daß es genauer ist, von einem ›Nicht-Selbst‹ zu reden. Denn normalerweise – das heißt im Rahmen unserer Erwartungen und Verhaltensmuster – meint das Wort ›Selbst‹ einen unveränderlichen Kern ›inmitten‹ der Person . . .« (»›Original Buddhism‹. A Pedagogical Model«, in: »Udumbara« 1.4, 1982, S. 42).

Aber, fragt man sich hier nun doch, handelt es sich bei solcher Rede vom Nicht-Selbst nicht um eine unnötige verbale Radikalisierung? Schon in meiner Antwort auf die erste Buddhismus-Exposition habe ich darauf hingewiesen, daß es in der klassischen Theravāda-Meditation, in der Satipatthāna-Methode, um Erfahrungen geht, die auch anders, weniger negativ, interpretiert werden können. Und Winston King, seit Jahrzehnten im Dialog mit Theravāda-Buddhisten, führte im Rahmen einer East-West Encounter Conference über »Paradigmenwechsel in Buddhismus und Christentum« an der University of Hawaii im Januar 1984 aus: »Es gibt in der Tat ein nicht anerkanntes, aber funktional genuines ›implizites Selbst‹ von entscheidend wichtigen Proportionen geradezu in der Mitte des Theravāda-Nicht-Selbst, welches dieser Lehre ihre rettende und erleuchtende Bedeutung gibt«: »Ob dies ein ›Selbst‹ genannt wird oder nicht, ist im wesentlichen unwichtig. Theravāda-Buddhisten würden dies gewiß nicht tun. Aber eine Fähigkeit, das gewöhnliche Selbst als ein Nicht-Selbst anzusehen, als eine bloße Reihe von Ereignissen, sub specie aeternitatis oder sollten wir hier sagen sub specie Nibbanis, ist absolut notwendig und faktisch funktionell sogar im Theravāda anerkannt. Und von großer Bedeutung ist die Tatsache, daß diese Fähigkeit, sich über den Fluß der eigenen, spezifischen Selbstheit zu erheben und sie als solche zu betrachten, die Essenz jeder Erleuchtung ist.« Angesichts solcher »Kombination des Unkombinierbaren« (»die Lehre vom ›Nicht-Selbst‹ und der beinahe instinktive Glaube an ein Selbst«) drängen sich Überlegungen auf, die für Buddhisten Anlaß zu selbstkritischen Rückfragen sein könnten:

1. Historisch betrachtet, wurde das individuelle Ich des Menschen – kompetente japanische Forscher wie der Religionsphilosoph Yoshinori Takeuchi (»The Heart of Buddhism«, 1983) haben es dargelegt – erst in einer späteren Phase der buddhistischen Lehrentwicklung ganz als in psychosomatische Gegebenheiten oder Daseinsfaktoren (dharmas) aufgelöst betrachtet, so daß man buddhistischerseits künftig von einem »Subjekt« gar nicht mehr sprechen wollte.

2. Doch von den Pudgalavādins im 3. vorchristlichen Jahrhundert angefangen bis heute gab es immer wieder buddhistische Interpretationen, die gegenüber den extremen Formulierungen des buddhistischen Nicht-Ich-Dogmas doch dem »gesunden Menschenverstand« Genüge tun wollten und die zusammen mit den

unpersönlichen Dharmas so etwas wie eine Person annahmen und dies auch aus den heiligen Texten durchaus beweisen konnten: eine Basis für die verschiedenen Prozesse in einer mit sich selbst identischen Person.

3. Die altindische Wiedergeburts- und Karmanlehre – dies war schon immer eine besondere Schwierigkeit für den Buddhismus – scheint ein kontinuierliches Subjekt zu fordern. Wie soll Identität ohne ein Ich bewahrt werden können? Kann das Karman – auch in seinen philosophischen Ausdeutungen (als Karmanbündel, Formation grundlegender Dispositionen, Faktoren, innerer Charakter) – die persönliche Existenz ersetzen?

4. Philosophisch betrachtet, ist von der Kantschen Kritik her nicht nur eine Verneinung, sondern auch die Bejahung eines Ichs durchaus möglich, ja, aus ethischen Gründen (von psychologisch-psychoanalytischen ganz zu schweigen) sogar geboten.

Zugespitzt heißt die Rückfrage: Sollten buddhistische Denker in kritischer Rezeption eigener und fremder Traditionen nicht deutlicher als bisher eine Anthropologie zu begründen suchen, in deren Zentrum die auch vom Buddha selbst so geachtete *Würde des Menschen* zu stehen hätte? Und müßte im vollen Bewußtsein, daß der Mensch gewiß nur als allseitig bedingtes Beziehungswesen im Gesamt allen Lebens und des ganzen Kosmos adäquat verstanden werden kann, nicht doch auch im Buddhismus die Problematik des unverwechselbaren, unantastbaren Ich des Menschen mit Herkunft und Zukunft insbesondere unter ethischem Aspekt stärker reflektiert werden? Ist nicht in unserem Jahrhundert in einem entchristlichten Europa, aber auch in Japan und China deutlich geworden, wie leicht ein totalitäres (ob feudal-militaristisches oder proletarisch-kommunistisches) System seine eigene Macht an die Stelle des ignorierten, geleugneten, verdrängten Ich setzen kann, wie leicht Identität und Würde des Menschen den Interessen einer absolutistischen Machtpolitik geopfert werden können? Ist nicht ebenso deutlich geworden, wie leicht auch in demokratischen Systemen Ich-Schwäche, gar Ich-Negation eben doch unkritische Assimilation an herrschende Trends, opportunistische Kompromißhaltung, alles tolerierende Kritiklosigkeit und mangelnde Widerstandskraft gegen Unrecht und Oppression nach sich ziehen?

Wenn auch das Christentum in seinem Einflußbereich (Staat *und* Kirche) solche dehumanisierenden Herrschaftspraktiken nicht verhindern konnte und sich im Zeichen der Entchristlichung auch hier totalitäre Systeme durchzusetzen vermochten, so kann es von seiner eigenen Tradition her vielleicht doch leichter Kriterien eines qualitativ anderen Menschenbildes entwickeln. Christentum kann von seinen eigenen Voraussetzungen her im Namen des einen wahren Absoluten gegen alle Absolutsetzungen des Relativen aufstehen, kann im Namen des die personale Würde des Menschen begründenden Gottes gegen jegliche Entpersönlichung des Menschen, jegliche falsche Selbstverleugnung und Ichpreisgabe in Staat *und* Kirche protestieren. Denn von einem kritisch reflektierten biblischen Gottesverständnis her wird ein Menschenverständnis angeboten, das, so scheint mir, auch von Buddhisten beachtet zu werden verdient: Dadurch, daß der Mensch sein empirisches Ich im Absoluten begründet sein läßt, wird sein eigenes neues Selbst wahrhaft konstituiert. Das heißt: der Mensch wird nicht mehr in Selbstverhaftetheit sein wahres Selbst verkennen (Unwissenheit) und verfehlen (Begehrlichkeit), sondern wird, in Freiheit von Selbstsucht, im Absoluten das wahre Selbst, seine wahre Identität, finden. Denn nach biblischem Verständnis löscht die Begegnung mit dem Absoluten das Selbst des Menschen gerade nicht aus, sondern richtet es auf.

Aber – die kritische Frage wird natürlich sofort laut – was soll für einen Buddhisten die Rede von einem Absoluten, gar Gott, wo doch alles und jedes ohnehin »leer« ist? Die direkte Konfrontation mit dieser Frage ist nun unumgänglich, und wir wollen in Vorbereitung auf den Dialog die Position des Buddhismus in dieser Frage uns noch einmal in ihrer ganzen Radikalität vor Augen führen – in Aufnahme und Weiterführung dessen, was wir in der Exposition bereits gehört haben. Damit kommen wir zum wohl schwierigsten Punkt des buddhistisch-christlichen Dialogs, an welchem manche keine Brücke sehen, und ich bitte um Verständnis dafür, daß die Problematik, die wir hier so behutsam wie möglich angehen wollen, jedermann eine nicht geringe denkerische Anstrengung abfordert. Haben wir uns hier doch gerade mit dem unbequemsten und radikalsten buddhistischen Denker, der die ganze Folgezeit beeinflußt hat, auseinanderzusetzen.

Daß alles leer sei, alle Dinge ohne Wesen und Substanz, nur Traum, nur Schein, nur Māyā seien: dies war die Lehre des kühnen, legendenumwobenen indischen Weisen *Nāgārjuna* im 2. Jahrhundert nach Christus. Auch dies gehört zum Paradigmenwechsel vom Shrāvakayāna zum Mahāyāna: Der im Pāli-Kanon nur an wenigen Stellen vorkommende Begriff »Shūnyatā«, »Leere«, »Leerheit«, wird nun für den »Shūnyavāda«, die Schule oder »Lehre vom Leeren«, zum Zentralbegriff. Freilich, auch dieses erste entwickelte Mahāyāna-System versteht den Begriff der »Leerheit« keineswegs rein negativ, gar nihilistisch. Er wird vielmehr nur als dialektischer richtig verstanden: Schlüsselbegriff einer Philosophie nicht des reinen Nichts, sondern des Werdens – in der Schwebe zwischen Sein und Nichts. Nāgārjuna – von Karl Jaspers unter »Die großen Philosophen« (1957) aufgenommen – vertritt in bewußtem Anschluß an den Buddha programmatisch einen *»mittleren Weg« (= Mādhyamika)*: und zwar nicht nur zwischen den Extremen von Hedonismus und Asketismus, sondern auch von Affirmation und Negation, von Sein und Nicht-Sein! Nur über die Erkenntnis der »Leere« oder »Leerheit« aller Dinge, nur dadurch, daß der Mensch alle bestimmten Absichten, Standpunkte, Kategorien aufgibt, gelangt er zum Nirvāna.

Dieses Aufgeben »erzwingt« Nāgārjuna, der sich als konsequentester Schüler Buddhas verstand, nun mit Hilfe einer höchst raffinierten Dialektik: eines oft waghalsigen Denkens durch Gegensätze und Widersprüche hindurch, mit Hilfe einer sich ständig überschlagenden Widerlegungstechnik. Das Ziel ist aufzuweisen, daß sämtliche Aussagen und Theorien über die Wirklichkeit widersprüchlich sind und ad absurdum geführt werden können, was die Denkbewegungen dieses Mannes ebenso tiefsinnig wie unverständlich erscheinen läßt. Wer etwa von der klassischen griechischen *Zwei-Schritt-Dialektik*, die dem Menschen klarmacht, daß es in Wirklichkeit nicht so, sondern anders ist, zur Hegelschen *Drei-Schritt-Dialektik* kommt, die ihm klarmacht, daß es in Wirklichkeit so, aber auch anders und deshalb so *und* anders ist (so beginnt Hegel seine »Logik« mit der Dialektik von Sein, Nicht-Sein und Werden), der ist zunächst verwirrt. Doch selbst der an der

Hegelschen Dialektik Geschulte ist nun seinerseits verwirrt, wenn er sich mit Nāgārjunas *Vier-Schritt-Dialektik* konfrontiert sieht, die alle vier Möglichkeiten verneint: daß es in Wirklichkeit so ist; daß es anders ist; daß es sowohl so *und* anders ist; daß es *weder* so *noch* anders ist. Auf diese Weise wird erreicht, daß dem logischen Denken sämtliche Ausgänge versperrt sind, so daß es schließlich erstickt und aufgibt.

Welches Interesse verfolgt Nāgārjuna (und von ihm geprägt viele Mahāyāna-Denker bis hin zum japanischen Zen) mit dieser bewußt provozierenden, ebenso variantenreichen wie spitzfindigen Logik? Warum dieser »Selbstverbrennungsprozeß« des Geistes (Jaspers), in welchem das logische Denken sich selbst verzehrt? Es gibt nur einen Grund: Der Mensch soll frei werden von der *konventionellen, beschränkten, verhüllten Wahrheit der Erscheinungswelt,* deren Wesen die *»Leerheit«* ist: die »Leerheit« so verstanden, wie Frederick J. Streng in seiner eindringlichen Studie (»Emptiness«, 1967) aufgezeigt hat, als »Mittel einer letzten Transformation«, die nicht eine letzte Wirklichkeit (Gott) meint, wohl aber (epistemologisch) »Erleuchtung«, (psychologisch) »Freiheit« und (kosmologisch) »Bezogenheit« auf alle Dinge, was alle Absolutsetzungen ausschließt. Der Mensch soll frei werden für die *höchste, religiös-mystische Wahrheit,* die sowohl das mythische Denken wie die metaphysische Spekulation übersteigt, die dem Menschen aber nur im Akt der Versenkung aufzugehen vermag. So überwindet sich der begreifende Verstand durch sich selbst: Der Mensch wird offen für die letzte Wahrheit, jenseits allen Redens und Denkens, erreichbar nur im Akt des Schweigens.

Auf diesem »mittleren Weg« des »abhängigen Entstehens« (und Vergehens) und der »Leere« (zwischen Sein und Nichtsein) können dann auch die vier *»edlen Wahrheiten«* des Buddha in ihrer ganzen Tiefe verstanden werden: das Entstehen und Vergehen aller Dinge, das Leiden, das auf die »Leere« aller Dinge verweist. Nur im Durchschauen der »Leere« ist eine Überwindung des Leidens möglich. Ja, nur weil die Dinge »leer« sind, gibt es überhaupt den Buddha und seine Lehre; und auch der Buddha, seine Lehre und sein Sangha dürfen nicht verabsolutiert werden; werden doch auch sie schließlich, wenn der Mensch den Trug der vielfältigen Erscheinungswelt nicht mehr wahrnimmt und im Nirvāna zur

Ruhe kommt, so überflüssig sein wie das Floß am rettenden Ufer. »Alle Wahrnehmung hört auf, die Vielfalt kommt zur Ruhe, und es herrscht Friede. Nirgends ist irgendwem von Buddha irgendeine Lehre verkündet worden«, so Nāgārjuna über das Nirvāna in seinen »Merkversen der mittleren Lehre« (Kap. 25, 24).

Die »Leere« – negativ oder positiv verstanden?

Es hätte hier wenig Sinn, wie andere Kritiker gegen Nāgārjunas *logische Konsequenzmacherei,* die alle Beziehungsbegriffe wie Ursache-Wirkung zu »unmöglichen« Widersprüchlichkeiten erklärt, im einzelnen zu argumentieren. Selbst die kompetentesten und wohlwollendsten westlichen Interpreten sprechen von »offenbaren logischen Fehlern« (K. Jaspers, S. 944) und von »Schlüssen Nāgārjunas, die sich doch zum größten Teil als anfechtbare Trugschlüsse erwiesen« (E. Frauwallner, »Die Philosophie des Buddhismus«, 1956, S. 221). Aber andererseits darf nicht übersehen werden: Bei seinen aufhebenden Gedankengängen handelt es sich um »logische Notwendigkeiten, die sich in der Konsequenz des Unmöglichen, nämlich des Aussprechenwollens absoluter Wahrheit, ergeben« (K. Jaspers, ebd.).

Doch geht es Nāgārjuna überhaupt um absolute Wahrheit? Als eine Hauptschwierigkeit im Dialog über buddhistische Zentralbegriffe erweist sich immer wieder: sie werden von Buddhisten selbst völlig verschieden, ja, oft diametral entgegengesetzt interpretiert. Was sich schon beim Nirvāna zeigte, zeigt sich auch beim Begriff der »Leerheit«, der in den ersten zwei großen philosophischen Schulrichtungen des Mahāyāna-Buddhismus (wie sie die Exposition aufgewiesen hat) sehr verschieden verstanden wird. Es gilt, *beide* Optionen zu überlegen:

Wer will, kann die »Leerheit« mit Nāgārjuna und den Mādhyamikas völlig *negativ* verstehen: Dann sind alle Wesen und Gegebenheiten des Alltags aus höherer Sicht »leer«, weil sie entstehen und vergehen, weder existieren noch nicht existieren, jedenfalls nicht »sind«; dann sind alle positiven Aussagen unmöglich; dann ist die Frage nach dem Absoluten falsch gestellt und völlig nutzlos: eine Projektion, Fiktion, Illusion. Was also?

Nie wird jemand einen Vertreter solcher »Mystik« (etymologisch: die Lippen »schließen«) zwingen können, den Mund zu öffnen und eine positive Aussage zu machen – außer natürlich der einen, daß es keine positiven Aussagen gibt. Ob es hier, ähnlich wie beim ersten griechischen Skeptiker (und Begleiter Alexanders auf dem Indienfeldzug!) Pyrrhon – der abweichend von der griechischen Tradition in allen theoretischen Fragen für Stimm-»Enthaltung« (epoché) plädierte und in der Praxis für jene Unerschütterlichkeit (ataraxía), die nach ihm allein zum Glück führt –, nicht doch um einen dogmatischen Standpunkt geht, der letztlich (bei aller subtilen Dialektik) zur Dialogunfähigkeit führt? Ein »mittlerer Weg«, der in der Dialektik von Affirmation und Negation (anders als der Buddha selbst in seiner metaphysischen Abstinenz) schließlich doch die Affirmation aufgibt und sich – einseitig apophatisch – auf das Extrem der Negation fixiert? Als ob nicht gerade die »Leerheit« der Wesen und Gegebenheiten, gerade ihr Schweben zwischen Sein und Nichtsein Fragen wie die nach dem Woher dieses Schwebens wachriefe. Wenn die »Leerheit« schon nicht nihilistisch als Nichts verstanden werden darf, warum ist überhaupt etwas und nicht nichts? Mit anderen Worten: sind diese Wesen und Gegebenheiten vielleicht gerade deshalb »leer«, besitzen sie vielleicht gerade deshalb kein Sein, weil sie allesamt nicht aus sich selbst sind, sondern – in differenzierter Weise – mit dem einen Absoluten identisch? Gerade dies ist die Lehre der zweiten (späteren) großen Mahāyāna-Schule, der Yogācāras. »Freilich ist die Brücke vom Nichtsein zum Übersein in aller Mystik leicht geschlagen«, hatte schon Max Weber festgestellt (»Gesammelte Aufsätze zur Religionssoziologie«, 1920, Bd. II, S. 232).

Denn wer will, kann diese »Leerheit« mit der Yogācāra-Schule auch *positiv* verstehen: Dann sind alle Wesen und Gegebenheiten Ausdrucksformen des einen unaussprechlichen höchsten Seins, welches das einzig wirkliche ist; dann steht die Frage nach dem Absoluten – nach dem fleckenlosen leuchtenden reinen Geist, der als »Element« die Gegebenheiten und auch die Buddhas konstituiert – selbstverständlich im Mittelpunkt des Interesses.

Auch hier gilt analog: Nie wird jemand einen Vertreter des Yogācāra dazu bringen können, diese Frage als nutzlos oder auch nur als falsch gestellt zu bezeichnen. Ist es da verwunderlich, daß, wie wir in der Exposition vernahmen, schon in der Blütezeit der Yogācāra-Schule in Indien die Verschmelzung von Mādhyamika- und Yogācāra-Tradition einsetzte und sich die »neue« (aber vom indischen Standpunkt her gesehen uralte) Auffassung vom Absoluten durchsetzte? Denn dies haben die Nachfolger Nāgārjunas deutlich gemacht, sofern sie nicht dem totalen philosophischen Skeptizismus anheimfielen: All die Negationen schließen eine *Affirmation* ein. Verneinung ist nicht Ziel, sondern Mittel, um die untergründige Realität, den transzendenten Grund von allem und zugleich die wahre Natur der Dinge als Norm für Wahr und Falsch aufzudecken. Der große Kritiker Nāgārjunas, der Vedanta-Philosoph Shankara im 8. Jahrhundert, der so viel von Nāgārjuna gelernt hat (ein »Kryptobuddhist«), hält es für konsequent, von der »Leerheit« der Erscheinungswelt weiterzuschreiten zum wahren Sein des Brahman; er seinerseits ist dann (wie wir im Zusammenhang mit dem Hinduismus hörten) von Rāmānuja im Sinn eines differenzierten Nichtdualismus, einer differenzierten Einheit von Absolutem und Welt, korrigiert worden. Und wenngleich die Buddhisten selbst ein »Brahman«, einen »Gott« ablehnten, so doch in ihrer Mehrheit keinesfalls die Transzendenz, das Unbedingte überhaupt.

Entscheidend hat die Yogācāra-Schule – so hörten wir – zur Prägung des ostasiatischen Buddhismus beigetragen und insbesondere die japanische Auffassung der »Leerheit« und des Absoluten bestimmt. Man fragt sich: Ist das aber noch der ursprüngliche Buddhismus? Die Antwort liegt nahe, und sie gilt auf ihre Weise auch schon für die Schule der Mādhyamikas: Es ist jedenfalls ein neues Paradigma von Buddhismus.

Das Absolute Sein?

Viele Mißverständnisse der buddhistischen Lehre wären im Westen vermieden worden, hätte man bedacht, daß Worte wie »Leerheit« (oder das in der modernen japanischen Kioto-Schule Kitaro Nishidas und Keito Nishitanis mit Vorliebe gebrauchte »Nichts« oder »Absolute Nichts«), die in unseren modernen Sprachen einen rein negativen Sinn haben, in den östlichen durchaus positiv gelagert sein können. Ähnlich etwa, wie für uns das Wort »Schein« nicht nur einen negativen (»alles nur Schein – nicht Sein«), sondern auch einen positiven Sinn (»der Sonne warmer Schein«) haben kann. Ähnlich wie andere negative Ausdrücke (etwa der »Unbegreifliche«, »Unaussprechliche«, »Unsagbare«), angewandt auf die Wirklichkeit Gottes, kann »Leerheit« (oder »Nichts«) einen durchaus positiven Sinn annehmen. So ist denn – angewandt auf Aussagen über die Wirklichkeit des Absoluten – das für uns negativ klingende Wort »Leerheit« (oder auch »Nichts«) durchaus vereinbar mit dem ebenfalls negativ formulierten, aber positiv gemeinten Wort »Unaussprechlichkeit« (»ineffabilitas«). Beide Wörter meinen dann nicht Bestreiten und Leugnung dieser Wirklichkeit, wohl aber die Relativierung aller sie einschränkenden Gedanken, Vorstellungen und Aussagen.

Wenn also das Absolute mit der »Leerheit« (dem »Nichts«) identisch und doch nicht nichts ist, dann drängt sich eine *Rückfrage* bezüglich der Bestimmung dieser letzten Wirklichkeit, dieses Absoluten, auf. Auch nach *christlichem Verständnis* ist das Absolute nichts Seiendes, auch nicht das höchste Seiende. Aber warum soll man nicht – zumindest auch! – sagen dürfen: Das Absolute ist das Absolute *Sein* oder das *Sein*-Selbst? Damit würde man dem Absoluten gerade nicht – wie Nāgārjuna in einem verengten Seinsverständnis meint – Entstehen und Vergehen, sondern reines, beständiges, ewiges Sein zuschreiben.

Der japanische Buddhist Masao Abe hat, im Geiste Nāgārjunas und der Kioto-Schule, gegen den christlichen Theologen Paul Tillich geltend gemacht, Gott müsse nicht nur jenseits von Essenz und Existenz, persönlich und unpersönlich, sondern auch jenseits von Sein und Nichtsein gesehen werden. Das kann man nur sagen, wenn man Sein eingeschränkt (als vergängliches Sein) versteht. Wenn man aber die Begriffe umfassend und nicht eingeschränkt versteht: was ist dann jenseits von Sein und Nichtsein? Jenseits von Sein, umfassend und nicht verengt verstanden, ist nur Nichtsein; jenseits von Nichtsein nur Sein. Und auch Abe sagt: Das Absolute Nichts (das Nirvāna als das absolute Mu) sei »absolute Negation«, also auch »Negation der Negation«, und deshalb »absolute Affirmation« (nach Hegel, von dem diese Begriffe übernommen sind, ist die Negation der Negation sogar die Macht des Lebens).

Gerade hier muß die Rückfrage im Interesse eines echten Dialogs gestattet sein: Wieso die absolute Affirmation ausschließlich als »Nichts« bezeichnen, wenn doch nicht nichts gemeint ist? Wäre es nicht weniger mißverständlich, das Absolute zumindest *auch* als das Absolute Sein oder Sein-Selbst zu bezeichnen: die »Leerheit« *auch* als »Fülle«, die »shūnyatā« *auch* als »pléroma«? Oder läßt buddhistischer Traditionalismus eine Alternative nicht zu, obwohl – auf dieser buddhistischen Traditionslinie – das »Nichts«, die »Leerheit«, der Sache nach schon längst nicht mehr rein negativ das wunsch- und leidlose Verlöschen meinen, sondern höchst positiv die wirkliche Wahrheit und höchste Wirklichkeit, das Gute und die einzige Erfüllung unseres Lebens? – Aber der Buddhist wird hier von seinen Grundvoraussetzungen her Schwierigkeiten haben: Solche Aussagen scheinen den Gottesbegriff zu implizieren. Und dies vor allem ist es, was der Buddhist, so scheint es, nicht annehmen kann. Nicht umsonst schließlich wird der Buddhismus sehr oft als atheistisch bezeichnet.

Der Buddhismus – atheistisch?

Nichts befremdet Christen am Buddhismus so sehr wie die Auskunft, der Buddhismus sei Religion ohne Gott. Wie denn? Kann eine Religion ohne Gott noch Religion sein? Kennt aber der Buddhismus wirklich keinen »Gott«? Wir müssen näher zusehen und differenzieren lernen.

Was philosophisch orientierte Einführungen in den Buddhismus manchmal übergehen: Der *real* gelebte Buddhismus kennt durchaus »Gott«, ja, eine schon aus der (indischen oder einer anderen) Volksreligion übernommene *Vielzahl von Göttern*: jene personifizierten Naturkräfte oder vergöttlichten Könige und Heilige, die um Schutz und Hilfe angefleht werden. Der Buddha hielt die Götter (»devas«) für wirklich, wenngleich auch Geburt und Wiedergeburt unterworfen. Da sie aber eine Existenzform weit über dem Menschen haben, ist es für den Buddha völlig konsequent, die Hilfe der Götter für innerweltliche – nicht auf die Erlösung bezogene – Angelegenheiten (Regen, Kindersegen) zu erwirken. Anders gesagt: auch Götter kommen und gehen – je nach der

Dauer des Karman. Und sie sind zahlreichen Stellen des Pāli-Kanons zufolge zu verehren. So gesehen, treffen wir im Raum des Buddhismus gerade nicht auf strengen Atheismus, sondern auf einen – oft massiv-magischen – *Polytheismus.*

Wie aber, wenn mit »Gott« der eine *persönliche höchste Gott, Weltschöpfer und Weltlenker* gemeint ist, der wie der Gott Brahman stolz oben auf der Götterpyramide thront und ebenfalls dem Werden und Vergehen unterworfen ist? Hier bekennt der Buddha seine *Indifferenz*: Ganz auf die Erlösung des Menschen vom Leiden konzentriert, lehnt er bekanntlich Antworten auf spekulative Fragen wie die nach Gott und dem Ursprung der Welt ab. In diesem Sinne, auf dieser Ebene, ist der Buddhismus, wenn nicht *atheistisch,* so doch entschieden *agnostisch.*

Christen, die im Gespräch mit Buddhisten auf die Anerkennung eines persönlichen »Gottes« hinweisen, machen sich oft gar nicht klar, wie belastet der (auch von Christen meist allzu anthropomorph gebrauchte) Begriff »Gott« für buddhistisches (und nicht nur buddhistisches) Verständnis ist: oft offenkundig eine Projektion des Menschen und eine Illusion, nur ein allerhöchstes Seiendes unter anderen Seienden. Allzu rasch haben Christen das buddhistische Schweigen vor dem Absoluten mit eigenen Worten aufzufüllen getrachtet. Daß ein solches Gottesverständnis, eine solche Praxis des Gottesglaubens ein Gespräch mit dem Buddhismus schon im Ansatz vereitelt, liegt auf der Hand.

Ob man aber mit einem geläuterten, vertieften Gottesverständnis in diesem Dialog weiterkommt? Wenigstens so weit, daß die christlicherseits gemachten theologischen Affirmationen buddhistischerseits nicht von vornherein als inadäquat abgetan werden können? Trotz der Affirmationen – wenn nicht ein »Mehr«, so doch auch nicht ein »Weniger« an Tiefe, Komplexität und Selbstbescheidung?

Ja, das Gespräch mit dem Buddhismus hätte zu klären, ob das, was Christen im Tiefsten mit »Gott« bezeichnen, nicht vielleicht *unter anderen Namen* doch auch im Buddhismus präsent ist. Unsere bisherigen Überlegungen zu Grundbegriffen wie »Nirvāna«, »Leerheit« und – darüber gleich mehr – auch »Dharma« haben uns hier schon wertvolle Anhaltspunkte geliefert, die sich leicht auf unsere Frage hin zuspitzen lassen.

a) »Leerheit«: Es ist bereits gezeigt worden, wie sich der Begriff der Leerheit im Mahāyāna immer mehr ins Positive gewendet hat. Hans Wolfgang Schumann hat die Entwicklung gut zusammengefaßt: »Die Leerheit – ursprünglich ein Ausdruck für das Fehlen einer Seele – wird im Mahāyāna zum wertmäßigen Positivum, zu einem Namen für das attributlose Absolute ... Allen Erscheinungen ist das Absolute inhärent; Samsāra und Nirvāna sind im Kern dasselbe. Als Erscheinung, d. h. im Scheinhaften, sind die Wesen verschieden und separat, in ihrer Leerheit als dem Absoluten sind sie identisch. Und da das Absolute zugleich Erlösung ist, sind sie essentiell auch erlöst, nur sind sich die meisten Menschen dessen nicht bewußt. Lediglich einer Änderung der geistigen Einstellung bedarf es zur Befreiung. Wer die Scheinhaftigkeit des Leidens erkannt und seine eigene essentielle Leerheit als identisch mit dem Absoluten = Erlöstheit eingesehen hat, den können die Fährnisse des Daseins nicht mehr berühren. Als weltüberlegener Weiser lebt er in innerer Freiheit und Heiterkeit dem Vollkommenen Verlöschen entgegen.« (»Buddhismus«, 1976, S. 209.)

Was sich in dieser »Leerheit« verbirgt, erfährt der Mensch nicht durch angestrengte Reflexion oder rationale Argumentation, sondern nur durch Meditation (Yoga), Erfahrung, Begegnung. Nicht der Spekulationsweg (Hegel: »Denken des Denkens«) ist das Höchste, sondern der Meditationsweg führt zum Letzten – und zwar schon jetzt. Denn auf der höchsten Stufe mystischer Erfahrung erkennt der Mensch: »Leerheit« – jenseits aller Begriffe und Worte – ist Ausdruck der tiefsten Wirklichkeit, des Absoluten, dessen, was die christliche Theologie »Gott« nennt.

b) »Nirvāna«: Es ist schon im Zusammenhang des Theravāda deutlich geworden, wie »Nirvāna« von den meisten Schulen als eine positive Wirklichkeit verstanden wurde. Im Mahāyāna nun wird das Nirvāna nicht mehr als eine nur jenseitig-zukünftige Wirklichkeit verstanden, sondern als eine schon jetzt das ganze Universum durchdringende einheitliche wahre Wesenheit: das Nirvāna nichts anderes als die »Leerheit«. »Das wahre Wesen des gesamten Daseins ist somit eine Wesenlosigkeit, sein Seit-jeher-zur-Ruhe-gekommen-Sein, sein Von-Natur-aus-immer-schon-erloschen-Sein, also das Nirvāna. Während die *Mādhyamikas* sich auf diese negative Bestimmung des ontologischen Aspektes des Nirvāna beschränken, verleihen ihm andere Mahāyāna-Schulen einen positiven Charakter und beschreiben es als ein höchstes Sein, das alle Erscheinungen als deren eigentliches Wesen durchzieht, oder gar als den in allen Lebewesen verborgenen, mit zahllosen Vorzügen und Wirksamkeiten ausgestatteten metaphysischen Aspekt des Buddha.« (L. Schmithausen, Sp. 855 f.)

c) »Dharma«: Gewiß ist der Dharma schon im Theravāda ein zentraler religiöser Begriff, der autoritative Lehre und Praxis umfaßt: die ewige Heilswahrheit, die den Menschen in dieser vergänglichen, leidvollen Welt zu retten vermag (so in der Nachfolge seines Lehrers W. C. Smith jetzt J. Ross Carter, »Dhamma«, 1978). Trotzdem erscheint es mir fraglich, ob Dharma schon im Theravāda ähnlich wie Nirvāna eine wahrhaft transzendente Wirklichkeit meint. Sicher jedoch ist im Mahāyāna die Idee des »Dharmakāya« – »Leib« (Kāya) der »Lehren« (Dharma) – ein Symbol für die letzte transzendente Wirklichkeit: ein Begriff, der mindestens so im Zentrum steht wie der der »Leerheit«, weil er sowohl die Substanz von Buddhas Lehren wie den Inhalt seiner Erleuchtung wie auch die Wirklichkeit, die er erfuhr, bezeichnet. Mit Berufung auf indische, tibetische und besonders chinesische Texte vermochte David W. Chappell (in Diskussion mit John Cobbs Verständnis der Leerheit) deutlich zu machen: »Buddhisten entwickelten die Lehre vom Dharmakāya und haben sie – als vollsten Ausdruck der Wahrheit – über die ›Leere‹ gestellt; sie glaubten, daß Dharmakāya gegenwärtig und offenbar werden könnte und wurde zum Wohl alles Lebenden in verschiedenen Formen; sie fanden deshalb, daß die angemessene Antwort die von ›Respekt, Verehren und Kultdienst‹, ja sogar die von Flehen und Gebet sei« (in: »Spirit within Structure«, ed. E. J. Furcha, 1983, S. 189).

Doch hat Chappell zu Recht gleichzeitig darauf aufmerksam gemacht, daß der Gebrauch von Dharmakāya in sehr verschiedenen Rollen dieses Wort »bisweilen zu einem fließenden und entbehrlichen Symbol gemacht hat, ungleich der machtvollen monotheistischen Assoziation des Gottes der Bibel, der befiehlt und vergibt« (ebd.). Aber die Mahāyāna-Buddhisten haben ja auch »a) eine Vielfalt von Symbolen für die letzte Wirklichkeit gebraucht, b) alle

Symbole der letzten Wirklichkeit als nur teilweise adäquat kritisiert und c) die persönliche Praxis ... als Hauptvoraussetzung, um die Wirklichkeit wahrhaft zu sehen, hervorgehoben« (ebd.).

Nirvāna, Leerheit, Dharmakāya manifestieren faktisch göttliche Qualitäten: eine andere Dimension jenseits oder in den Phänomenen, die wahre Wirklichkeit. Nirvāna, Leerheit, Dharmakāya haben – faktisch – eine Götterdämmerung heraufgeführt: Sie haben die Hindu-Götter als oberste Instanz ersetzt und doch keine anderen Götter – auch nicht den Buddha – an ihre Stelle gesetzt. Nirvāna, Leerheit, Dharmakāya erscheinen in diesem Sinn als Parallelbegriffe für das Absolute, die analoge Funktionen wie der Gottesbegriff erfüllen: Wäre von daher der Schluß völlig unerlaubt, daß das, was Christen »Gott« nennen, unter sehr verschiedenen Namen auch im Buddhismus, insofern er nicht prinzipiell jegliche positive Aussage verweigert, präsent ist?

Was im Christentum die eine unendliche Wirklichkeit am Anfang, in der Mitte und am Ende von Welt und Mensch ist, das erscheint im Buddhismus in verschiedenen Facetten und Benennungen, unterschieden nach verschiedenen Aspekten und Funktionen. Ob dann nicht auch eine Antwort gewagt werden kann auf die Frage der indonesischen Buddhisten, die, wie wir in unserer ersten Buddhismus-Exposition hörten, nicht wußten, was für sie Gott sei: ob das Nirvāna oder die Leerheit, ob der Dharma oder der Ur-Buddha? Auf dem Hintergrund des hier Entwickelten möchte ich die Antwort in einem Satz zu geben versuchen:
Wenn Gott wahrhaft das Absolute ist, dann ist er *dies alles in einem*:
Nirvāna, insofern er Ziel des Erlösungsweges ist;
Dharma, insofern er als Gesetz Kosmos und Mensch bestimmt;
Leerheit, insofern er sich allen affirmativen Bestimmungen immer wieder entzieht;
Ur-Buddha, insofern er der Ursprung von allem ist, was ist.

Ob sich – nach all den Darlegungen über Leerheit, Nirvāna und Dharmakāya im Vergleich zum christlich verstandenen Absoluten – bei allen Divergenzen nicht auch *Konvergenzen zwischen Christentum und Buddhismus* abzeichnen könnten? Es fehlt uns hier leider der Raum, um die verschiedenen buddhistischen Neuinterpretationen zu diskutieren, die solche Konvergenzen ihrerseits herausstellen. Neben den Stimmen aus dem japanischen Mahāyāna, insbesondere der Kioto-Schule, wäre im Theravāda vor allem der Thai-Mönch Buddhadāsa zu nennen, der in seinen viel beachteten Vorlesungen über »Christianity und Buddhism« (1967) die parallele Bedeutung und Funktion des ewigen, universalen, absoluten Dharma im Buddhismus und des jenseits von Raum und Zeit und allen Begriffen wie Vorstellungen zu denkenden Gottes im Christentum analysierte – allerdings immer unter der einen Voraussetzung, daß dieser christliche Gott nicht anthropomorph-personal verstanden wird, was nach Buddhadāsa keinem Buddhisten zuzumuten wäre.

Unerläßlich in der Tat ist hier die erneute Auseinandersetzung mit der schon im Zusammenhang mit dem Hinduismus kurz behandelten Problematik der Personalität oder Apersonalität der letzten absoluten Wirklichkeit. Eine erneute Anstrengung des Begriffs können wir uns hier nicht ersparen. Denn wenn es zu keiner Verständigung über dieses Problem kommt, so wird eine Verständigung über die Wirklichkeit des Absoluten zwischen Christen und Buddhisten immer sehr oberflächlich bleiben. Deshalb die direkte Frage:

Das Absolute – personal oder apersonal?

Um die Komplexität der Sache durchsichtig zu machen, versuchen wir in einer Art negativem Gedankenexperiment durchzuspielen, welche Auswirkungen die vier dialektischen Schritte Nāgārjunas auf unsere Problematik haben: Bejahung – Verneinung – Bejahung und Verneinung – weder Bejahung noch Verneinung. Dabei sei freilich von vornherein zugestanden, daß unser Interpretationsversuch – anders als die sich schließlich dogmatisch-apophatisch auf die Negation fixierende Lehre Nāgārjunas – den wahrhaft »mittleren« Weg sucht zwischen naiv-konventioneller Bejahung und skeptisch-oszillierender Verneinung: zwischen einem von den Mādhyamikas zu Recht abgelehnten »Eternalismus«, der das Absolute als eine abgetrennte unbeweglich-ewige Substanz versteht, und einem (von ihnen im Prinzip zwar abgelehnten, aber tendenziell doch sehr nahen) »Nihilismus«, der das Absolute – als in sich Seiendes eine »Fiktion« – in die »absolute« Erlösungserfahrung der »Dinge, wie sie sind«, hinein auflöst und so auch die Begründung einer positiven Ethik schwierig macht. Wie also sollen wir uns das Absolute denken, wenn wir, zwischen Affirmation und Negation, weder die Immanenz noch die Transzendenz des Absoluten aufgeben wollen?

Wir bestreiten *erstens*, daß das Absolute *personal* sei. Warum? Es wäre gar zu oberflächlich, das unendliche Eine zu einem Endlichen schrumpfen zu lassen: zu einer Art metaphysischer »Persönlichkeit«. Als ob das Ab-solute sich mit Hilfe eines klar umrissenen anthropomorphen Begriffs be-greifen ließe, als ob es Person wäre, wie für westliches Denken der Mensch Person ist. Das Allumfassende und Allesdurchdringende würde ja so zum Objekt, »über« das der Mensch verfügte, das er »in Worte fassen« könnte. Nein, das Absolute, das für christliches und buddhistisches Denken das Urziel aller Wirklichkeit (Erlösung) ist und das von daher schon jetzt jede einzelne Existenz verborgen bestimmt, kann nicht eine einzelne Person unter anderen Personen sein, die als »Über-Mensch« oder »Über-Ich« vorzustellen wäre. Das Absolute ist überhaupt kein Unendliches oder gar Endliches *neben* oder *über* Endlichem.

Wenn wir aber solche Personhaftigkeit des Absoluten bestreiten, behaupten wir dann nicht gleichzeitig dessen Apersonalität? Nein, wir bestreiten *zweitens*, daß das Absolute *apersonal* sei. Warum? Es wäre eine Herabsetzung, wollte man das Absolute zu einem neutralen »Prinzip« erklären. Als wäre das Absolute nur so etwas wie eine abstrakte »Weltformel«, ein gefühlloses Weltgesetz oder eine naturhafte Weltkraft. Dem widersprechen vielleicht auch manche der in buddhistischen Schriften gebrauchten und oft zitierten poetischen Ausdrücke für die letzte Wirklichkeit. Nein, so müssen wir hinzufügen, wenn Menschen das Absolute zu denken versuchen, dann wird es schlechterdings nicht unter menschlichem Niveau vorstellbar sein, nicht unter-personal, nicht unpersönlich. Ein Absolutes ohne Geist, ohne Freiheit, Freude, Seligkeit, Liebe wäre kein wahres Absolutes mehr.

Wenn wir aber beides bestreiten, das Absolute sei persönlich und sei unpersönlich, behaupten wir dann, es sei sowohl persönlich wie unpersönlich? Nein, wir bestreiten *drittens*, daß das Absolute *sowohl persönlich wie unpersönlich* sei. Warum? Weil das Absolute nicht zusammengesetzt ist, sondern ganz und gar einfach: kein Mixtum compositum aus personalen und apersonalen Elementen. Aus Person und Unperson kann nichts Sinnvolles entstehen. Als ob im Absoluten Form und Formlosigkeit, gleichsam quantifizierbar, addierbar wären. Nein, wenn wir das Absolute zu denken versuchen, dann nicht auf widersprüchliche Weise, als ob das Unpersonale einfach als personal und das Personale als apersonal bestimmt werden könnte.

Wenn wir so bestreiten, daß das Absolute sowohl persönlich wie unpersönlich sei, behaupten wir dann nicht, das Absolute sei weder persönlich noch unpersönlich? Nein, wir bestreiten *viertens*, daß das Absolute *weder persönlich noch unpersönlich* sei. Warum? Weil das Absolute zwar ganz und gar einfach, aber nicht inhaltslos ist. Als ob das Absolute als »Nichts« oder »Leere« im nihilistischen Sinn vorstellbar wäre. Nein, wenn Menschen das Absolute zu denken versuchen, kann dies nicht unter Absehung von Personalität und Apersonalität geschehen. Das Absolute umfaßt und sprengt doch beides zugleich. Was also?

Wer könnte übersehen, daß solche vierstufige negative Dialektik die Sprache an ihre Grenzen treibt und zu Paradoxen zwingt. Versucht wurde eine gefährliche Gratwanderung auf der Grenze von Anschaulichkeit und Unanschaulichkeit, Sagbarkeit und Unsagbarkeit, Faßbarkeit und Unfaßbarkeit. Eine Rede vom Absoluten, die nicht auch Rede von der Grenze der Sagbarkeit des Absoluten ist, wird leicht zum Geschwätz. Rede vom Absoluten bleibt nur dann adäquat, wenn sie sich im Bewußtsein der Dialektik von Zugriff und Entzug, Sprache und Sprachlosigkeit, Reden und Schweigen vollzieht: in äußerster Zurückhaltung vor dem, was nicht durch die selbstfabrizierten »Mysterien« der Theologen bestimmt, *sondern das Geheimnis dieser Wirklichkeit schlechthin ist.* Und in der Tat: wäre Schweigen vor dem Geheimnis nicht die durchaus angemessenere Grundhaltung? Ein Schweigen, das aus der Verneinung kommt, auf der der Osten so eindringlich insistiert und die nicht ständig durch Affirmation überspielt wird, wozu der Westen zweifellos neigt?

Gewiß, Sprache ist Grenze. Doch Sprache vermag auch Grenzen zu brechen. Sprache begrenzt, Sprache kann auch ent-grenzen, öffnen für das je größere Geheimnis. Und wenn diese unsere

Begriffe »persönlich« und »unpersönlich« auch nicht ausreichen, um das Geheimnis des Absoluten zu umschreiben, so sind sie doch nicht völlig sachfremd, nicht sinnlos. Sie bezeichnen für die christliche Theologie unabdingbare Dimensionen, die wir zusammendenken sollten, aber kaum zusammendenken können. Ein Musterbeispiel für das, was Nicolaus Cusanus die »coincidentia oppositorum« genannt hat: das Ineinanderfallen der Gegensätze – gleichsam das Erkennungszeichen des Absoluten. Ob nicht von hier aus eine strukturelle Ähnlichkeit sichtbar wird zwischen jener »Leere«, die für Buddhisten alle Gegensätze übersteigt, und jenem »Pléroma«, jener unendlichen »Fülle«, die alle Gegensätze umgreift?

Vom Ineinanderfallen der Gegensätze

Für den – von japanischen Buddhisten nicht umsonst so oft zitierten – großen Humanisten *Nicolaus Cusanus*, der als Kardinallegat 1437 in Konstantinopel nähere Bekanntschaft sowohl mit dem Islam wie mit der negativen (»apophatischen«) Theologie der Griechen, insbesondere des Pseudo-Dionysios, gemacht hatte, braucht es die »belehrte Unwissenheit«, die »docta ignorantia«, um Gott zu erkennen. Jegliche rein bejahende (affirmative) Theologie ohne verneinende (negative) Theologie macht aus Gott eine Kreatur unseres Verstandes, eine Projektion unserer Phantasie, ja, macht aus Gottesverehrung Götzendienst.

Nein, in Gott, dem Ursprung ohne Ursprung, fallen alle Gegensätze zusammen. Er ist die »coincidentia oppositorum«, er ist als Maximum auch das Minimum und überschreitet so Minimum und Maximum. »Vom Standpunkt der negativen Theologie«, sagt Nicolaus Cusanus, »findet sich in Gott nichts als Unendlichkeit. Ihr zufolge ist er darum weder in dieser noch in der künftigen Welt erkennbar, da jedes Geschöpf, welches das unendliche Licht nicht zu erfassen vermag, ihm gegenüber Finsternis ist. Er ist vielmehr nur sich selbst bekannt« (»De docta ignorantia« I, Kap. 26, S. 112 f.). Das bedeutet nach ihm für die Rede von Gott, »daß in theologischen Aussagen Verneinungen wahr und positive Aussagen unzureichend sind. Ebenso sind die negativen Aussagen um so wahrer, je mehr sie Unvollkommenheiten vom schlechthin Vollkommenen abwehren« (ebd.). Die Grundgedanken dieses seines Früh- und Hauptwerkes »Von der belehrten Unwissenheit« (1440) hat Nicolaus Cusanus immer wieder neu durchdacht und variiert, bis hin zu seinem Spätwerk, wo Gott höchst dialektisch in Identität und Differenz mit allen anderen als das »Nichtandere«, das »Non aliud«, bestimmt wird und gerade so als »Mitte der Mitte, Ziel des Zieles, Bezeichnung der Bezeichnung, Sein des Seins und Nichtsein des Nichtseins« (»Vom Nichtanderen«, S. 87, These 5).

Wir können hier nicht weiter auf die Metaphysik des Cusanus eingehen, die bis heute Denkmaßstäbe gesetzt hat. Ein kurzer melancholischer Seitenblick auf den »Lauf der Geschichte« sei indessen gestattet: Seltsam zu denken christliche Theologen hätten die eigene Tradition negativer Theologie nicht immer wortreich überspielt, sondern ernster genommen: Wieviel an Streit um Lehren, Dogmen, De-finitionen, Ab-grenzungen wäre im Lauf der Jahrhunderte überflüssig gewesen! Wieviel an vertieftem Verständnis wäre schon zu Beginn der Entdeckungen neuer Kontinente und Völker den fremden Religionen gegenüber möglich gewesen! Und wie hätten wohl die Gespräche mit japanischen Buddhisten ausgesehen, wenn die ersten Jesuitenmissionare statt mit scholastischen Gottesbeweisen mit der hochreflektierten Gotteserfahrung des Nicolaus Cusanus operiert hätten, dessen Schriften sie hätten kennen können?

Unser Gedankenexperiment im Anschluß an Nāgārjuna hat mit Hilfe von Negationen Grenzpflöcke eingeschlagen und Warntafeln errichtet. Will man mehr sagen, will man näher bestimmen, was »coincidentia oppositorum« im Blick auf das Problem der Personalität und Apersonalität des Absoluten bedeutet, kann man – auf der angezeigten Grenze von Reden und Verstummen – nur noch mit Grenzbegriffen arbeiten, die das Absolute nicht begrenzen, aber es freilich auch nicht im puren Schweigen belassen wollen. Ein solcher Grenzbegriff könnte, wenn man schon auf einen Terminus Gewicht legt, »überpersönlich« oder *»transpersonal«* sein, ein Begriff, der die Begriffe persönlich-unpersönlich umfaßt und doch sprengt und so im Unendlichen »aufhebt«.

Damit wäre eine denkerische, hermeneutische Grundstruktur

benannt, wie in einem Dialog östliches und westliches, buddhistisches und christliches, theistisches und a-theistisches Denken über das Absolute, über Gott, sich gegenseitig durchdringen können. Das Absolute transpersonal zu denken: dies wäre die bleibende Herausforderung an das christlich-westliche Verständnis Gottes, gleichzeitig aber auch an das buddhistisch-östliche Verständnis des Absoluten. Dazu einige elementare gedankliche Grundlinien:

Gott östlich – westlich verstanden

Nimmt der Westen die *Herausforderung des Ostens* ernst, wird dies seine Grundhaltung dem Absoluten gegenüber entscheidend bestimmen: mehr Respekt vor dem Unsagbaren, mehr fromme Scheu vor dem Geheimnis, kurz, mehr Ehrfurcht vor jenem Absoluten, das Christen, Juden und Muslime den einen wahren Gott nennen. Der Begriff der »Leere« wird dann auch christlich aufgenommen werden können: als Ausdruck für die »ineffabilitas« der Gottheit, die »Unaussprechlichkeit« Gottes. Auch der Westen wird so immer zum Ausgangspunkt seines Denkens machen: Gott als das Absolute ist und bleibt der Unbegreifliche, der per definitionem Undefinierbare, das Geheimnis der Wirklichkeit schlechthin. Nein, auch vom *Sein* her läßt sich sein Wesen nicht voll erschließen: Gott ist nichts von dem, was ist. Er ist kein Seiendes, er ist allem transzendent. Das hat Folgen für unsere Aussage über Gott: Das menschliche Denken gerät hier in einen Bereich, wo positive Aussagen (zum Beispiel »Gott ist gütig«) sich als unzulänglich erweisen. Ja, um wahr zu sein, bedürfen sie immer zugleich der Negation (»Gott ist nicht gütig« – auf menschlich-endliche Weise), um so schließlich ins Unendliche hinein übersetzt zu werden: »Gott ist unsagbar, unvermeßlich, unendlich gut, die Güte schlechthin.«

Wollte umgekehrt der Osten die *Herausforderung des Westens* ernst nehmen, so hätte er zu bedenken: Das Absolute übersteigt zwar alle Begriffe, Aussagen und Definitionen, ist aber doch nicht getrennt von Welt und Mensch, ist auch nach dem Verständnis des Ostens nicht außerhalb alles Seienden: Der Welt und dem

Menschen innewohnend, bestimmt es ihr *Sein von innen.* Und von da könnte auch der Buddhist vielleicht akzeptieren, daß das Absolute, daß Gott, wie ihn Christen verstehen, aus der ontologischen Differenz zwischen Sein und Seiendem heraus gedacht werden muß. Das heißt: Gott ist, aber er ist kein Seiendes, er ist vielmehr das verborgene Geheimnis des Seins: kein Über-Sein, sondern das geheimnisvoll Einigende *in* allem Seienden, das Sein-Selbst als Grund, Mitte und Ziel alles Seienden und allen Seins: allem immanent und transzendent zugleich. Das bedeutet für unser Reden von Gott, daß gerade negative Aussagen (»Gott ist nicht endlich«) eminent Positives besagen können: »Gott ist unendlich.«

Wie also das Absolute adäquat zu denken versuchen? So jedenfalls, daß es Welt und Mensch zugleich übersteigt und durchdringt: unendlich fern und uns doch näher als wir uns selbst; nicht greifbar auch bei erfahrener Anwesenheit; anwesend selbst bei erfahrener Abwesenheit; affirmativ durch alle Negationen hindurch. Ein Absolutes, das der Welt innewohnt und doch nicht in ihr aufgeht; das sie umgreift und doch nicht mit ihr identisch ist: Transzendenz in Immanenz! Jede Gottesaussage hätte demnach die Dialektik von Negation und Affirmation zu durchschreiten. Jede Gotteserfahrung hätte die Ambivalenz von Nichtsein und Sein, dunkler Nacht und hellem Tag durchzustehen.

Daß von Gott oder dem Absoluten nur in übertragenen Begriffen, Bildern, Vorstellungen, in Metaphern, Chiffren und Symbolen geredet werden kann, christliche Tradition hat dies nie bestritten. Auch das, was mit dem Begriff der *»Transpersonalität«* Gottes angezielt ist, übersteigt alle Vorstellungen. Und doch gilt es, sich der damit gemeinten Sache zu stellen. Denn das Absolute ist nach Auffassung auch vieler Buddhisten nicht etwas, was indifferent wäre oder den Menschen indifferent ließe, sondern was Menschen in befreiender und beanspruchender Weise unbedingt angeht. Die Religionen prophetischen Ursprungs jedoch gehen an diesem Punkt einen entscheidenden Schritt weiter. Denn »Transpersonalität« des Absoluten besagt jüdisch-christlich-islamischen Zeugnissen zufolge – und dies kann nach allen kritischen Reflexionen sozusagen in »zweiter Naivität« (P. Ricœur) aufgenommen werden –, daß Gott kein Neutrum ist, kein anonymes Es, sondern *Geist in schöpferischer Freiheit*: das Ineinanderfallen aller Gegensätze, die Uridentität von Gerechtigkeit und Liebe und so ein Gegenüber, das alle *zwischenmenschliche Personalität* umgreifend begründet. Das meint die Bibel: ein echtes Gegenüber, das keine transzendente Krücke für den unsicheren Menschen ist, das den Menschen nicht ständig kontrolliert und gängelt (eine von Buddhisten zu Recht kritisierte Verengung christlicher Gottesvorstellung), sondern das auf befreiende Weise menschenfreundlich, ja unbedingt verläßlich ist. Gott zugleich Ursprung, Halt und Vollendung des Menschen.

Konkret: wo andere nur unendliches Schweigen vernahmen, da berichten die jüdisch-christlich-islamischen Schriften vom Angesprochensein und der Inanspruchnahme des Volkes durch seinen Gott. Wo andere den echolosen Raum und die Leere erfuhren, durfte dieses Volk für sich und andere entdecken, daß das Absolute hörbar und anredbar ist, ein geheimnisvoll ansprechendes und ansprechbares *Du*! Dieser Gedanke, ja, diese Verheißung ist seither in allen Religionen semitischen Ursprungs unausrottbar, wenngleich sie im säkularen Westen oft vergessen und verraten wurde. Im Angesprochensein durch dieses Du vermag der Mensch seinerseits sein eigenes *Ich* in einer Würde zu erfahren, wie es im Osten kaum je gesehen wird, wie es aber auch kein westlicher säkularer Humanismus, keine fortschrittliche Technologie und auch keine kosmische Religiosität zu garantieren vermag.

Dies also ist gemeint, wenn Christen plädieren
für einen *Gott*, der sich den Menschen als Partner erwählt und ihn durch seine Anrede zum Du gemacht hat, der ihn durch sein Wort zur Ant-Wort herausgefordert hat, um ihn so in seine Ver-Antwortung zu stellen;
für einen *Menschen*, mit dessen Würde es unvereinbar ist, je als Futter für Bomben oder Experimente oder als Dünger für die Evolution mißbraucht zu werden.

Auf weitere Fragenkomplexe konnte hier noch nicht eingegangen werden, besonders auf die in der Exposition schon skizzierten buddhistischen Bewegungen wie Tantrismus, Zen und Amidismus. Wir werden uns den hier aufgeworfenen Fragen im Anschluß an die vierte Vorlesung über den Buddhismus zuwenden.

IV. Buddhismus und Gesellschaft: Buddhismus in unserer Zeit

1. Heinz Bechert: Buddhistische Perspektiven

Niedergang und Erneuerung

Wie wir schon erfahren haben, hat das Vordringen des Islam den Buddhismus im größten Teil Indiens vernichtet; gegen einen so gewaltigen Ansturm der Intoleranz waren die Buddhisten wehrlos. Im 15. und 16. Jahrhundert wurde auch die indonesische Inselwelt – mit Ausnahme von Bali – islamisiert. Nur in Zentralasien hat die Lehre des Erleuchteten noch einige Jahrhunderte lang an Verbreitung gewinnen können. Seit dem 16. Jahrhundert erschien dann eine neue Bedrohung auf der Bühne der Weltgeschichte, nämlich das Christentum, das bekanntlich eine unheilige Allianz mit den Mächten der kolonialen Ausbeutung eingegangen war. Zwangsbekehrungen größeren Stils gab es in den von den Portugiesen eroberten Küstengebieten der Insel Ceylon. Als dann die holländische Verwaltung 1785, in der Zeit der Aufklärung, die Religionsfreiheit wiederherstellte, kehrte der größte Teil der Singhalesen zur Religion ihrer Vorfahren zurück. Der Erfolg christlicher Mission in den buddhistischen Ländern blieb insgesamt minimal. Seit Beginn unseres Jahrhunderts hat der Buddhismus auch in Europa und Nordamerika Anhänger gefunden. In der jüngsten Vergangenheit war es der Kommunismus, der sich die Beseitigung des Buddhismus zum Ziel gesetzt hatte – in der stalinistischen Ära vor allem in den asiatischen Teilen der Sowjetunion und in der Mongolei sowie später während der Kulturrevolution in China und seinen Nebenländern und besonders radikal in Kambodscha. Soweit man das heute schon beurteilen kann, darf behauptet werden, daß der Buddhismus zwar viel von seinem Einfluß in diesen

Ländern verloren, die Verfolgungen im Gegensatz zum Ansturm des Islam aber doch überstanden hat.

Bestrebungen zu einer Erneuerung buddhistischer Einrichtungen blieben zu allen Zeiten lebendig. So hat der Mönch Saranankara um die Mitte des 18. Jahrhunderts eine durchgreifende Reform des Sangha in dem damals noch unabhängigen Bergland im Inneren Ceylons veranlaßt. Um die Mitte des 19. Jahrhunderts sorgte König Mongkut von Thailand, der vor seiner Thronbesteigung viele Jahre lang Mönch gewesen war, für Reform und Modernisierung des Sangha in seiner Heimat. König Mindon von Birma (1853—1878) ließ 1871 das Fünfte Buddhistische Konzil in seiner Hauptstadt Mandalay abhalten und die heiligen Texte auf Steinplatten eingravieren. Dies alles geschah noch in traditioneller Art, ohne daß es zu einer wirklichen Auseinandersetzung mit den Ideen des Westens gekommen wäre.

Diese Auseinandersetzung begann bald nach der Mitte des 19. Jahrhunderts zuerst in Ceylon. Seit 1865 fanden dort öffentliche Streitgespräche zwischen buddhistischen Mönchen und christlichen Geistlichen über die Vorzüge der beiden Religionen statt. Die berühmteste dieser Debatten war das »Große Streitgespräch von Pānadurā« im Jahre 1873 zwischen Mahottivattē Gunānanda auf buddhistischer und den beiden Geistlichen David de Silva und F. S. Sirimanne auf christlicher Seite. Es sollte zum Wendepunkt in den Beziehungen zwischen beiden Religionen werden; denn mit diesem Gespräch erhielten die Buddhisten das Gefühl zurück, im Besitz der besseren Einsicht zu sein. Der Text des Streitgesprächs wurde schon in demselben Jahr von einem Amerikaner namens James Martin Peebles in englischer Übersetzung in Battle Creek in Michigan publiziert. Dieses Buch wiederum überzeugte den Theosophen Henry Steel Olcott von der geistigen Überlegenheit des Buddhismus gegenüber dem Christentum. Olcott war Mitbegründer der theosophischen Gesellschaft in Amerika, die nun auch Elemente indischen Denkens in ihre Lehren aufnahm. Die bei Olcotts Besuch in Ceylon 1880 begründete »Buddhistische Theosophische Gesellschaft« der Insel war trotz ihrer Bezeichnung eine rein buddhistische, keine theosophische Vereinigung. Das entscheidende Erlebnis für die Buddhisten jener Tage war es, daß ein Vertreter abendländischer

Kultur gekommen war, um ihre Religion und Kultur nicht nur zu erforschen, sondern um von ihr zu lernen.

Zu den führenden Persönlichkeiten jener frühen Phase der buddhistischen Erneuerung gehörte der Singhalese David Hewavitarne (1864–1933). Hewavitarne nahm den geistlichen Namen Anagārika Dharmapāla an. Er gründete 1891 die Mahabodhi-Gesellschaft. Dies war die erste internationale und interkonfessionelle buddhistische Gesellschaft. Ihr Hauptsitz war seit 1892 Kalkutta, Indiens damalige Hauptstadt.

Der Buddhismus im Abendland

In dieselbe Zeit fielen die Anfänge der Ausbreitung des Buddhismus im Abendland. Der Philosoph Arthur Schopenhauer (1788–1860) hat durch seine Lehre wesentlich dazu beigetragen, das Interesse an buddhistischem Gedankengut zu wecken. Für ihn ist der Buddhismus die beste aller denkbaren Religionen. Er wies auf die Ähnlichkeiten seiner eigenen Philosophie und der Lehre des Buddha hin, wobei er Wert auf die Feststellung legte, auf ganz unabhängigem Weg zu seinen Erkenntnissen gelangt zu sein. Schopenhauers Lehre ist zwar nicht identisch mit der Lehre des Buddha, aber vieles in ihr erscheint uns doch wie eine Art nicht vollständig zu Ende gedachter Buddhismus.

In England bereitete Sir Edwin Arnolds 1879 erschienenes Werk »Die Leuchte Asiens« den Boden für die Aufnahme des Buddhismus. In den Vereinigten Staaten von Amerika stand die Teilnahme zweier Buddhisten am »Weltparlament der Religionen« im Jahre 1893 am Anfang einer buddhistischen Bewegung. Es waren der Anagārika Dharmapāla aus Ceylon und der Zen-Meister Sōen Shaku. Auf Einladung des Verlegers Paul Carus kam Daisetzu T. Suzuki nach Amerika. Ihm verdankt der Westen das meiste von dem, was hier über den Zen-Buddhismus bekannt wurde.

Nicht zu vergessen ist die Bedeutung der wissenschaftlichen Buddhismusforschung. Der Buddhismus ist ja nicht durch eine aktive Mission in den Westen gekommen, sondern dadurch, daß Bücher über seine Lehren gelesen wurden und überzeugt haben. Die eigentlichen Begründer der modernen Buddhismusforschung waren Thomas Williams Rhys Davids (1843–1922) und Hermann Oldenberg (1854–1920). Hermann Oldenberg hat sich ausschließlich als Gelehrter verstanden, nicht als Bekenner, und doch verdanken viele ihr Verständnis des Wesens der Lehre Buddhas seinem in erster Auflage 1881 erschienenen Werk »Buddha: Sein Leben, Seine Lehre, Seine Gemeinde«. So sagte mir kürzlich ein Buddhist in Chiang Mai im Norden Thailands, erst die Lektüre dieses Buches habe ihm die Augen geöffnet über den wahren Sinn der Lehre Buddhas. Rhys Davids ging einen Schritt weiter als Oldenberg und bekannte sich selbst als Anhänger der Lehre des Buddha.

Der erste Europäer, der dem buddhistischen Mönchsorden beitrat, war Allan Bennett McGregor. Er wurde 1902 in Akyab in Birma ordiniert und erhielt den Mönchsnamen Ānanda Maitreya. 1904 erhielt der deutsche Violinvirtuose Anton Gueth in Rangoon die Mönchsweihe und den geistlichen Namen Nyanatiloka. Er verbrachte mehr als die Hälfte seines Lebens auf der Insel Sri Lanka und hat durch zahlreiche Veröffentlichungen entscheidend dazu beigetragen, die westliche Welt über die Lehren des Buddhismus zu informieren.

Die Einführung des Buddhismus in Amerika begann mit japanischen Einwanderern. Sie waren meist Anhänger des Jōdo Shinshū, also der populärsten Form des japanischen Buddhismus, den ich als »Buddhismus des Glaubens« schon erwähnt habe. Daneben hat sich der Zen-Buddhismus in der Neuen Welt verbreitet. Seit die chinesische Okkupation viele Tibeter zur Flucht aus ihrer Heimat zwang und manche von ihnen nach Amerika kamen, fanden mehrere Formen des tibetischen Buddhismus Anhänger in den USA.

Viele westliche Buddhisten haben das Gefühl, daß es richtig sei, die Unterschiede zwischen den zahlreichen unterschiedlichen Formen ihrer Religion zu überbrücken, in ihnen verschiedene Aspekte der Wahrheit, nicht aber sich ausschließende Gegensätze zu erblicken. So spielen vor allem in England, in den USA und neuerdings übrigens auch in Indonesien solche Formen des Buddhismus eine besondere Rolle, die sich als ökumenischer Buddhismus verstehen. »Warum sollte es nicht«, fragt Christmas Humphreys, der Präsident der Buddhistischen Gesellschaft Großbritanniens, »in Zukunft einen westlichen Buddhismus geben, nicht als Ergebnis einer bewußten Neuschöpfung, sondern als Ergebnis natürlicher Entwicklung aus denselben Wurzeln, aus denen alle Formen des Buddhismus hervorgegangen sind, das heißt aus der Tradition von der Erleuchtung des Buddha?«

Abendländische und asiatische Reaktionen

Die moderne christliche Theologie des Abendlandes hat wohl bei keiner Begegnung mit einer nichtchristlichen Religion von Anfang an mit so großen argumentativen Schwierigkeiten zu kämpfen gehabt wie im Falle des Buddhismus; sie hat wohl auch in keinem anderen Falle das Eindringen des »fremden« Gedankenguts so sehr als Herausforderung an ihre eigenen angestammten Rechte als alleinige Alternative zur Religionslosigkeit betrachtet. So gab zum Beispiel der Jesuit Joseph Dahlmann, dem wir auf dem sozusagen neutraleren Boden der indischen Literaturgeschichte durchaus bedeutende wissenschaftliche Beiträge verdanken, in seinem seinerzeit sehr berühmten Buch »Buddha. Ein Culturbild des Ostens« (Berlin 1898, S. 121) folgendes Urteil über den Buddhismus ab:

»Ein System, das solche Ansichten ausspricht, vereinigt nur die allergröbsten Elemente des Materialismus und Nihilismus. Eine solche Philosophie ist nur ein Zusammenfluß zersetzender Elemente . . .«

In Deutschland wurde das Thema sogar zum Politikum, als Kaiser Wilhelm II. von seinem Hofmaler Knackfuß jenes berühmte Bild malen ließ, das die »gelbe Gefahr« symbolisieren sollte. Dazu möchte ich aus dem Vortrag zitieren, den Pfarrer Robert Falke damals in Berlin hielt (»Christentum und Buddhismus. Ein Vortrag«, Berlin 1898):

»Vor einigen Jahren entwarf unser Kaiser eine bekannte Zeichnung mit der Unterschrift: ›Völker Europas, wahrt eure heiligsten Güter‹. Auf diesem Bilde standen die allegorischen Gestalten der europäischen Kulturvölker, kampfbereit gegen die heranstürmenden Scharen des Antichrists, welcher, umhüllt von dunklem Gewölk und vom Rauch brennender Städte, die Gestalt Buddhas trug. Wer das Bild vor drei Jahren nicht verstand, wird heute angesichts der im erwachenden Orient immer drohender gegen unsere Kultur anstürmenden politischen Gefahren, und vor allem angesichts des jetzt mit Kraft gegen das Christentum anstürmenden Buddhismus, die Warnung unseres klar und weit in die Zukunft blickenden Herrschers begreifen müssen. Der Buddhismus ist eine Macht geworden in Europa und Amerika, und hat, seitdem er seit ungefähr 50 Jahren auf seinem Eroberungszuge in das Abendland begriffen ist, ungeheure Erfolge aufzuweisen.«

Seit jener Zeit wurde eine wahre Flut apologetischer Literatur gegen diese vermeintliche »Gefahr« produziert, der nicht nur maßlos übertriebene Angaben über die Erfolge buddhistischer Mission gemeinsam sind, sondern die auch im apologetischen Schema weitgehend übereinstimmt. Keine dieser Schriften ohne die Verurteilung von Schopenhauers Philosophie, durch die der »buddhistische pessimistische Geist« in unser Bewußtsein eingedrungen sei. Kein solches Schriftchen auch ohne blumenreiche Ausmalung des fundamentalen Unterschieds in der Biographie der beiden Religionsstifter – dort der Buddha, der »Aristokrat«, dem »kein fühlend Herz in der Brust« schlug, der angeblich aus »Ekel am Leben zum Reformator« geworden ist, der seine Jünger aus den »höheren Ständen« gewählt habe, der ein kompliziertes Regelsystem aufstellte, dessen Biographie in der »mysteriösen, geschraubten Darstellung des Lalitavistara« sich himmelweit abhebe von der »einfachen, nüchternen Schreibweise der Evangelien« usw. usf. (Die zitierten Formulierungen stammen aus jenem Büchlein von 1898.) Hier aber Jesus, dessen Leben und Lehre dann in möglichst wirkungsvollen Gegensatz dazu gestellt werden. Einem ganzen Bündel emotionaler Urteile und Vorurteile begegnet man da, die – wie mir scheint – auch heute noch nicht ganz überwunden sind. Apologetik für den Massenkonsum wendet sich ja meist nicht wirklich an den Verstand, will sich aber doch den Anschein sachlicher Argumentation geben.

Als ich mich mit der geistigen Entwicklung jener Periode in den buddhistischen Ländern Asiens genauer befaßte, wurde mir deutlich, daß diese Polemik, in deren Mittelpunkt natürlich immer der Vorwurf des buddhistischen Atheismus stand, von der buddhistischen Apologetik unmitttelbar aufgenommen und gleichsam umgedreht wurde. Der Buddhismus bewies nämlich, daß hohe sittliche Ideale, wie sie ihm auch seine christlichen Kritiker nicht abstreiten konnten, auch vertretbar sind, ohne daß man über Gott und Seele so denkt wie die Christen. Und was hatte das Christentum in der Realität zu bieten? Ständige Kriege, Inquisition, Hexenverbrennung und Ausbeutung der Armen durch die Mächtigen. Die buddhistische Apologetik jener Tage setzte sich da kaum das Ideal des »Gleichmuts« als Maßstab; auch sie ist eher vom »heiligen Zorn« geprägt.

Gerade dadurch aber erwies sich diese Auseinandersetzung als geistig fruchtbar. Ohne sie hätte die Modernisierung buddhistischen Denkens sicher länger auf sich warten lassen. Der traditionelle Buddhismus hatte sich ja im Laufe der Jahrhunderte immer stärker mit obsoleten kosmologischen Vorstellungen und anderen unzeitgemäßen Denkweisen verbunden. Die christliche Theologie hatte sich jedoch um die Jahrhundertwende vom geozentrischen Weltbild und der Verurteilung naturwissenschaftlicher Denkweisen, wie sie noch im Galilei-Prozeß zum Ausdruck kamen, längst verabschiedet. Die Buddhisten holten dies nun nach, und dabei kam ihnen die Wiederentdeckung der ursprünglichen Lehre des Buddha zugute. Dies war der entscheidende Beitrag der abendländischen Indienforschung, der es, wie vorhin erwähnt, seit etwa 1880 gelang, die ältesten Schichten der buddhistischen Überlieferung sowie Gestalt und Lehre des historischen Buddha immer deutlicher aus der Fülle der überlieferten Texte herauszuarbeiten. So brachten Vertreter der westlichen Buddhismusforschung und moderne Buddhisten gemeinsam eine »Entmythologisierung« des traditionellen Buddhismus zuwege. Wunderglaube und andere Elemente irrationalen Denkens wurden als sekundäre, unwesentliche Zusätze zur ursprünglichen Lehre ausgeschieden. Der Buddhismus wurde als eine mit der Vernunft übereinstimmende Lehre beschrieben, die nicht blinden Glauben fordert, sondern zur Prüfung der Wahrheit durch religiöse Praxis und Meditation einlädt. Er wurde in scharfem Gegensatz zu den Glaubensreligionen Christentum und Islam als die »Religion der Vernunft« beschrieben. An den Fortschritten der Wissenschaft, von deren Erkenntnissen sie weitere Bestätigung der Richtigkeit ihrer Überzeugungen erwarten, haben moderne Buddhisten stets besonderes Interesse gezeigt. »Buddhismus und Wissenschaft« ist daher ein immer wiederkehrendes Thema in den Schriften der buddhistischen Modernisten. Auch sie wissen natürlich, daß die Wissenschaft nicht den Weg zur Erlösung zeigen kann. Sie glauben aber, aus der Übereinstimmung von buddhistischem und wissenschaftlichem Weltbild ein wichtiges Argument für die Richtigkeit ihrer Anschauung gewinnen zu können.

Ein anderes wichtiges Element buddhistischer Erneuerung ist die Verbreitung und Popularisierung der Meditationspraxis. In den traditionellen Klöstern wurden Instruktionen für Meditationsübungen von Lehrern an ihre sorgfältig ausgesuchten persönlichen Schüler weitergegeben. Die Zahl der Klöster, in denen solche Übungen noch durchgeführt wurden, war im letzten Jahrhundert nicht mehr sehr groß. Deshalb griff man für die Wiederbelebung der Meditationspraxis auch auf Texte zurück. So entdeckte der Anagārika Dharmapāla um 1890 ein altes Meditationshandbuch und entwickelte Übungen nach dem Studium dieses Werkes. In Birma ging ein Mönch namens Nārada bei der Erneuerung der Meditationspraxis der »Vergegenwärtigung der Achtsamkeit« (satipatthāna) etwa um dieselbe Zeit ebenfalls von Textstudien aus. Er wurde zum Begründer der sogenannten »birmanischen Schule« der Satipatthāna-Meditation. Dieser Tradition gehört der weltberühmte Mahasi Sayadaw in Rangoon an. Viele kamen zum Studium der Meditation zu ihm, auch Menschen, die nicht zum Buddhismus übertraten, sondern an ihrer angestammten Religion festhielten. Ähnliches gilt für andere Meditationsschulen und Meister in Birma und Thailand wie Sunlun Sayadaw, Monhyin Sayadaw, Acharn Dhammadharo, Acharn Buddhadāsa usw. Die von diesen Meistern gelehrten Meditationsmethoden stehen jedermann offen. Insbesondere in Thailand wurden alte, traditionelle Thai-Klöster, in denen früher nur Mönche studieren konnten, nun auch für Laien geöffnet.

Buddhistische Ökumene

Wir haben die großen Unterschiede zwischen den verschiedenen Formen buddhistischer Religiosität an Beispielen kennengelernt.

Das Ziel, diese Unterschiede zu überbrücken und die Anhänger der verschiedenen Formen des Buddhismus auch zu gemeinsamem Handeln zu vereinen, wurde seit den frühen Tagen der buddhistischen Erneuerungsbewegung angestrebt. 1891 formulierte eine erste internationale buddhistische Konferenz in Adyar bei Madras die »14 Fundamentallehren des Buddhismus«. Teilnehmer des Treffens waren Anhänger des Theravāda aus Ceylon, Birma und Ostbengalen sowie Buddhisten aus Japan und China. Die »World Fellowship of Buddhists«, also die Welt-Bruderschaft der Buddhisten, gab der Idee einer buddhistischen Ökumene eine dauerhafte äußere Form. Diese Vereinigung wurde 1950 auf Betreiben des singhalesischen Buddhisten Dr. Gunapala Piyasena Malalasekera geschaffen und hat seither regelmäßig Konferenzen abgehalten. Buddhistische Gemeinschaften in fast allen Ländern der Welt sind ihre Mitglieder. Auch auf nationaler Ebene haben sich Anhänger der unterschiedlichsten Formen des Buddhismus zusammengeschlossen, zum Beispiel die deutschen Buddhisten zur »Deutschen Buddhistischen Union«. Solche Zusammenschlüsse dienten der Zusammenarbeit, nicht etwa dem Verwischen von Unterschieden zwischen den einzelnen Lehrtraditionen; denn die modernen Buddhisten sehen in dieser Vielfalt einen Vorteil ihrer Religion, die dem Einzelnen die Wahl des geeignetsten Weges für seinen spirituellen Fortschritt erlaubt.

Ambedkar und der indische Neobuddhismus

Wenn man von neueren Entwicklungen im Buddhismus spricht, so sollte man die Wiederbelebung des Buddhismus im Lande seines Ursprungs, in Indien selbst, nicht unerwähnt lassen. Als Indien 1947 unabhängig wurde, gab es dort nur noch wenige Buddhisten. Vom Untergang des indischen Buddhismus in der mittelalterlichen Periode war schon die Rede. Den Hindus galt die Lehre des Buddha als eine gefährliche Ketzerei. Zwar erklärten sie den Buddha zu einer der zehn Inkarnationen des Gottes Vishnu, doch mit der nur negativen Aufgabe, die Dämonen durch Verkündung einer Irrlehre zu täuschen. Dieses negative Bild des Buddhismus, das uns die Hindu-Quellen bieten, hat auch noch das europäische Buddhismus-Bild des frühen 19. Jahrhunderts beeinflußt.

Die schon erwähnte, 1891 gegründete Mahabodhi-Gesellschaft vermochte einige gebildete Inder für den Buddhismus zu interessieren. Die Massen der Bevölkerung des Subkontinents vermochte sie nicht anzusprechen. Diesem Ziel kam erst Dr. Bhimrao Ramji Ambedkar näher. Ambedkar wurde 1891 in einem Dorf im heutigen indischen Bundesstaat Maharashtra geboren. Er entstammte der Mahar-Kaste, die zu den »Unberührbaren« gehört. Die Hindu-Tradition wies den Unberührbaren Aufgaben zu, die als unreine Tätigkeiten gelten. Die Mahars hatten Straßen, Friedhöfe usw. zu reinigen sowie tote Rinder abzutransportieren. Der junge Ambedkar gehörte zu den ganz wenigen Angehörigen seiner Kaste, die schon damals eine höhere Schulbildung erhalten und studieren konnten. Ein fortschrittlich denkender indischer Fürst, der Maharaja Sayajirao Gaekwad von Baroda, eröffnete dem begabten Jungen diesen Weg. Ambedkar erwarb seinen ersten Doktorgrad 1916 an der Columbia University in New York. Seit 1922 arbeitete er in seiner Heimat für die Verbesserung des Loses der Unberührbaren und für die Beseitigung ihrer sozialen Diskriminierung, jenes wohl beschämendsten Merkmals der traditionellen Hindu-Gesellschaft.

Der große Gegenspieler Ambedkars war Mahatma Gandhi. Auch Gandhi, der zeitlebens überzeugter Hindu blieb, sah in der Beseitigung der Unberührbarkeit eines seiner großen Ziele. Waren sich beide im Ziel einig, so gerieten sie doch in eine unüberbrückbare Kontroverse über den Weg zu diesem Ziel. Gandhi sah im Kastensystem den positiven Faktor einer stabilen Sozialordnung. Er wollte nur Auswüchse dieses Systems wie die Unberührbarkeit beseitigen. Ambedkar hingegen hielt das Kastensystem als solches für das grundlegende Übel. Für ihn war die Unberührbarkeit keine Entartung, sondern eine notwendige Konsequenz, die aus dem Wesen des Kastensystems hervorgeht. Nach seiner Überzeugung konnte die Befreiung der Unberührbaren nur durch die Zerstörung des Kastensystems erreicht werden.

Ambedkar hatte als Justizminister der ersten Regierung des unabhängigen Indien wesentlichen Anteil an der Formulierung seiner Verfassung. Er sorgte auch dafür, daß das buddhistische Symbol des Rades in Indiens Nationalflagge eingefügt wurde. Es gelang ihm allerdings nicht, seinen Plan einer umfassenden Reform des indischen Privatrechts und eine durchgreifende Verbesserung der bestehenden Verhältnisse im Sinne eines demokratischen Sozialismus zu verwirklichen. 1951 gab er sein Ministeramt auf. Gleichwohl wird jeder Kenner der Entwicklung Indiens bewundern, wie viele Reformen er durchzusetzen in der Lage war.

Für seine Anhänger war Ambedkars Bekehrung das entscheidende Ereignis seines Lebens. Schon heute ist es schwer, Geschichte und Legende in den Berichten darüber exakt zu trennen. Nach der Legende war ihm dieser Schritt von Kindheit an vorbestimmt. Er gilt als Bodhisattva, also als »Erleuchtungswesen« oder künftiger Buddha. Seine Anhänger fügen der traditionellen buddhistischen Bekenntnisformel sogar einen vierten Satz hinzu: »Ich nehme meine Zuflucht zu Ambedkar.« Tatsächlich ist sein Interesse am Buddhismus seit 1927 nachweisbar. 1935 erklärte Ambedkar – schon damals anerkannter politischer Führer der »Unberührbaren« – öffentlich, daß er sich vom Hinduismus völlig lossagen und zu einer anderen Religion übertreten werde. Religiöse Führer der indischen Christen, Muslime und der Sikhs umwarben ihn. 1950 gab er seine Entscheidung bekannt, Buddhist zu werden, und rief die Massen der »Unberührbaren« auf, seinem Beispiel zu folgen. Am 14. Oktober 1956 fand in Nagpur seine symbolische Aufnahme in die Gemeinschaft der Buddhisten statt. Schon am 6. Dezember 1956 starb er. Die von ihm begründete »neobuddhistische« Bewegung hat seither viele Anhänger gewonnen und den Buddhismus wieder zu einer lebendigen Kraft in Indien gemacht.

Ambedkars Buddhismus ist seinem Wesen nach eine Philosophie der ethischen und sozialen Werte. Dharma ist für ihn nichts anderes als das Prinzip der Sittlichkeit; Nirvāna ist die endgültige Verwirklichung der sittlichen Ordnung. Diese Ordnung muß in jedem Einzelnen von uns geschaffen werden. Sie kann niemals durch Gewalt entstehen. Deshalb hat Ambedkar dem Kommunismus, in dem er eine Philosophie der Gewalt sah, eine Absage erteilt.

Die von Ambedkar und seinen Anhängern vertretene Lehrtradition ist der Theravāda. Er hielt es jedoch für notwendig und zeitgemäß, die soziale Aufgabe der buddhistischen Gemeinschaft in den Vordergrund zu stellen, ohne andere Aspekte negieren zu wollen. So sah er in der Struktur des Sangha ein Modell für eine bessere Gesellschaft der Zukunft; denn der Sangha ist eine Gemeinschaft von Gleichen, zu der jeder Zugang haben soll, der sich freiwillig der geistigen Disziplin von Meditation und asketischem Leben unterwirft.

Ambedkars »Neobuddhismus« ist hier als ein Modell für eine auf Weltveränderung hin orientierte Neubestimmung des Verhältnisses von buddhistischem religiösen und politischen Denken vorgestellt worden. Es hat andere Modelle mit ähnlicher Zielsetzung gegeben, zum Beispiel den birmanischen Versuch, Buddhismus und Sozialismus in ein größeres Denksystem zu integrieren. Diese von modernen Theravāda-Buddhisten vertretenen Gedankengänge lehnen sich an die alten, auf Ashoka zurückgeführten Ideale eines buddhistischen Wohlfahrtsstaates an, die wir schon kennengelernt haben. Neuartige Formen des Buddhismus sind auch in Japan entstanden. Dazu gehören die modernen Lotos-Sekten, die ihre Lehren auf die von Nichiren vorgezeichnete radikale Interpretation des indischen Mahāyāna-Textes Saddharmapundarīka (»Lotos-Sūtra«) stützen. Die älteste dieser »neuen Religionen« Japans ist die »Geistige Freundschaftsgesellschaft«, Reiyukai. Sie wurde 1919 gegründet und nimmt gegenüber anderen Formen des Buddhismus eine tolerante Haltung ein. Einen ganz anderen Charakter weist das viel einflußreichere Sōka gakkai auf, das als eine der aktivsten und aggressivsten Gruppen dieser Art gelten darf und auch in den USA erfolgreich missioniert hat. Alle Lotos-Sekten sind messianische Bewegungen. Sie hoffen, schließlich alle Menschen zu ihrer Lehre zu bekehren und die Welt damit radikal zum Besseren verändern zu können. Sie werden von den in herkömmlicher Weise denkenden Buddhisten als wirklichkeitsfremd kritisiert: Wie sollten wir hoffen können, uns den Folgen unseres Karman und der Leidensnatur alles Existierenden etwa durch die Schaffung neuer Sozialordnungen entziehen zu können?

In meiner historischen Übersicht wurde versucht, einige der vielen Religionsformen zu skizzieren, die sich selbst als »buddhistisch« verstehen, vom alten Buddhismus bis zum Jōdo Shinshū und zum Sōka gakkai. Es wurde dabei deutlich, daß sie sich – obwohl sie sich alle in irgendeiner Weise historisch aus derselben Tradition herleiten lassen und dies in mancherlei Weise auch äußerlich sichtbar wird – doch viel radikaler voneinander unterscheiden, als es zunächst den Anschein hat. Doch möchte ich hier noch an eine grundsätzliche, für unsere religionsvergleichende Fragestellung wichtige Verschiedenheit vom Christentum erinnern:

Für Buddhisten ergibt die Vorstellung von einem »Gott«, der die Welt erschaffen und trotz seiner Allmacht die Entstehung des Leidens und des Bösen zugelassen hätte, keinen Sinn. Wir haben uns darüber unterhalten, welche Formen des Buddhismus ein »Absolutes« als Urgrund der Welt kennen. Es war auch davon die Rede, wieweit man sie mit der »negativen Theologie« des Humanisten Nicolaus Cusanus vergleichen könne. Gleichwohl führt keine Brücke von der buddhistischen Konzeption der Erlösung aus unserer prinzipiell leidvollen Welt zur biblischen Vorstellung vom allmächtigen Gott. Dies gilt sowohl für die alte buddhistische Lehre von der »Selbsterlösung« wie für die jüngeren Formen der »Fremderlösung«. Die Idee von der »Diktatur Gottes«, wie es ein moderner birmanischer Buddhist einmal formuliert hat, bleibt für Buddhisten grundsätzlich unakzeptabel, weil sie die Vorstellung von Gottes Allmacht nicht mit der Leidensnatur der Welt vereinbaren können.

Nach der Lehre des ursprünglichen Buddhismus ist auch die Vorstellung von einer stellvertretenden Erlösung prinzipiell unannehmbar. Jeder ist für seinen Weg selbst verantwortlich. In diesem Punkt allerdings hat die geschichtliche Entwicklung zu Ähnlichkeiten mit dem Christentum geführt, weil nämlich, wie es Richard Gombrich formuliert hat, die Lehre von der totalen Eigenverantwortlichkeit jedes Einzelnen auf die Dauer schwer zu ertragen war. Die späteren Buddhisten haben die in der ursprünglichen Lehre noch nicht vorhandene Idee von der Möglichkeit einer

Verdienstübertragung entwickelt. Im japanischen Amidismus wird die Inanspruchnahme des Verdienstes, das der Buddha Amitābha zusammmengetragen hat, schließlich sogar zum einzigen Erlösungsmittel, das uns in unserer Weltperiode noch zur Verfügung steht. Für den Christen ist die »Fremderlösung« bekanntlich prinzipiell der einzige Weg zum Heil. So bleibt selbst hier noch ein deutlicher Unterschied bestehen: Amitābha ist nicht Gott; die Welt ist leidvoll, nicht göttliche Schöpfung. Amitābha hilft uns lediglich, auf dem Umweg über das Paradies des »Reinen Landes« zum Ende des Leidens, zum Nirvāna zu gelangen. Trotz äußerlicher Ähnlichkeit bleiben doch Ausgangspunkt und Weg des Denkens radikal anders als im Christentum.

Wo der Buddhismus gleichberechtigt neben anderen Religionen existierte – in Japan neben dem Shintoismus oder im vormaoistischen China neben Konfuzianismus und Taoismus –, war dem buddhistischen Element in diesen Denksystemen stets die Aufgabe zugewiesen, den Menschen eine Antwort auf die Frage nach ihrer Existenz jenseits des Todes zu geben, sie darauf vorzubereiten und ihnen dabei zu helfen. So sind es vor allem Totenrituale, die in den buddhistischen Tempeln durchgeführt werden. Die Buddhisten meinen nicht, daß die Welt einen Sinn (außer sich selbst) habe, aber sie glauben, daß in ihr eine Ordnung herrsche, die über die individuelle Existenz des Einzelnen hinaus gültig ist. Diese Überzeugung hat ihnen, so scheint mir, die Kraft gegeben, das Leiden in dieser Welt zu ertragen – bleibt ihnen doch die Hoffnung, eines fernen Tages in einer zukünftigen Existenz einmal ans Ende des Leidens zu gelangen. Siege über Leiden und Tod, wie sie zum Beispiel die moderne Medizin errungen hat, bleiben letztlich Scheinsiege; ihnen steht die Drohung mit neuen, vielleicht noch schrecklicheren Todesarten gegenüber. Keine äußere Kraft hilft uns auf dem Weg zur Überwindung des Leidens; wir können es nur in uns selbst überwinden, indem wir – so lehrt der Buddha – uns ihm entziehen. Nicht nur dem Bösen und dem Leiden selbst, sondern gleichermaßen auch dem Guten, all dem, »was das Leben lebenswert macht«. Denn für den Wissenden ist beides dasselbe, für ihn gibt es keine Gegensätze mehr.

Die Wahrheit ist aber nicht durch Nachdenken oder Wissenschaft zu ergründen, sondern nur durch unmittelbare mystische

Schauung. Vielleicht haben die berühmten buddhistischen Logiker und Erkenntnistheoretiker weniger von der Wahrheit »gesehen« als jener einsam meditierende Mönch vor der Shwedagon-Pagode, den ich vor einigen Jahren dort in absoluter Ruhe sitzen sah und den ich zunächst für eine Statue hielt.

Wenn es im letzten nicht mehr auf Meinungen und Bekenntnisse ankommt, so ist es nur konsequent, daß sich die Buddhisten mehr als die Anhänger anderer großer Religionen von Anfang an um Toleranz bemüht haben, obwohl es in unserer unvollkommenen Welt natürlich auch in diesem Punkt »Sündenfälle« gegeben hat. Kaum eine andere große Religionsgemeinschaft hat aber auch so viele Verfolgungen erlebt und bisher überdauert.

Nur wenige vermögen die Lehre des Buddha ganz zu verstehen. Aber es hilft den Wesen schon, wenn sie ein wenig davon begreifen. So etwa könnnte man das »Evangelium des Buddha« formulieren.

Überlegungen zum buddhistisch-christlichen Religionsgespräch

Unseren Zuhörern und Lesern können die Schwierigkeiten im gegenseitigen Verständnis nicht verborgen geblieben sein, die dem buddhistisch-christlichen Dialog heute noch im Wege stehen. Wir sollten deshalb, so meine ich, nach den Ursachen dafür fragen. Ich habe meine Aufgabe darin gesehen, die »buddhistische Position« nach dem heutigen Stand wissenschaftlicher Forschung darzustellen, und dabei gleichzeitig in der Weise, daß sich auch Anhänger des Buddhismus damit identifizieren können.

Wir geraten nun allerdings schon in Schwierigkeiten, wenn wir uns darüber einigen wollen, was Buddhismus eigentlich ist. Meine anfängliche Idee, den Dialog auf den alten Buddhismus zu beschränken, so daß er sich auf diese in sich geschlossene Gedankenwelt stützen und auch darauf beschränken könnte, war angesichts der Konzeption der Vortragsreihe nicht realisierbar. So habe ich unterschiedliche Religionsformen vorgestellt. Hans Küng geht jedoch von seiner ganz bestimmten, genau definierten christlich-theologischen Betrachtungsweise und von einer deutlich abgegrenzten Position aus an eine Vielfalt von Gegenpositionen heran. So ist in seinen Antworten keineswegs konsequent die Lehre des Buddha als »Gegenposition« gewählt; aus der großen Vielfalt historisch gewordener buddhistischer Religionsformen wird vielmehr immer wieder das herangezogen, was am besten zu der jeweiligen Fragestellung paßt. Ich glaube aber, daß ein in sich geschlossenes Denksystem auch als solches dargestellt und verstanden werden sollte. Auch fürchte ich, daß eine von vornherein stark auf Angleichung hin orientierte Betrachtungsweise das Verständnis nicht immer erleichtert.

Selbstverständlich lassen sich einzelne Elemente, Denkweisen und Begriffe jeder existierenden Form buddhistischer Religiosität in irgendeiner Weise auf ältere Formen der Lehrverkündung zurückführen, doch sind zum Beispiel der shaktistische Tantrismus, der Amidismus oder die Lehre des Sōka gakkai als ganzes, wie gesagt, zu etwas radikal anderem geworden, als es die alte Buddha-Lehre gewesen ist. Mancher »buddhistische Theologe«, der eine bestimmte Form des Buddhismus vertritt und aus alten Texten herausliest oder der in sie hineininterpretiert, was der von ihm vertretenen Lehrauffassung entspricht, wird sich vielleicht leichter mit einem christlichen Gesprächspartner verständigen können, als es der Philologe und Historiker kann, der die Entwicklung historisch und objektiv zu verstehen sucht, also auch ursprünglichen Sinn und Neuinterpretation jeweils voneinander trennen muß und keine Konzessionen sozusagen auf Kosten Dritter machen kann.

Von der prinzipiellen Schwierigkeit, mit der viele Vertreter der christlichen Theologie im Dialog gerade mit dem Buddhismus zu kämpfen hatten und haben, habe ich schon im Zusammenhang mit der Entstehung des buddhistischen Modernismus gesprochen. Es geht uns heute darum, jene emotionalen Elemente aus der Gegenüberstellung der Religionen auszuscheiden, die auf unsere Leser wirken, weil sie in einer bestimmten Tradition des Denkens und Fühlens verwurzelt sind. Auch hier gilt die Notwendigkeit, die einzelnen Lehren und Besonderheiten der fremden Religion in ihrem eigenen inneren Sinnzusammenhang zu sehen, der sie erst verständlich werden läßt. Ebenso wäre es nicht fair, Widersprüche zwischen Theorie und Praxis in den Vordergrund einer Argumentation zu stellen – das wäre Pharisäertum. Natürlich ist die Lehre des Buddha nicht auf die Dauer ganz richtig verstanden oder konsequent befolgt worden – ebensowenig wie das Christentum. Der Buddha hat, wie ich schon erwähnte, selbst den Untergang seiner Lehre vorausgesagt.

So heißt es, von vielen alten Denkschablonen der Apologetik – dort der indifferente Buddha, hier der mitleidende Jesus, und wie diese Gemeinplätze auch heißen mögen – Abschied zu nehmen und die Mühe aufzuwenden, sich in den der Sache gemäßen Zusammenhang hineinzudenken. Dies gilt für alle, die sich am Dialog der Religionen beteiligen. Ob und inwieweit dies in unserem Dialog bereits gelungen ist und wo man noch einen Schritt weiter denken müßte, wird der Leser für sich selbst beurteilen wollen. Die endgültige, vor allem im Hinblick auf die Trennung der verschiedenen Religionsformen stark überarbeitete und erweiterte Fassung der christlichen Antworten lag mir bei der abschließenden Redaktion meiner Expositionen noch nicht vor und konnte daher von mir nicht mehr berücksichtigt werden. Meine hier formulierten Gegenpositionen beziehen sich zum Teil auf eine frühere Version dieser Texte. Was nun meine eigenen Ausführungen betrifft, die ja in erster Linie der Sachinformationen des Lesers dienen sollen, so haben der seinerzeit vorgezeichnete Umfang der Texte sowie die Notwendigkeit, die gesamte historische Entwicklung des Buddhismus auf wenigen Seiten zu skizzieren, notwendigerweise zu einem stark vergröberten Bild und sicherlich auch zu einer subjektiven Auswahl der gebotenen Informationen führen müssen. Gleichwohl hoffe ich, daß es wenigstens im Umriß gelungen ist, sowohl die Hauptmerkmale der Lehre des historischen Buddha zu skizzieren als auch die weitere Entwicklung in ihren Grundzügen aufzuzeigen. Damit hoffe ich, das Verständnis dieser vielen noch fremden Welt ein wenig zu erleichtern. Verständnis aber ist, so meinen wir, die Grundvoraussetzung für das Sichverstehen und damit für den angestrebten ökumenischen Dialog.

2. Hans Küng: Eine christliche Antwort

Den historisch bestimmten Weg der Exposition vom Urbuddhismus über das Shrāvakayāna zum Mahāyāna sind wir mitgegangen, indem wir – wie schon in den Antworten auf Islam und Hinduismus – historische und systematische Methode verschränkten, weil nur auf diese Weise die Voraussetzungen für einen fruchtbaren Dialog geschaffen werden können.

Nochmals: zur Methode des Dialogs

Die Auseinandersetzung mit buddhistischem Denken, wie es Heinz Bechert dargestellt hat, hat die komplexe Diskussionslage offenkundig gemacht. Endgültig vorbei sind – nach der schon in unserer ersten Antwort beschriebenen Wende von christlicher Theologie und Kirche – die Zeiten, in denen man sich wie im Europa der Jahrhundertwende den Buddhismus unter Beschwörung der »gelben Gefahr« und ähnlichen angstbesetzten und vorurteilsverzerrten Horrorbildern vom Leibe halten konnte. Vorbei auch die Zeiten, in denen man das Eigene nur unter Herabsetzung des Anderen sagen und einem negativen Buddhabild ein positives Jesusbild entgegenstellen konnte.

Ernsthafte christliche Buddhismus-Forschung, auf die ich mich immer wieder beziehen konnte, hat sich heute so weit wie möglich freigemacht von »Pharisäertum«, von emotionalen Urteilen und Vorurteilen. Selbst offizielle katholische Kirchenlehre – wie wir sahen – bestreitet heute nicht mehr, daß man auch als Nichtchrist hohe sittliche Ideale und als Buddhist echte Religion haben kann. Im Gegenteil: erst unter Voraussetzung eines gegenseitigen

Ernstnehmens ist ein echter Dialog überhaupt sinnvoll. Auch meine Antworten wollten »alte Denkschablonen der Apologetik«, wie der »indifferente Buddha« und der »mitleidende Jesus«, überwinden helfen und haben deshalb unvoreingenommen – nach ausführlicher Analyse der grundlegenden Gemeinsamkeiten – den Unterschied zwischen dem »mitleidenden Buddha« und dem in Hingabe »leidenden Jesus« herausgestellt.

Vorbei sind freilich ebenfalls die Zeiten, in denen Buddhisten ihrerseits mit Verweis auf verzeichnete christliche Gottesbilder (»Allmacht«, »Diktatur Gottes«) eine Auseinandersetzung mit der Frage des Absoluten von vornherein abweisen konnten. Vorbei auch die Zeiten, in denen Buddhisten ihre Superiorität gegenüber dem Christentum unter Verweis auf ihr »rationaleres«, »wissenschaftlicheres« philosophisches System proklamieren konnten.

Meine Antworten waren um den Nachweis bemüht, daß auch im Buddhismus vom indischen Ursprung her die Frage nach einem Absoluten virulent blieb und von einflußreichen Schulen und Repräsentanten buddhistischen Denkens auch durchaus ernst genommen wurde – eine Tatsache, die zahlreiche kompetente westliche Buddhismus-Kenner heute sehr wohl zur Kenntnis nehmen. Ich selber habe im Prozeß mühseligen Hineindenkens in die religiöse Welt des Buddhismus die Erfahrung machen können, daß selbst im schwierigsten Punkt der Frage nach dem Absoluten und der Erlösung unverrückbar scheinende Grenzsteine zu Brükkenpfeilern einer wachsenden Verständigung werden können – vorausgesetzt man bleibt nicht, wie für Apologeten auf beiden Seiten stets die Versuchung, auf ihnen schlicht sitzen.

Als christlicher Theologe mußte und wollte ich dabei durchaus von »einer ganz bestimmten, genau definierten christlich-theologischen Betrachtungsweise und von einer deutlich abgegrenzten Position« ausgehen, die freilich nicht eine beliebige, sondern eine historisch-kritisch verantwortete Position ist, gestützt auf moderne Exegese und Dogmengeschichte. Bei aller glaubensmäßigen Identität, die man selbstverständlich auch beim buddhistischen Gesprächspartner voraussetzt, waren meine Antworten allerdings soweit wie möglich selbstkritisch, von vornherein dialogoffen und der Tendenz nach inklusiv orientiert, ohne dabei irgendeiner falschen »Angleichung« das Wort zu reden.

Angesichts »der großen Vielfalt historisch gewordener buddhistischer Religionsformen« war es für die von mir angewandte Methode geradezu charakteristisch,

1. schon in der ersten Antwort auf den Ursprung – sowohl auf den historischen Gautama wie den historischen Jesus – zurückzufragen und jegliche neue Form des Buddhismus (wie auch des Christentums) an diesem Ursprung kriteriologisch zu messen; dabei aber
2. keine der historisch gewachsenen großen buddhistischen Religionsformen wie etwa den »Buddhismus des Glaubens« von vornherein abzuqualifizieren, sondern eine jede »in ihrem eigenen inneren Sinnzusammenhang« zu verstehen, im Rahmen der Paradigmentheorie eine innere Logik und von daher auch ein eigenes Existenzrecht als Buddhismus zuzuerkennen; gerade so jedoch
3. zu vermeiden, die verschiedenen buddhistischen Formen oder Paradigmen gegeneinander auszuspielen und apologetisch immer wieder das heranzuziehen, »was am besten zur jeweiligen Fragestellung paßt«; um so im Gegenteil
4. den Dialog mit allen wichtigen buddhistischen Religionsformen – vom Urbuddhismus über die drei Fahrzeuge bis hin zu Zen und Shin – zu führen, wobei im Vergleich auch immer auf die verschiedenen christlichen Paradigmen hingewiesen wurde.

Dabei habe ich das auf historisch-kritischer Basis von Heinz Bechert eruierte Buddhismus-Bild ganz und gar ernst genommen und mit christlichen Positionen verglichen. Ein Dialog aber, der den Buddhismus in westlich-intellektualistischer Weise ausschließlich als »Religion der Vernunft« verstünde, ginge wohl an der auch von Heinz Bechert umschriebenen Wirklichkeit und Dynamik des gelebten Buddhismus vorbei. Wir haben ja schon in seiner dritten Exposition von einer weiteren »Drehung des Rades der Lehre« gehört, und ich hatte angekündigt, nicht nur auf die heute so wichtige Problematik des tantrischen, sondern auch die nicht weniger wichtige des Zen- und Amida-Buddhismus zurückzukommen. Dies wird uns Gelegenheit geben, auf die Fragen nach Heilsmittler, Heilsweg und Heilsmittel, konkret nach Buddhologie und Christologie, Rettung aus eigener oder aus fremder Kraft, und – zuerst – nach der Bedeutung der Sexualität und der Meditation in der Religion einzugehen.

Paradigmenwechsel vom Großen zum Diamant-Fahrzeug

Wir haben schon viel von jenen heute vor allem noch in Nepal, Tibet und (in unerotischer Gestalt) in Japan verbreiteten Formen des Buddhismus vernommen, die man als das *Vajrayāna*, das *Diamant-Fahrzeug*, bezeichnen kann: ein esoterisch-okkulter Buddhismus, bei dem Magie aller Art, eine verhüllende Sprache und in seiner shaktistischen Ausprägung auch sexuelle Praktiken eine große Rolle spielen. Eine »dritte Drehung des Rades der Lehre«? Diese Frage dürfte sowohl historisch wie systematisch noch nicht genügend geklärt sein. Aber daß es fünf Jahrhunderte nach der Wende zum Mahāyāna, um die Mitte des 1. nachchristlichen Jahrtausends, zu einem neuen großen Paradigmenwechsel kam, läßt sich kaum bestreiten. Noch immer Buddhismus? Ja, aber »aufgezogen« in einem neuen »Gewebe« (Tantra) religiöser Praktiken und Lehren. Denn für dieses Paradigma des Vajrayāna (Diamant-Fahrzeug), das wie immer im vorausgehenden Paradigma des Mahāyāna schon in vielfacher Hinsicht vorbereitet wurde, gilt:

- Zwar bleiben die vorbuddhistisch-indischen Vorstellungen wie Wiederverkörperung, Karman und Praktiken wie Meditation erhalten.
  Aber: die scharfe Abgrenzung gegenüber dem jetzt wieder vordrängenden Hinduismus wird (wohl auch aus der Defensive heraus) zugunsten einer Annäherung verwischt, die man vielfach als »Re-Hinduisierung« des Buddhismus bezeichnet hat; statt eines ganz auf die geistige Konzentration, Versenkung und Klarsicht ausgerichteten Yoga jetzt im Tantra ein auf den eigenen Leib – Ort weniger der Vergänglichkeit als der höheren Erkenntnis – ausgerichteter Yoga.
- Zwar noch immer die »Zuflucht zum Buddha«.
  Aber: die auch im Mahāyāna noch durchaus notwendige (wenngleich oft fingierte) Verbindung der heiligen Schriften mit dem historischen Buddha Gautama wird aufgegeben und kühn die eigene Konzeption mit der Figur eines mythologischen Buddha verbunden.
- Zwar noch immer die »Zuflucht zum Dharma«.
  Aber: Rituelles, Magisches, Okkultes und Mirakulöses – frü-

her bestenfalls am Rand geduldet – rückt jetzt ins Zentrum: magische heilige Formeln (Mantras), Formen (Mandalas), Gesten (Mudrās) und Rituale (auch Tänze) werden zentrale Erlösungsmittel, die auf kürzerem Wege die Vereinigung mit dem Buddha, der das Absolute ist, ermöglichen sollen.

- Zwar noch immer die »Zuflucht zum Sangha«.
  Aber: der Orden wird aufgelöst in kleinere esoterische Gruppen von Eingeweihten (Yogins), die sich unbedingt einem geistlichen Führer (Guru) unterordnen, eine Gottheit oder einen Bodhisattva als Schutzpatron verehren und um die sich öffentliche Kultgemeinschaften bilden. Ihr Ideal ist nicht mehr der mönchische Heilige (Arhat) des Shrāvakayāna, der das Heil für sich selber sucht, auch nicht mehr der weltzugewandte Heilige (Bodhisattva) des Mahāyāna, der vor allem seine Mitmenschen zu retten versucht, sondern der mit übernatürlichen Kräften ausgerüstete heilige Magier (Siddha), der sein Ziel oft auf mirakulöse Weise erreicht. Das in Trance Erfahrene hat dabei mehr Wirklichkeit als die geschichtlichen Tatsachen und Personen, Orte und Taten.

Die dem Buddhismus von Anfang an innewohnende Grundspannung zwischen mönchischer und laikaler Frömmigkeit, die schon im Mahāyāna voll zur Auswirkung gekommen war, hat sich hier auflösend ausgewirkt. Gewiß ist die Kritik berechtigt, die Tantriker (wir hörten vom tantrischen Wandermönch Tsi-lu-pa) am traditionellen buddhistischen Mönchtum und an der organisierten Religion übten: an frommer Schau, Prüderie, selbstgerechter Tugendhaftigkeit, an akademisch-intellektualistischer Spitzfindigkeit und leeren Ritualen. Trotzdem drängt sich für den kritischen Beobachter die Frage auf, ob hier die Buddha-Botschaft nur in einen anderen Gesamtrahmen, ein anderes Paradigma, hineinübersetzt oder ob sie nicht in entscheidenden Stücken aufgegeben wurde. Es ist beim Dialog für den christlichen Theologen besonders schwierig, auf jene zweite Hauptform des Diamant-Fahrzeugs, jenes shaktistische, auf die weibliche Kraft oder Gottheit ausgerichtete Tantra einzugehen, bei dem die Beurteilung auch europäischer Gelehrter schwankt zwischen moralischer Entrüstung und moralfreier Rechtfertigung.

Wer könnte übersehen, daß gerade Christen all die tantrischen Systeme und besonders die shaktistischen Praktiken außerordentlich fremd sind, fremder als alles, was wir bisher an Buddhismus und Hinduismus kennengelernt haben? Folgende kurze differenzierende Stellungnahme muß hier genügen.

1. Eine christliche Wertung dieser östlichen »Geheimlehren« und »Kulte« darf *keiner Voreingenommenheit gegen Leiblichkeit und Sexualität* entspringen. Sexualität gehört zur Geschöpflichkeit des Menschen, die theologisch zu interpretieren, aber nicht abzuwerten ist. Gerade das bürgerlich-westliche Christentum war und ist für eine Art stoisch-gnostisch-manichäischer Leib-, Geschlechts- und Frauenfeindlichkeit anfällig, die der westlichen Christenheit vor allem durch den älteren Augustin (Geschlechtslust nur zum Zwecke der Fortpflanzung) und mittelalterliche wie neuere Päpste (Innozenz III.: »Wer wüßte nicht, daß selbst das eheliche Beilager niemals ohne die Geilheit des Fleisches, die Glut der Unzucht und das Ekelhafte der Libido vollzogen wird« (»De contemptu mundi«, Kap. IV) vermittelt worden war. Durch die Jahrhunderte haben sowohl katholisch-zölibatäre wie protestantisch-puritanische Kirchenmänner bis heute (Empfängnisverhütung!) in Europa und Amerika, dann aber auch in den asiatischen, afrikanischen und pazifischen »Missionsgebieten« eine rigoros-prüde Sexualmoral durchzusetzen versucht, die alle unbefangene Freude am Sinnlichen, Leiblichen, Geschlechtlichen so weit wie möglich unterdrückt und verdrängt.

Dabei haben auch Christen in ihrer ursprünglichen Tradition durchaus Ansatzpunkte dafür, daß zwischenmenschliche und auch sexuelle Erfahrungen nicht religiös tabuisiert zu werden brauchen und menschliche Körpersprache in religiöser Symbolsprache ihre Deutung finden kann. Mann *und* Frau sind als Gottes Ebenbild geschaffen; die erotische Liebe zwischen Mann und Frau wird im Alten Testament nicht nur als Selbstverständlichkeit hingenommen, sondern im Hohen Lied gar poetisch verherrlicht. Das Ein-Fleisch-Werden von Mann und Frau ist Jesus zufolge nichts Dämonisches, sondern der Wille des Schöpfers und wird im Epheserbrief gar zum Symbol für das Verhältnis von Christus und Kirche. Die Beschäftigung mit dem Shaktismus kann Christen jedenfalls neu bewußt machen, daß menschliche Sexualität keineswegs in archaischer Scheu religiös ausgegrenzt werden muß, sondern – gerade wenn sie tiefe zwischenmenschliche Begegnung ermöglicht – Zeichencharakter trägt, Verweischarakter auf die Erfahrung von etwas Absolutem. Christliche Grundhaltung zur Sexualität wird sich zwischen zwei Extrempolen bewegen: zwischen der Haltung des buddhistischen Mönchs, der Sexualität und das höchste Glück des Nirvāna radikal trennt und sich jede sexuelle Betätigung versagt, einerseits und andererseits der des Tantrikers, für den im Akt des sexuellen Vollzugs »Selbst und Welt in der Einheit des Absoluten zusammenfallen«. Christliche Grundhaltung wird Sexualität weder verleugnen noch verabsolutieren, sondern in ihrer partikulären Glückhaftigkeit als zeichenhaften Verweis auf ein umfassenderes, dauerhaftes Glück interpretieren.

2. Auch die höchst positive Bedeutung des *weiblichen Prinzips* im shaktistischen Tantrismus – man erkennt darin tiefenpsychologisch ein auch in der Marienfrömmigkeit aufbrechendes Urbedürfnis nach dem weiblichen Archetypus – kann Christen bewußt machen, wie sehr das Weibliche in christlicher Lehre und kirchlicher Praxis unterdrückt und verdrängt wurde, wie sehr das Christentum durch und durch eine patriarchalische Religion geworden ist. Es wird Christen zu einer »relecture« eigener Traditionen, festgefügter Sprachcodes und eingeschliffener Vorurteile und Praktiken herausfordern. Man muß dabei nicht von einer »Selbstentzweiung des Absoluten« in eine weibliche und eine männliche Kraft sprechen. Daß aber »Gott« nicht in einer Art *Prinzip der Männlichkeit* aufgeht, sondern – wenn man schon in Bildern reden will – Männliches und Weibliches in einer Art »coincidentia oppositorum« in sich umgreift und zugleich transzendiert, »aufhebt«, müßte heute – im Zeitalter einer »feministischen Theologie« – Ausgangspunkt aller christlichen Theologie sein. Konkret: wenn Christen den Vaternamen für Gott weiterhin benutzen, dann haben sie sich der Einseitigkeit solcher Symbolsprache bewußt zu sein. Gebraucht man solche Symbole in »zweiter Naivi-

tät«, dann im Bewußtsein, daß »Vater« nicht mehr länger als Ausdruck für Gottes Männlichkeit verstanden werden kann, sondern metaphorisch entschlüsselt werden muß als hilfsbereite Mächtigkeit und nahe Geborgenheit, die Mütterlichkeit einschließt. Denn der Mann Jesus von Nazaret offenbart schon nach dem Neuen Testament nicht Gottes Männlichkeit, sondern Gottes Menschlichkeit, Menschenfreundlichkeit, Philanthropia; theologisch relevant ist: Gottes Wort ist Mensch (nicht Mann) geworden.

Zu Recht betont die amerikanische Theologin Rosemary Radford Ruether: »Gott ist beides: männlich und weiblich, sowie weder männlich noch weiblich. Wir brauchen eine inklusive Sprache für Gott, die von den Bildern und Erfahrungen beider Geschlechter lebt. Diese Inklusivität sollte nicht zur stärkeren Abstraktion führen. Abstraktionen verbergen oft androzentrische Voraussetzungen und verhindern die Erschütterung des männlichen Monopols bei der Rede von Gott, wie in dem Satz: ›Gott ist nicht männlich. Er ist Geist.‹ Inklusivität kann nur dadurch geschehen, daß für die Gottheit (›God/ess‹) weibliche wie männliche Metaphern gebraucht werden« (»Sexism and God-Talk«, 1983, S. 67).

3. Der gesamte *shaktistische Tantrismus darf somit nicht einfach als Sexualkult* oder gar als sexuelle Ausschweifung abgewertet werden. In vielen Fällen handelt es sich um tiefe religiöse Systeme und Praktiken, die Sexualität als eine schöpferische Kraft menschlichen Lebens bejahen und auch die sexuelle Kommunikation als tiefste Kommunikation zwischen Menschen in die Religion einzubeziehen versuchen. Gerade die Verbindung von Yoga und Sexualität zielt im ursprünglich hinduistischen Tantrismus, wie sich aus den grundlegenden Untersuchungen von Mircea Eliade (»Le Yoga«, 1960) und Agehananda Bharati (»The Tantric Tradition«, 1965) ergibt, nicht auf die bloße Befriedigung temporärer »Bedürfnisse«, sondern auf die Sublimierung der Sexualität: auf Erlösung und Einigung mit dem Absoluten. Ferner ist nicht zu übersehen, daß diese Kulte aus den sozial benachteiligten und unterdrückten gesellschaftlichen Schichten des Volkes kommen und so nicht nur allgemein die Laienfrömmigkeit, sondern gerade die oft unterdrückten Schichten und Dimensionen im Menschen religiös zum Ausdruck bringen wollen. Dabei spielt die Gleichberechti-

gung der Frau wie die Irrelevanz der Kasten eine auch gesellschaftlich nicht zu unterschätzende Rolle. Man sollte also nicht bestreiten, daß es sich auch in diesen, Christen so fremden Kulten um *echte Religiosität* handeln *kann.*

4. Historiker machen uns freilich darauf aufmerksam, daß das Bekanntwerden des Tantrismus im 6./7. Jahrhundert mit dem Niedergang des indischen Buddhismus zeitlich zusammenfällt. Der Zusammenhang zwischen beiden Entwicklungen müßte wohl noch genauer untersucht werden. Denn es waren ja zweifellos die äußeren Verfolgungen durch Hunnen im 6. Jahrhundert, durch shivaitische Könige im 7. Jahrhundert und durch die Muslime seit dem 8. Jahrhundert, welche schließlich die Lehre des Buddha in ihrem Ursprungsland im 11. Jahrhundert entscheidend schwächten und schließlich im 13. Jahrhundert durch ihre Vernichtungspolitik ausrotteten. Es waren aber auch die mit der Zeit um sich greifenden Dekadenzerscheinungen in den an Ländereien und Dienern immer reicher werdenden buddhistischen Klöstern. Und es wäre noch im Detail zu untersuchen, was die *negativen Auswirkungen des Tantrismus* gewesen sind, wie sie etwa in der sorgfältig abwägenden Studie von R. C. Mitra »The Decline of Buddhism in India« (1954) verzeichnet werden. Es stellt sich hier eine grundsätzliche Frage:

Widerspruch zur Lehre des Buddha?

In seiner Exposition betont Heinz Bechert, daß der Shaktismus, insofern er neben Magie und Alkoholkonsum gerade auch die sexuellen Kräfte aktiviert, nicht bloß eine Anpassung des einen und selben Buddhismus an veränderte kulturelle Rahmenbedingungen ist, sondern im *Widerspruch steht zur Lehre des Buddha selbst,* der für die Mönchsgemeinschaft die Enthaltsamkeit, und dies besonders im sexuellen Bereich, gefordert hatte. Die Tatsache, daß man schon im Mahāyāna den historischen Buddha vielfach durch ein zeitloses Buddhaprinzip ersetzt hatte und überhaupt ein eindeutiges Unterscheidungskriterium fehlte, mag sich im Tantrismus besonders stark ausgewirkt haben. Dem Urteil Helmuth von Glasenapps jedenfalls kann man nur zustimmen: »Es ist klar, daß hier Vorstellungen und Riten zur Geltung kamen, die dem alten Buddhismus von Natur aus durchaus fremd sind, ja, seine Anschauungen in das gerade Gegenteil verkehren, denn nach dem Pāli-Kanon war Buddha ein Gegner aller Geheimlehren und verkündete einen asketischen Erlösungspfad. Es hat daher dem Vajrayāna nie an Gegnern aus dem Lager der Anhänger des Überlieferten gefehlt« (»Pfad zur Erleuchtung«, 1956, S. 14).

Wie steht es also um einen Buddhismus (ein Christentum), in welchem der Buddha (Christus) und *seine* Lehre nicht mehr das Maßgebende sind? Was bedeutet es, wenn der shaktistische Tantrismus »zu etwas radikal anderem geworden« ist als »die Buddha-Lehre«, weil er dem nach Buddha anzustrebenden mönchischen Lebenswandel in wesentlichen Zügen widerspricht und die hochgeistige Erleuchtung des Buddha umdeutet in einen orgiastischen Sexualakt der Befreiung von der Knechtschaft religiöser Institutionen sowie sittlicher und ritueller Konventionen, wie dies etwa in jener (bisher geheimgehaltenen und erst 1980 ins Englische übersetzten) Hagiographie des berühmtesten tibetischen Heiligen und tantrischen Meisters Drukpa Künleg aus dem 16. Jahrhundert zum Ausdruck kommt? Können »das liederliche Leben und die lästerlichen Gesänge« dieses „Heiligen Narren« (so der deutsche Titel 1982) wirklich »ein ausgezeichnetes Medium« sein, »um die Tradition des tibetischen Buddhismus« zu vermitteln, wie der Herausgeber Keith Dowman (S. 11 f.) rühmt?

Die kriteriologische Frage stellt sich hier bezüglich Mißbrauch *und* Brauch: Inwiefern ist das alles noch buddhistisch? Oder – sofern es aus Volkskulten stammte – inwiefern war es dies je? Man muß nicht in westlich-christlichen Vorurteilen befangen sein, wenn man fragt: Wird nicht einem (vielen säkularen Westlern willkommenen) sexuellen Libertinismus, einer Promiskuität und einem amoralischen Egoismus, die den Partner zum Mittel machen, der Weg gebahnt, wenn nun »Randerscheinungen« wie Sexualpraktiken und magische Manipulationen aller Art zum »zentralen Erlösungsweg« werden und so völlig losgelöst erscheinen von dem, was ursprünglich im Zentrum des buddhistischen Erlösungsweges stand: sittlicher Lebenswandel, Askese, Erkenntnis, Meditation? Bei aller berechtigten Aufwertung der Frau zum gleichberechtigten Partner: sollen in der sakralen geschlechtlichen Vereinigung ohne alles ethische Korrektiv nun gerade die Wonne des Absoluten und das höchste Heil erfahren werden, wie wir in der Exposition gehört haben und wie dies von manchen Gurus auch im Westen propagiert wird?

Was da immer über Initiierung und Präparierung, über Sublimierung der Sexualität, den notwendigen Vollkommenheitsgrad und die angeblich bereits realisierte Buddha-Natur gesagt wird: kann dies kritsche Fragen unterdrücken? Auch die innerbuddhistische Kritik setzt hier ein: Christen und die übergroße Mehrheit der Buddhisten stimmen darin überein, daß auch die biologische Triebregelung einer ethischen Ordnung bedarf, daß die Sexualität im Prinzip in die (partnerschaftlich zu schließende und partnerschaftlich zu lebende) Ehe gehört und nicht in die kultische Praxis – vor allem nicht in die kultische Praxis mit der Austauschbarkeit diverser Partner, wo der Mißbrauch der Religion für sexuelle Zwecke und der Mißbrauch der Sexualität für religiöse Zwecke beinahe unvermeidlich ist, wie man dies vom weitverbreiteten Phänomen der Tempelprostitution her kennt.

Indem wir den Mißbrauch von Religion und Sexualität, der in allen Religionen möglich war und möglich ist, reflektieren, stellt sich erneut an alle Religionen die Grundfrage: Kann der religiöse Zweck alle Mittel heiligen? Ist im Dienst der religiösen Hingabe alles erlaubt? Darf religiös geboten sein, was letztlich unmenschlich wird, was Menschen entwürdigt, schädigt, gar zerstört?

Keine Form des Buddhismus dürfte so problematisch sein wie dieser esoterisch-erotische Buddhismus. Und dies nicht nur vom Christentum und von den eigenen buddhistischen Ursprüngen her, sondern auch von der Funktion von Religion für das umfassende Wohl des Menschen überhaupt her. Wieweit gerade dieser shaktistische Buddhismus der Entmythologisierung, der Entmystifizierung und der Humanisierung bedarf, ist jedenfalls eine offene Frage. Mit aller Dringlichkeit ist hier die Frage nach *Kriterien der gegenseitigen Kritik* im Gespräch zwischen den Religionen gestellt.

Doch darf diese Kritik nicht überzogen werden: der Shaktismus stellt im Buddhismus ein Randphänomen dar. Völlig verfehlt wäre es, gerade den Buddhismus Tibets einfachhin mit seiner shaktistischen Form zu identifizieren. Neben dem »linkshändigen« (shaktistischen) gibt es ja den »rechtshändigen«, neben der Roten Sekte die offizielle Gelbe Sekte. Und man braucht nur die vom 14. Dalai Lama eingeleiteten dokumentarischen Veröffentlichungen über »Practice and Theory of Tibetan Buddhism« (hrsg. von L. Söpa und J. Hopkins 1976; dt.: »Der Tibetische Buddhismus« 1977) und »Tantra in Tibet« (hrsg. von J. Hopkins 1977; dt. 1980) einzusehen, um feststellen zu können, wie sehr der »rechtshändige« Buddhismus ganz auf die Meditation ausgerichtet ist.

Dem Meditationsbuddhismus, der theoretisch wie praktisch von größter Bedeutung ist, müssen wir uns nun zuwenden, nachdem in der Exposition von Heinz Bechert davon nur kurz die Rede war.

Der Buddhismus der Meditation

Anders als in der Naturwissenschaft, wo Mathematik und Experiment mit der Zeit die Ablösung eines alten Paradigmas erzwingen können, verschwinden im religiösen Bereich die alten Paradigmen keineswegs notwendig. Oft bestehen sie neben den neueren durch lange Jahrhunderte hin fort, in traditionalistischer, wenngleich vielfach angepaßter Form. Jede historische Darstellung setzt die Fortdauer des unauffällig dahinlebenden Alten als mehr oder weniger selbstverständlich voraus und konzentriert sich notgedrungen auf neuere Entwicklungen.

Der Tantrismus stellt die Neuentwicklung des Buddhismus auf indischem und nepalesisch-tibetischem Boden dar. Außerhalb Indiens aber kam es ungefähr gleichzeitig in China, wie wir in der Exposition hörten, zu zwei neuen Entwicklungen, zwei Paradigmen, denen in Ostasien die Zukunft gehören sollte: zusammen mit dem Glaubensbuddhismus (Amida-Buddhismus), von dem später zu handeln ist, der Meditationsbuddhismus – chinesisch *Ch'an*, japanisch *Zen* –, der sich gleichzeitig mit dem Tantra in der zweiten Hälfte des 1. Jahrtausends ausbildete, seine Blütezeit in China vom 8. bis 13. Jahrhundert erlebte und schon zu Beginn des 13. Jahrhunderts Eingang in Japan fand.

Nun waren ja von allem Anfang an für den Buddhismus – mehr als bestimmte liturgische Praktiken oder ein bestimmtes philosophisches System – die *Meditationsübungen* charakteristisch, die den in Verblendung, Haß und Begehrlichkeit, kurz, in Ichsucht befangenen Menschen zur Achtsamkeit, Sammlung und Befreiung des Geistes, zur Versenkung in ihren vier Stufen und so zum erlösenden Wissen führen sollen: daß alle Dinge – der Meditierende eingeschlossen – bedingt entstehen und vergehen, substanzlos und deshalb leidvoll sind und daß die Befreiung von jeglichem Begehren und Anhaften auch das Ende der Leiden bringen wird. Keine Weisheit ohne Konzentration des Denkens: eine Konzentration, die jedoch den Geist nicht mit Ideen bereichern, sondern aller Ideen entleeren soll. Die beste Meditation ist die objektlose Meditation.

Von Anfang an gehörte die Meditation als Mittel der geistigen Selbstdisziplinierung zum »achtfachen Pfad« des Buddha. Trotzdem ließ sich nicht übersehen, wie gerade in Theravāda-Ländern wie Sri Lanka die Meditation zugunsten der buddhistischen Lehre, Riten und Verdienste völlig in den Hintergrund trat und wie der Großteil der Mönche auch in Thailand und Birma die – natürlich immer sehr hochgepriesene – Meditation kaum praktiziert.

Daß im Zen nun wieder die Meditation ganz und gar im Zentrum steht, ergibt sich schon aus dem Wort: Wie wir in der Exposition hörten, meint das Wort »Zen« nichts anderes als »Meditation«. Anders als die zweite Hauptströmung des chinesisch-japanischen Buddhismus, der Amida-Buddhismus, legt Zen den Akzent auf die direkte, unmittelbare Erfahrung und Erleuchtung des einzelnen Menschen und greift insofern auf etwas Urbuddhistisches zurück.

Dabei gibt es durchaus Parallelen zwischen dem chinesischen Zen und dem gleichzeitigen indischen Tantra, insofern beide gegen den traditionellen Buddhismus gerichtet sind. Doch während man Tantra als ein neues *synkretistisches* Paradigma verstehen kann, das alle möglichen Elemente aus Hinduismus und verschiedenen Volkskulten aufgenommen hat, so Zen eher als ein *reformerisches* Paradigma, welches auf *Konzentration, Vereinfachung und Verinnerlichung* aus ist. Allerdings wird man bei dem wenig ausgebildeten historischen Bewußtsein des Buddhismus kein pathetisches reformatorisches »Zurück zum Ursprung« erwarten dürfen. Vielmehr soll sich der Mensch hier und jetzt seiner Buddha-Natur bewußt werden. Folgende Tendenzen sind aber beim Zen unübersehbar:

- Gegen alle überzogene traditionelle Verehrung des Buddha und gängige Verkennung seiner Rolle (»wer dem Buddha begegnet, töte den Buddha«), ein neues *Ernstnehmen des ursprünglichen Buddha* als des Wegweisers, auf den sich der Zen über die sagenhafte Gestalt des indischen Mönches Bodhidharma (angeblich Anfang des 6. Jahrhunderts) und die anderen Zen-Patriarchen ausdrücklich zurückführt.

- Gegen alle Überbewertung philosophischer Abstraktionen und Subtilitäten, Riten und Bilder, gegen alle Intellektualisierung und Systematisierung in zahllosen Kommentaren und Subkommentaren, gegen alle komplizierten und doch unnützen kosmologischen und psychologischen Theorien der Schulen eine Rückkehr zur *einfachen geistlichen Lehre*, die einen praktischen Weg der Erfahrung, der Meditationspraxis, zur Erleuchtung zeigen will. Die Erleuchtung erreicht der Mensch dann entweder nach allmählicher ruhiger Vorbereitung (so die Sōtō-Zen-Schule) oder aber ganz plötzlich (so die Rinzai-Schule).

- Gegen alle »kirchliche« Versteinerung und allen »bonzenhaften« Klerikalismus des traditionellen Buddhismus, der keine Arhats (Theravāda) und keine Bodhisattvas (Mahāyāna) mehr hervorzubringen vermochte, eine *Öffnung der buddhistischen Gemeinde*: Erleuchtung kann in diesem Leben auch vom Laien erreicht werden und wird oft erreicht, manchmal in unerwarteten Dingen und gewöhnlichen Vorgängen des täglichen Lebens. Alle können der in der Tiefe eines jeden Menschen sich findenden Buddha-Natur innewerden. Ideal ist hier nicht wie im Tantra der Magier (Siddha), sondern der Rōshi, der kein von dem gewöhnlichen Menschen verschiedenes Leben führt und der doch die Erleuchtung, die »Leerheit« aller Dinge erfahren hat: in der Welt und doch distanziert von der Welt, passiv und aktiv zugleich.

Auch in diesem Paradigma also hat sich die Grundspannung zwischen mönchischer und laikaler Frömmigkeit zugunsten der Laien verschoben, wenngleich gerade der Zen zum Teil erst nach dem Zweiten Weltkrieg seinen elitären Charakter aufgegeben hat. Neu war, daß die Mönche nicht mehr betteln, sondern auch arbeiten sollen; neu besonders die harte körperliche Zucht, der sich in der Zen-Meditation jeder zu unterziehen hat: nicht nur Sitzhaltung (zazen) in der Lotosposition, tiefes Durchatmen und Abschalten der Gedanken, sondern auch harte Aufsicht des Zen-Meisters, Stockschläge, dazu erstaunliche Geschichten, dunkle Aussprüche und Rätsel (japanisch: kōan), über die man unter Umständen jahrelang nachdenken kann, wie das Beispiel zeigt, das wir in der Exposition gehört haben.

Ein anderer dieser Kōans lautet: »Wo siehst du das Nichts? Wann siehst du das Nichts? Wie alt ist das Nichts ...?« Aber gerade im japanischen Zen darf das »Nichts« oder die »Leerheit« nicht nihilistisch, sondern muß es als Umschreibung einer unbestimmbaren letzten Wirklichkeit verstanden werden. Zen ist die Anleitung dazu, daß der Mensch den Dualismus von Ich und Absolutem überwinden und so zur Leerheit, zum Absoluten gelangen kann, wie dies in unseren Tagen erneut die Kioto-Schule deutlich machte. Der aufgeregte, ängstliche, entfremdete Menschengeist ist nach buddhistischer Lehre ein sturmgepeitschter See, in dessen Fluten sich Mond und Sterne nicht spiegeln können. Er bedarf der Beruhigung durch Übungen, in denen die zwanghafte Aktivität gerade auch des diskursiven Denkens ausläuft. Er bedarf der intensiven Konzentration (Sanskrit: samādhi), damit er schließlich zur Erleuchtung (Sanskrit: bodhi, japanisch: satori) komme; die Gefahr von Halluzinationen (japanisch: makyō = Schein) und Nervenzusammenbrüchen (Zen-Wahnsinn) ist dabei nicht ausgeschlossen. Wer Zen übt, weiß, daß die Erleuchtung den Menschen zwar durchaus im Alltag überfallen kann, daß man aber oft jahrelang vergebens auf Erleuchtung zu warten hat. Im Sinn des ursprünglichen Buddhismus setzt Zen also sein ganzes Vertrauen auf das Selbsterleben des Menschen, die *»eigene Macht« (jiriki).* Und doch ist die Erleuchtung nicht einfach methodisch-planmäßig produzierbar. Nein, auch für das Zen gilt: Wer Erleuchtung erzwingen will, wird sie verfehlen! Nur der Mensch ohne Eigenwillen, ohne Ichverhaftung wird sie schließlich erlangen.

In einer kritischen Betrachtungsweise dürfte nun freilich nicht verschwiegen werden, daß gerade im Zen die Rede von der Aufhebung aller Gegensätze in der »Leerheit« oft einer Immunisierung gegen jegliche Kritik Vorschub leistet, indem präzise Auskünfte über die eigene Lehre und das eigene Handeln verweigert werden (wer »nichts« aussage, könne auch nicht kritisiert werden!). Verhängnisvoll wirkt sich dies besonders in der Ethik aus: So imponierend die Zen-Disziplin ist (und das Ideal des durch nichts mehr erschütterbaren Menschen), sie kann, wenn die ethische Dimension vernachlässigt wird, für alle möglichen Zwecke genutzt werden, nicht zuletzt für militärische (unbekümmerter Heroismus, moralische Gleichgültigkeit und Gefügigkeit). – Wie aber ist nun die Grundeinstellung des Christen zum »Wesen« des Zen, zur Meditation, die so oft mit dem christlichen Gebet kontrastiert wurde?

Meditation oder Gebet?

Natürlich gibt es im konkreten religiösen Leben der Menschheit ein breites Spektrum spiritueller Haltungen und Betätigungen. Doch ganz entsprechend den beiden Grundformen von Religiosität, die wir unterschieden haben, lassen sich auch *zwei Grundformen von »Gebet«* (im allerweitesten Sinn) unterscheiden: das prophetische Gebet und das mystische Gebet, die Meditation. Wir versuchen, den Unterschied – im Anschluß an Friedrich Heilers klassisches Werk über »Das Gebet« – scharf zu profilieren, indem wir das prophetische Gebet in der Form des biblischen Betens mit dem mystischen Beten, besser dem Meditieren, konfrontieren, wie wir es auch schon im Zusammenhang des Hinduismus kennengelernt haben, dort aber nicht behandeln konnten.

Wie geschieht das *Gebet in der Bibel*? Das Gebet des Frommen (oder auch weniger Frommen) in der Bibel geschieht erstaunlich selbstverständlich, unkompliziert – mitten im Leben und aus dem Leben heraus: ein naives »Ausschütten des Herzens« in Schlichtheit und ungebrochenem Realismus. Alles ganz und gar ausgerichtet auf Gott: Bitte um Erhörung, Hilfe, Barmherzigkeit, Gnade, Heil für sich selbst, für die anderen, für das Volk. Ein frei sich entfaltendes Bitten, auch Danken, Loben und Preisen.

Aber sosehr nun im Verlauf der Geschichte biblisches Beten doch auch in Formeln fixiert, liturgisch stilisiert, verfeinert und manchmal gar mit asketischen Leistungen gekoppelt werden kann:
die Bibel kennt eigentümlicherweise kein Reden von Methode, Systematik, Psychotechnik des Gebetes;
keine Gebetsstufen, die zu beschreiten wären;
keine Uniformierung des religiösen Erlebens;
kein psychologisches Reflektieren über das Gebet, bei aller prophetischen Gebets- und Opferkritik;
keine Selbstanalysen und asketischen Anstrengungen zur Erreichung bestimmter Seelenzustände.
Statt dessen ein naiv unreflektiertes »Gespräch mit Gott«: Äußerungen des Glaubens, der Hoffnung, der Liebe, des Dankens, Lobens und Bittens – in großer individueller Mannigfaltigkeit und Vielgestaltigkeit.

Wie nun unterscheidet sich davon das *mystische Beten oder Meditieren*? Die Meditation des mystischen Menschen geschieht in der Loslösung von Welt und eigener Leidenschaft und der Einkehr nach innen. Methodisch und systematisch soll es den Menschen zur letzten Wirklichkeit – als »Fülle« (im Hinduismus) oder »Leere« (im Buddhismus) verstanden – führen: vom Äußerlich-Sinnlichen zum Innerlich-Geistigen, ein Sichversenken in das Absolute oder ein Eingehen ins Nirvāna, eine Erfüllung oder ein Erlöschen. Dies alles in geordnetem Fortschreiten, wie wir es in traditionellen westlichen Kategorien sagen würden:
zuerst die oft angespannte und mit verschiedenen physischen und psychischen Mitteln herbeigeführte willentliche *Konzentration;*
dann die gelöste, ergriffen-passive, selbstvergessene *Kontemplation;*
schließlich die verzückte oder versunkene *Ekstase*, bei der sich der Mensch verliert in der unermeßlichen Fülle des Absoluten oder in der ewigen Ruhe des Nirvāna.

Aber damit ist auch bereits angedeutet: Diese beiden Grundtypen des »Gebetes« sind im Laufe der Geschichte selbstverständlich nicht in Reinkultur tradiert worden. Durch *Kreuzungen* der mystischen Frömmigkeit – entweder mit den primitiven Volksreligionen oder mit der Glaubensfrömmigkeit – kam es in Ost und West zu zahlreichen *verschiedenen Ausprägungen mystischer Religiosität*: mehr warm affektiv oder kühl affektlos, erotisch oder geistig abgeklärt, kultisch oder unkultisch, phantasiemäßig dichtend oder verstandesmäßig reflektierend, apersonalistisch-monistisch oder personalistisch-theistisch ... Die Gemeinsamkeit der verschiedenen mystischen Ausprägungen ist jedoch (trotz oft personalistischen Vokabulars) nicht zu übersehen. Viele Momente dieser östlichen Frömmigkeit kehren im Raum des Christlichen wieder: in der deutschen, niederländischen, französischen, spanischen Mystik.

Man wird indessen bei allen Kreuzungen und Mischformen den grundsätzlichen Unterschied zwischen biblischem und mystischem Beten nicht einebnen dürfen. Blickt man insbesondere auf die Weise, wie das *Neue Testament* vom Gebet spricht, und auf die Art, wie Gebet hier praktiziert wird, so läßt dies nur den einen Schluß zu: Mystische Gebetshaltung kann für den Christen wichtig sein, Normativität jedoch wird sie nie beanspruchen dürfen! Gewiß, die *»Gebetsleiter«* mit den verschiedenen Gebetsstufen – auch im christlichen Mönchtum hoch geschätzt, dann auch in der traditionellen Priestererziehung und im Exerzitienwesen empfohlen, gelehrt, praktiziert – wird immer eine psychologisch-pädagogische Funktion haben: Durch Beschreibung und Analyse einzelner Gebetsphasen kann der Betende sich und anderen immer stärker Klarheit verschaffen, kann sich in Selbstkritik üben, kann sich ganz ausrichten auf das Absolute. Aber, nimmt man das Neue Testament zum kritischen Maßstab, wird diese Gebetsleiter für Christen keinerlei letztgültigen Charakter haben. Bei aller Bewunderung also für die große Teresa von Avila, diese geniale Frau, die zu den bedeutendsten Mystikern der Religionsgeschichte gehört: Im Alten wie im Neuen Testament gibt es kein Ideal eines inneren Gebetes oder eines Gebetes des Herzens, findet sich keine Aufforderung zur Beobachtung, Beschreibung und Analyse mystischer Erlebnisse und Zustände, läßt sich keine Stufenleiter des mystischen Gebets bis zur Ekstase erkennen, keine Betonung jenes Gebetes, das eine besondere religiöse Begabung voraussetzt.

Wie oft haben geistliche Erzieher mit mystisch-spirituellen Idealen (aber ohne zen-buddhistischen Sinn für das Schöne, etwa in Blumenstecken, Gartenkunst, Kalligraphie, Malerei, Tanz und Poesie) Gutwillige – für solches Beten weder begabt noch daran interessiert – geistig vergewaltigt; wie oft haben sie ihnen Schuldgefühle eingeimpft und das Beten erschwert oder überhaupt vergrault! Grundsätzlich gilt (und ich kann hier nur einige Grundregeln entwickeln): Geistig anspruchsvollere Formen des Gebets können die Sache von Christen sein, *müssen* es aber *nicht*! Auf gar keinen Fall dürfen sie zum Ausweis einer besonderen Qualität des Christlichen gemacht werden, gar zur esoterischen Angelegenheit einer geistlichen Elite, die sich über die »Durchschnittsbeter« erhaben wüßte. Den meisten Menschen wäre durch die Empfehlung eines kurzen dankend-bittenden Einhaltens vor dem Essen oder Schlafen im Geiste Jesu (»plappert nicht wie die Heiden«, Mt 6,7) mehr geholfen als mit unerfüllbaren Meditationsforderungen. Mystisches Beten ist Charisma, *ein* Charisma, und nicht das höchste. Es kann der Nachfolge Christi, die in der Liebe gipfelt, dienen, kann aber auch – zum Selbstzweck geworden – von ihr wegführen.

Christliche Meditation und buddhistisches Gebet

Und doch darf man nun die vom prophetischen oder mystischen Ursprung her gegebene Gegensätzlichkeit nicht zu einer grundsätzlichen Ausschließlichkeit steigern. Hat sich doch schon im Zusammenhang mit dem Hinduismus gezeigt, daß durchaus eine gegenseitige Durchdringung und Bereicherung möglich und durch mannigfache Kreuzungen von prophetischer und mystischer Frömmigkeit in der einen religiösen Geschichte der Menschheit vorbereitet ist. Gewinnt man doch auch in tieferer christlicher Perspektivität die Fülle nur aufgrund einer Entleerung, das Leben nur durch ein Sterben, das neue Sein nur durch Selbsthingabe. Und so ist auch in der persönlichen Frömmigkeit durchaus eine *Konvergenz* möglich; denn Christen üben östliche Meditationstechniken, und Buddhisten praktizieren Formen von Gebet, die Christen durchaus vertraut vorkommen. Das heißt:

1. Es gibt nicht nur eine buddhistische, sondern auch eine *christliche Meditation*: Östliche Meditation – wenn sie nicht wie heutzutage der Yoga im Westen zu einer Art psycho- oder sozialtherapeutischen Entlastungstechnik degeneriert – kann für Menschen des Westens und auch für Christen kritischer Katalysator sein, um die eigenen Vereinseitigungen zu erkennen und, wie viele christliche Autoren von Thomas Merton (»Zen and the Birds of Appetite«, 1968) bis Hans Waldenfels (»Meditation – Ost und West«, 1975) betonen, vergessene oder verschüttete Momente der eigenen christlichen Tradition wiederzuentdecken (besonders christliche Ordensgemeinschaften haben da für sich und andere adäquate Aufgaben):

- Gegenüber falsch verstandener Selbstentäußerung und Selbstverleugnung (»Kreuz«!) ein neues Bemühen um das *Ganz- und Heilwerden* des Menschen (Offenheit, Natürlichkeit, Schlichtheit, menschliche Wärme).
- Gegenüber der Intellektualisierung und der Theoretisierung der Frömmigkeit (Trennung von Theologie und Frömmigkeit seit der Hochscholastik) eine neue praktische *Einübung (Orthopraxie)* in das geistige Leben (nicht nur Lehrer, sondern Praktiker des geistlichen Lebens, die Bedeutung der »Meister«).
- Gegenüber einer allzu vergeistigten »Spiritualität« und einer Seelsorge ohne Leibsorge das Bewußtsein vom Zusammenhang alles Existierenden und eine neue Betonung der *Leiblichkeit* schon in der Beachtung körperlicher Haltungen (Lotossitz als Ausdruck von Ruhe und intensiver Sammlung) sowie durch Bemühung um kontrollierte, regulierte Atmung.
- Gegenüber der westlichen (und modern-japanischen) Diffusion des Geistes in der Oberflächlichkeit, Geschäftigkeit, Hektik, inneren Zerrissenheit des Alltags eine Beruhigung des Geistes und eine neue Konzentration durch ein intuitives *Einsteigen in die Tiefe des eigenen Inneren* (nicht mehr rational auflösbare »Rätsel«), eine Bewußtseinserhellung und Bewußtseinserweiterung.
- Gegenüber dem von all den Dingen gefangengenommenen ständigen Reden und Tun eine neue Praxis des *Schweigens* und *Wartens*, das frei wird von Gedanken, Gefühlen, Wünschen, das selbst auf Worte und Bilder verzichten lernt, um frei von

allem, in der Stille sich selbst, ja, die beglückende Leere, Ichlosigkeit und so das Absolute zu erreichen, zu dem der Mensch durch Erleuchtung aufgeweckt werden muß.

So steht denn die östliche Meditation und besonders das Zen ganz wesentlich unter dem großen Programmwort der *Freiheit*: Freiheit von sich selbst in Selbstvergessenheit. Freiheit von jedem körperlichen und geistigen Zwang, von jeder Instanz, die sich zwischen den Menschen und seine unmittelbare Erfahrung und Erleuchtung stellen will. Freiheit auch vom Buddha, von den heiligen Schriften, Freiheit in letzter Konsequenz auch vom Zen, das Weg, nicht Ziel ist und bleibt. Nur in voller innerer Freiheit kann der Mensch zur Erleuchtung kommen – in diesem Leben oder nachher.

Ist es nach alldem eine Überraschung, wenn auch Christen, die sich von kirchlicher Dogmatik, starren Regeln und geistiger Dressur bis ins Gebetsleben hinein reglementiert vorkommen, solch inhaltsfreies Denken, solche objektlose Meditation, solche beglückend erfahrene Leere als wahre Befreiung empfinden? Hier finden sie innere Ruhe, größere Gelassenheit, besseres Selbstverständnis, feinere Sensibilität für die ganze Wirklichkeit. Aber auch das Umgekehrte ist der Fall:

2. Es gibt nicht nur ein christliches, sondern auch ein *buddhistisches Beten*: Darin unterscheidet sich der konkrete, gelebte Buddhismus von der reinen Lehre. Die Formen buddhistischer Frömmigkeit sind sehr viel reicher, als die Anweisungen zur buddhistischen Meditation ahnen lassen. Der katholische Fundamentaltheologe und Buddhismus-Kenner Hans Waldenfels hat überzeugend dargestellt, wie vielfältig die Gebetsformen auch im Buddhismus sind: »1. Es gibt Formen des Bittgebetes, die mit Recht im Buddhismus selbst als der Läuterung bedürftig empfunden werden. 2. Es gibt Formen des Lobens und Preisens, des Dankens und der Zuwendung, die eine Ahnung des Mysteriums verraten, – wobei dieses Mysterium in der Weise des Unsagbaren und Namenlosen oder auch in der Weise von ›Boten‹, bestimmter Buddha- und Bodhisattvagestalten bis hin zur historischen Gestalt des Nichiren anwesend sein kann. 3. Es gibt Formen der Schreie

der Not und der Freude und des Glückes, die Zeichen gegen alle Hoffnung erhoffter Hilfe oder erfahrener Glückserfüllung sind und vielleicht als ›Orte‹ göttlichen Wirkens erahnt werden können. 4. Damit ergäbe sich als Schlußfolgerung, daß ein wahres Gebet als Lob, Dank und Bitte solange nicht auszuschließen ist, als das Mysterium selbst nicht eigenmächtig beseitigt und damit der Zugang für Gott, der dem Menschen entgegenkommt, wo er sich radikal losläßt, versperrt ist« (»Faszination des Buddhismus. Zum christlich-buddhistischen Dialog«, 1982, S. 111). – Dies wird alles sehr viel verständlicher werden, wenn wir uns nun schließlich der anderen Hauptform des chinesisch-japanischen Buddhismus zuwenden, die in der Exposition ebenfalls nur kurz behandelt wurde.

Der eine Buddha und die vielen Buddhas

In derselben zweiten Hälfte des 1. nachchristlichen Jahrtausends, als sich in Indien, Nepal und Tibet der *Paradigmenwechsel* zum Tantrismus, in China aber der zum Zen- oder Meditationsbuddhismus ereignete, vollzog sich ebenfalls in China der Paradigmenwechsel zum *Reinen-Land- oder Amitābha-Buddhismus.* Woher kommt die dieser Form des Buddhismus zugrundeliegende Vorstellung von einem Buddha Amitābha, der für die große Masse des Volkes, die sich nicht wie die Elite religiöser Aristokraten aus der Welt zurückziehen und sich der Meditation widmen kann, alle Hindernisse auf dem Weg zum Heil auszuräumen verspricht durch die Wiedergeburt in einem Reinen Land, in welchem auch der gewöhnliche Mensch sich ungestört auf die Erleuchtung vorbereiten kann? Woher diese erstaunlich demokratische und verständlicherweise bis heute höchst populäre Auflösung der immer wieder festgestellten buddhistischen Grundspannung zwischen mönchischer und laikaler Frömmigkeit?

Schon für das 1. nachchristliche Jahrhundert ist in Indien die Legende von einem König und späteren Mönch bezeugt, der den Namen *Dharmākara* angenommen und der angesichts des Leids der Menschen ein *Gelöbnis* abgelegt hatte, ein Buddha zu werden – aber erst dann seine Würde anzunehmen und ins Nirvāna einzugehen, wenn er die Macht habe, ein überirdisches Reines Land, ein Buddha-Land des Friedens und Glücks ohne Leid und Leidenschaft, ins Dasein zu rufen, wo die Gläubigen unbehindert und unbelastet von jeglichem Karman zur Erleuchtung und zum Nirvāna heranreifen können. Und so geschah es. Der Mönch erlangte die höchste Stufe der Erleuchtung, wirkte als Bodhisattva in grenzenlosem Mitleid und sammelte unendlich viele Verdienste, um sein Versprechen zu verwirklichen.

So wurde der Bodhisattva schließlich zu einem der Buddhas der vier Himmelsrichtungen, der jetzt dem Reinen Land, jenem eine Million Milliarden Buddha-Länder entfernten westlichen Paradies der Seligkeit, vorsteht und der den Namen *Amitābha* (Sanskrit) oder *Amida* (japanisch) trägt, was heißt: ein kosmischer Buddha »des unermeßlichen Lichtes«, oder auch *»Amitāyus«*, was heißt: Buddha des »ewigen Lebens«. Um diesen kosmischen Buddha hat sich im Mahāyāna ein eigentlicher Kult gebildet, mit unendlich vielen Statuen und Bildern, in China schon im 5. Jahrhundert eine Schule, im 9. Jahrhundert aber eine alle Formen des Buddhismus durchdringende Strömung. In der nicht nur gelehrten, sondern *gelebten Religion* des Mahāyāna – in der Religion der Riten, Zeremonien, Anrufungen, Gebräuche – erscheint der Buddha vielfach als Erlösergestalt, als Gegenstand aller Empfindungen, Verehrung, künstlerischer Gestaltung, also doch so etwas wie eine Gestaltwerdung des ewigen Dharma im Weltlichen, eine Projektion oder Manifestation des Absoluten auf der niederen Ebene des Empirisch-Menschlichen. In der Volksreligion besteht natürlich die Tendenz, daß der Buddha, obwohl ins Nirvāna eingegangen, als der höchste aller Götter und daß das Nirvāna als der andauernde Himmel angesehen wird.

Damit ist deutlich: Sowenig es ausreicht, des Nicolaus Cusanus philosophische Werke zu studieren, um katholisches Christentum zu erfassen, sowenig hat man den Mahāyāna-Buddhismus begriffen, macht man Nāgārjunas tiefsinnige philosophische Aphorismen zum einzigen Maßstab. Gewiß charakterisiert es den Buddhismus, daß er des Menschen Erlösung durch die selbständig – besonders auf dem Weg der Selbstdisziplinierung und der Meditationsübung – zu erlangende Erleuchtung und so durch eine neue Sicht von Mensch und Welt zu erreichen versucht.

Aber: zum Buddhismus als Religion gehören nun einmal neben Meditation und Ethos, neben Philosophie und Theologie auch – wiewohl in westlichen Studien oft vernachlässigt – *Liturgie, Ritual, Kult.*

Allerdings – angesichts der *ungeheuren Entwicklung vom historischen Buddha zum Amitābha-Buddhismus* entsteht ganz unwillkürlich die Frage: Wie ist es zu erklären,
1. daß Glaube und Kult – ursprünglich im Buddhismus eher ein Zugeständnis – jetzt in der gläubig anrufenden Rezitation des Namens des Amida Buddha ganz und gar ins Zentrum rücken;
2. daß es – wie wir schon am Ende der vorausgehenden Exposition buddhistischer Perspektiven hörten – von der »Selbsterlösung« zur »Fremderlösung« kommt, in welcher der Mensch das Heil nicht in sich selbst findet, sondern von einem übernatürlichen Wesen erwartet;
3. daß der historische Buddha selbst so stark hinter einem anderen Buddha, dem Buddha des unermeßlichen Lichtes (Amitābha, Amida) oder des Ewigen Lebens (Amitāyus) – einer offensichtlich unhistorischen, mythologischen Figur (vermutlich aus dem indisch-iranischen Grenzgebiet) – zurücktritt?

Handelt es sich hier wirklich nur um einen neuen Paradigmenwechsel, oder hat der »Amidismus« – wie in der Exposition insinuiert – vielleicht doch aufgehört, Buddhismus zu sein? Gibt es überhaupt eine sinnvolle Entwicklung vom historischen Buddha Gautama zum überweltlich-idealen Buddha Amida? Oder hat sich hier das Große Fahrzeug nicht vielleicht doch überschlagen? Nein, es gibt – anders als beim erwähnten shaktistischen Tantrismus – in wesentlichen Zügen eine Kontinuität, so daß hier vielleicht doch nicht von »etwas radikal Anderem« gesprochen werden muß. Es gibt, so arbeitet der chinesische Buddhologe Whalen Lai überzeugend heraus, »from Sakyamuni to Amitābha« eine »Logic behind the Pure Land devotion« (in: Ching Feng 24:3, S. 156–174). Welches ist diese innere Logik hinter der Reinen-Land-Frömmigkeit?

Von Anfang an war Shākyamuni, der historische Buddha Gautama, im Verhältnis zu anderen »Erleuchteten« mehr als ein »Arhat«, ein »Heiliger«: Als ihr Lehrer stand er über ihnen, seinen Schülern, den Hörern – er war *der* Buddha! Ursprünglich gab es ja nur *einen* Buddha in diesem einen Zeit-Raum. Doch lag es in der *Logik des Karmangedankens,* daß dieses eine große Buddha-Leben schon viele und bedeutende *Vorleben* (von 550 erzählte man) gehabt haben muß! Und so wurde schon früh die siegreiche Gegenwart in die Vergangenheit zurückprojiziert: mit Hilfe einer ganzen Reihe von früheren Lebensgeschichten (Jātakas), die dem Erleuchteten selber in den Mund gelegt wurden.

Schon im *Theravāda* war man darüber hinaus zur Überzeugung gekommen, daß es *vor* dem Buddha Gautama *andere Buddhas* in anderen Zeit-Räumen gegeben haben muß. So hatte sich die Vorstellung entwickelt von sechs Buddhas für die sechs Zeitepochen *vor* Buddha Gautama. Doch erscheint Gautama in der Gestalt des jungen Brahmanen Sumedha schon als Hörer des ersten Buddha (Dīpamkara = »Lampenanzünder« = Initiator der Erleuchtung); er legt hier sein erstes Gelöbnis ab, ein Buddha zu werden, und empfängt von Dīpamkara die Verheißung einer eigenen Buddhazukunft. Schon von dieser »prähistorischen« Zeit an ist er somit auf dem Weg – bis zur Erleuchtung (bodhi) unter dem Bodhi-Baum ein Bodhisattva –, ein Ideal, das nun deshalb zunehmende Bedeutung erhält: Gerade weil Gautama als *Bodhisattva* durch alle die Zeiträume hindurch so viel positives Karman, so viele Verdienste, gesammelt hatte, vermochte er schließlich als *Buddha* seine ungeheure Aufgabe zu erfüllen.

Im *Mahāyāna,* das generell eine neue Zuwendung zu Welt und Natur, Mensch und weltlichem Leben vollzieht, richtet sich die buddhistische Frömmigkeit noch mehr auf die Bodhisattvas. Nobler ist es, statt gleich in das Nirvāna einzugehen, wie der Buddha selbst in seinen Vorleben freiwillig im Samsāra zu bleiben und zu wirken in großem Mitleid. Aus den Weisheit-Suchern des Shrāvakayāna waren so im Mahāyāna Wesen der Weisheit *und* des Mitleids geworden. Ja, der Bodhisattva, der in der Welt allen Lebewesen (Menschen, Tieren, Göttern) helfen will, wird zum großen Mahāyāna-Ideal, dem auch Laien nachfolgen können: *zugunsten anderer* Gutes tun, Verdienste sammeln, die sich auf andere übertragen lassen! Selbst der Buddha, den man seit frühester Zeit in Stūpas (mit Reliquien) verehrt hatte, so nimmt man an, ist im Parinirvāna nicht einfach verschwunden, sondern lebt fort in einem formlosen, leidlosen, weil dem Samsāra enthobenen Geist-Leib.

Er steht jetzt über dem Karmangesetz, aus der Überfülle seiner Verdienste kann er diese anderen zugute kommen lassen.

Christen ist diese Vorstellung von der Übertragbarkeit der Verdienste nicht so unvertraut, wie sie zunächst klingt, denn auch die christlich-theologische Traditionsgeschichte kennt bekanntlich die Lehre, daß die Gläubigen aus dem durch Christi Taten angesammelten »Gnadenschatz« sich Verdienste zu eigen machen können. Und auch für die im Kontext der skizzierten Entwicklung entstandene Lehre von den *drei Leibern des Buddha* (neben dem Erden-Leib gibt es den Geist-Leib und schließlich den Dharma-Leib) ließen sich (etwas vereinfacht) manche *Parallelen zum Christentum* ziehen. Parallelen nicht, wie man oft annahm, zur Trinitätslehre, wohl aber zur Christologie:

1. zwischen dem irdisch-sterblichen Buddha (dem irdisch-grobstofflichen Buddhaleib = Nirmānakāya) und dem irdischen Jesus, der ebenfalls Lehrer und Wegweiser zur Erlösung ist;
2. zwischen dem unsichtbar-transzendenten Buddha (dem überirdisch-feinstofflichen Buddhaleib = Sambhogakāya oder »Leib der Wonne«) und dem erhöhten Christus, der nach Paulus in einem »Geistleib« existiert;
3. zwischen dem in allem wesenden Buddha (dem Dharmaprinzip oder dem Absoluten selbst = Dharmakāya) und dem ewigen »Logos«, der »Gott« ist und in Jesus von Nazaret »Fleisch angenommen« hat.

Die christlich-buddhistische Parallele ließe sich – es sei gewagt – wie folgt ausdrücken: Der Mensch Jesus (Nirmānakāya) ist zugleich der erhöhte Christus (Sambhogakāya) und als solcher die Manifestation oder Offenbarung des Absoluten, Gottes selbst (Dharmakāya). Allerdings wäre es für den christlich-buddhistischen Dialog wenig hilfreich, strukturelle Konvergenzen nur an Vorstellungen namhaft zu machen (und womöglich zur jeweiligen Selbstbestätigung heranzuziehen), die nun einmal Produkt einer langen, komplexen und gesellschafts- wie kulturbedingten Traditionsgeschichte sind und die sich so vom Ursprung doch – bei aller erkennbaren Kontinuität – sehr weit wegbewegt haben. Die harte, aber unvermeidliche Frage nach dem Kriterium des Ursprungs wäre auch hier zu stellen.

Wie immer man zu den angedeuteten Parallelen stehen mag,

noch erstaunlicher sind die Konvergenzen zwischen christlichem Denken und den Grundanschauungen des japanischen Amida-Buddhismus. Schon in China wurde der Amida Buddha von manchen als der Hauptbuddha angesehen und in Japan dann als der höhere und schließlich der höchste Buddha, der – dies werden wir noch zu bedenken haben – mit der höchsten Wirklichkeit überhaupt identisch gesetzt wird. Überraschend ist nun, wie dieser japanische Buddhismus auf dem Weg zum Heil das »durch den Glauben allein« bejaht. Was wir im Zusammenhang des Hinduismus von indischer Gnadenreligion gehört haben, findet nun eine Parallele oder gar Fortsetzung in der fernöstlichen Glaubensreligion.

Der Buddhismus des Glaubens

Die wesentliche Vertiefung und definitive Ausgestaltung als neues buddhistisches Paradigma erreichte der chinesische Amida-Buddhismus im japanischen »Jodo« oder »Reinen-Land«-Buddhismus, insbesondere durch jene *»wahre Schule vom Reinen Land«* (japanisch: Jōdo shin-shū), die – in Europa neben dem Zen-Buddhismus oft übersehen – unter den Buddhisten Japans auch heutzutage weitaus die meisten Anhänger zählt. Entstanden in einer Zeit der Krise der Gesellschaft und Religion im japanischen Mittelalter, in der militaristischen Kamakura-Zeit, gilt als der eigentliche Begründer dieser radikalen Form des »Reinen-Land«-Buddhismus Shōnin (= der Heilige) *Shinran* (1173–1262), ein Zeitgenosse des Thomas von Aquin, der von seinem Lehrer Shōnin Hōnen (1133–1212) in den Glauben an Amida Buddha und in die Praxis der Rezitation des Buddha-Namens als einzigem Heilsmittel eingeführt worden war.

Shinran hat das neue Paradigma von Buddhismus, das eine Neuinterpretation nicht nur der gesamten Perspektiven und zentraler Begriffe, sondern auch eine Umgestaltung der Volksfrömmigkeit und des Lebensstils des buddhistischen Klerus (Abschaffung des Zölibats und des Vegetariertums) einschloß, theologisch ausformuliert und praktisch initiiert. »Totale Eigenverantwortlichkeit« (R. Gombrich) für das Heil des Menschen erwies sich in der

Tat auf die Dauer als schwer erträglich. Ähnlich wie im Christentum später der Mönch Martin Luther hatte der Mönch Shinran lebendig erfahren, daß die vielen Werke traditioneller Frömmigkeit ihm keine Heilsgewißheit verschafften. Er brach mit der monastischen Tradition: In Verzweiflung über sein Unvermögen und seine Heilsunsicherheit verließ Shinran nach zwanzig Jahren das Kloster auf dem Berg Hiei bei Kioto, wurde vom Orden verfolgt, heiratete, begründete eine Familie und verbreitete zuerst unter Bauern im östlichen Japan, schließlich aber wieder von Kioto aus die Lehre vom Reinen Land. Worauf kommt es ihm dabei an?

Auch für den Shin-Buddhismus gelten die vier »edlen Wahrheiten« des Buddha Gautama. Doch die Gesamtkonstellation, das Paradigma, ist sehr verschieden. Erstaunlich – nicht zuletzt für so exklusiv christlich denkende Theologen wie Karl Barth (»Kirchliche Dogmatik«, 1948, I/2, 370 ff.) – sind die *Parallelen zur Glaubenshaltung evangelischer* (und heute auch weithin katholischer) *Prägung*, wenngleich man nicht sofort christlich-theologisch von »Sünde« und »Gnade« reden sollte. Im Gegensatz zur klassischen buddhistischen Lehre, wonach der Mensch die Erlösung *aus eigener Kraft* (japanisch: *jiriki*) – ohne einen gnädigen Gott, ohne einen fürbittenden Heiligen, ohne einen opfernden Priester – bewirken könne, ist Shinran aufgrund seiner eigenen existentiellen Erfahrung zur Überzeugung gelangt,

- daß der Mensch ein schwaches, unvollkommenes, stets zweifelndes, in seine Leidenschaften verstricktes und dem Karman unterworfenes Wesen bleibt;
- daß er unfähig ist, sich selbst zu erlösen und von sich aus sein Leiden zu überwinden;
- daß er – ob Mann oder Frau, Priester oder Laie, Gebildeter oder Ungebildeter – die Erlösung erlangen kann durch eine *andere Kraft* (japanisch: *tariki*), allein aufgrund von *Glauben.*

Und wie verhilft angesichts dieser Situation der Amida Buddha den Menschen zur Erlösung? Wenn der Durchschnittsmensch tatsächlich zu schwach ist und die eigene Kraft versagt, bleibt ihm doch eine Möglichkeit: ganz dem *Versprechen Amida-Buddhas zu vertrauen* und sich so ganz auf eine *»andere Kraft«* zu verlassen und daran zu glauben, daß der Amida-Buddha auch das geringste Wesen retten kann, wenn es nur glaubendes Vertrauen hat. Denn: ohne alles Ansehen der Person bezieht sich Amidas Verheißung auf alle Menschen, sofern sie nur glauben an die Kraft dieser Verheißung, eben die »andere Kraft«. In der Tat: eine Hoffnung ist dies gerade für solche, die bisher keine Begabung oder Gelegenheit zur Erleuchtung im monastischen Kontext hatten, für die Durchschnittlichen, ja, die schlecht Gesinnten, falsch Denkenden, die Irrenden und Hoffnungslosen! Im Glauben an die Kraft dieses Versprechens und Buddhas Gnädigkeit ist dem Menschen die Erlösung gewiß: keine Heilssicherheit durch fromme Leistungen also, unbedingte Heilsgewißheit jedoch durch Glauben, ja, so kann man durchaus sagen: *durch Glauben allein.*

Dieser Glauben findet seinen äußeren Ausdruck im *Aussprechen des Namens Amida-Buddhas*: im »Nembutsu«, wie es in der Shin-Liturgie feierlich gesungen wird. Es war Shinrans Überzeugung: Amida-Buddha selbst hat seinen Namen in seinem Versprechen geoffenbart, und es genügt, diesen Namen gläubig auszusprechen, um im Reinen Land wiedergeboren zu werden! Ein mechanisches oder mantrahaftes Rezitieren (von einigen manchmal bis zu 60 000mal am Tag für sich und andere) genügt dabei selbstverständlich nicht (Shinran hat einiges für die Ausmerzung von Magie und Aberglauben im Buddhismus getan). Gefordert ist ein Aussprechen des Namens in tiefem Vertrauen und in großer Dankbarkeit: »Namu (Verehrung) Amida Butsu (Buddha)!« Durch einen (vielleicht ein einziges Mal) so ausgesprochenen Glauben kann der Mensch ins Reine Land gelangen und dort schließlich Erleuchtung erlangen. Im Volksamidismus denkt man dabei weniger ans Nirvāna als an eine Art ewigen Lebens.

Doch man wird es schon gemerkt haben: *Glaube* ist in dieser Lehre kein Glaube an die verobjektiviert gedachte Person des Buddha oder an bestimmte Lehrsätze. Glaube ist keine menschliche Eigenleistung, sondern Freisein von eigener Kraft und unbedingtes Vertrauen des gläubigen Herzens auf die andere Kraft der Verheißung Amida-Buddhas, der selber im Menschen den Glauben bewirkt, indem er jeden, ob würdig oder unwürdig, mit dem Licht seines Mitleids umfaßt und niemanden ausschließt oder verwirft.

Und die Wirkung im Menschen? Mit dem Ereignis von Buddhas Zuwendung wird im Menschen eine Umkehr, eine *Wende des Herzens* spürbar, ganz spontan, »natürlich«, in »einem Augenblick«. Das bedeutet: schon in dieser Welt des Leidens kann der Gläubige seiner Erlösung gewiß werden. Er fällt nicht mehr in die Vergänglichkeit dieser Schein-Welt zurück, da er vom Amida angenommen ist – und wird im Reinen Land geboren. Diese *Geburt im Reinen Land* ist für Shinran nicht mehr, wie noch für Hōnen, ein nur zukünftiges Ereignis nach dem Tod; nein, sie ereignet sich vielmehr in einer ähnlichen Spannung zwischen »schon« und »noch nicht« wie in der neutestamentlichen Reich-Gottes-Verkündigung – *im Augenblick des Zum-Glauben-Kommens.* Das Reine Land ist da verwirklicht, wo der Mensch glaubt, seine eigene Kraft abtut und erkennt, daß er von sich aus zu nichts fähig ist. Da, wo es keinen Egoismus, kein Leid, keine Angst mehr gibt und das falsche Ich überwunden ist, da ist bereits das Reine Land Wirklichkeit geworden. Hier sind Querverbindungen zwischen Zen (Meditation mit dem »Nembutsu«) und Shin (Interpretation des Amida durch die »Leerheit«) möglich.

Ohne lange Erklärung dürfte indessen deutlich sein, wie groß die Konvergenzen vor allem zwischen dieser Art von Glaubensbuddhismus und christlicher Glaubenshaltung sind. Auch dem Neuen Testament zufolge wird der Mensch ja nicht durch seine frommen Leistungen, nicht durch Askese und auch nicht durch Meditation gerechtfertigt, sondern aufgrund von Christi Verheißung durch sein unbedingtes Vertrauen auf eine andere Kraft, die »Kraft« Gottes: allein durch Glauben!

Und doch stellt sich nun bei diesem Glauben nach beiden Seiten die Frage nach der geschichtlichen Verankerung; dies nicht zuletzt angesichts der Tatsache, daß Shinrans Zeitgenosse, der nationalistische, kämpferische und intolerante Nichiren (auf den sich millionenstarke japanische Laienreligionen wie Sōka Gakkai, Reiyū-kai und Risshō-kōseikai, 1930, 1925 und 1938 gegründet, berufen), das »Nembutsu« kurzerhand durch die Anrufung des Lotos-Sūtra ersetzte. Diese Verankerung ist beim Christusglauben gegeben, wenngleich in bescheidenerer Form, als dies eine auf hohem Roß dahertrabende christliche Dogmatik so oft ungeprüft voraussetzt. Ist sie auch beim Amida-Glauben gegeben?

Unübersehbar ist, daß die Buddhologie sich vielfach ebenso weit vom historischen Gautama wegentwickelt hat wie die Christologie vom historischen Jesus von Nazaret. In beiden Fällen wurde nicht nur aus dem Verkündiger der Verkündigte und aus dem Wegweiser für die eigene Anhängerschar der überirdische Heilbringer und universale Menschheitsretter. Sondern in beiden Fällen hat das Geschehen auf diese Weise auch eine spezifisch kosmische Dimension angenommen, ist die Geschichte unendlich weitergedacht worden: ins Protologisch-Überzeitliche (Ādi-Buddha oder Ur-Buddha, Ursprung aller Buddhas und höherer Wesenheiten) und ins Eschatologisch-Endzeitliche (der zukünftige Buddha Maitreya) hinein. In beiden Fällen versuchen Dogmatiker in endlosen Mühen Wesen und Eigenschaften des Heilbringers im einzelnen zu definieren und zu präzisieren.

Trotzdem – schon der Plural *»die Buddhas«* macht hier auf den entscheidenden *Unterschied* aufmerksam: In ganz anderer Weise als das Buddhageschehen bleibt das Christusgeschehen an die *konkrete Geschichte* gebunden. Nie konnte der irdische Jesus so vergleichgültigt werden wie der irdische Gautama. Nie wurden Erdenleben und Vollendung des Christus wie die des Buddha als pädagogisches Spiel präsentiert, die – so etwa in dem mahāyānistischen Lotos-Sūtra – ein zeitlos transzendenter Buddha aus Mitleid mit den lebenden Wesen durch Meditation (quasi doketisch) auf die Erde projizierte, um einen Menschen vollkommener Tugend als Beispiel für den Weg zur Erlösung hinzustellen. Und undenkbar ist bei der geschichtlichen Verwurzelung des Christentums vor allem die beliebige Vermehrung des Christus! Schon im Theravāda, hörten wir, kannte man sechs Vorgänger des historischen Buddha mit Namen, später sogar 28 Buddhas; im Mahāyāna dann gab es schließlich Tausende, ja, unendlich viele Buddhas in jeder Weltgegend und jeder Weltzeit, so viele Buddhas wie Sandkörner am Ufer des Ganges. Und zunächst nur einer von unendlich vielen, transzendenten Buddhas (Sambhogakāya), freilich der bald beliebteste, ist Amitābha oder Amida. In der Vielzahl der Weltzeiten und der Buddhagestalten macht sich offensichtlich erneut der Unterschied zwischen prophetisch-geschichtlicher und mystisch-zyklischer Religion geltend.

Freilich haben oft gerade gebildete Buddhisten entschiedene Einwände gegen die historische Rückfrage: Diese zu stellen bedeute, unkritisch einer typisch westlichen Neigung nachzugeben und dem Mythos Geschichte aufzusitzen. Natürlich kann man nicht einfach die Geschichte zum religiösen Universalkriterium machen. Aber unsere differenzierenden historischen Reflexionen könnten auch einem Buddhisten die Wichtigkeit der Rückfrage auf den Buddha der Geschichte ebenso vor Augen geführt haben, wie es die Bedeutung der Analyse der epochalen Paradigmenwechsel vom Urbuddhismus zum Shrāvakayāna und vom Shrāvakayāna zum Mahāyāna oder Vajrayāna war. Anders gesagt: So wie dem Christentum wird auch dem traditionellen Buddhismus ein Prozeß der »Entmythologisierung« nicht erspart bleiben, wie dies Heinz Bechert für die westliche Buddhismusforschung und moderne Buddhisten gleichermaßen schon heute in Anspruch nimmt. Und das heißt: kritische Analyse »obsoleter kosmologischer Vorstellungen und anderer unzeitgemäßer Denkweisen«, von »Wunderglauben und anderen Elementen irrationalen Denkens« – die Fragen der Buddhologie nicht ausgenommen.

Von solcher historisch-kritischen Reflexion können wir gerade dieses Paradigma innerhalb des Mahāyāna nicht ausnehmen, welches man zum Unterschied vom synkretistischen des Tantra und dem reformerischen des Zen das *devotionelle Paradigma* des Shin nennen könnte, welches – in Opposition zu einem zeremoniell-klerikalen »mittelalterlichen« Mahāyāna – auf Vereinfachung, stärkere Demokratisierung und Konzentrierung in gläubiger Ergebenheit gegenüber dem Amida-Buddha dringt und so den von Anfang an gegebenen Grundkonflikt zwischen monastischer und laikaler Frömmigkeit im Buddhismus auf eigenständige Weise löst. Könnte man den Paradigmenwechsel des Zen gegenüber dem »mittelalterlichen« Mahāyāna vielleicht mit dem der Aufklärung (in einem übervernünftigen Sinn) vergleichen, so das Paradigma des Shin am ehesten mit dem der Reformation: inhaltlich gesehen ist es ein Paradigma des Glaubens.

Christen haben seit zweihundert Jahren ihren Glauben einem mühseligen, krisenhaften Aufklärungsprozeß unterzogen und haben bei biblischen Überlieferungen zwischen Geschichte und Mythos, authentisch und unauthentisch, ursprünglich und abgeleitet kritisch unterschieden, ohne aufzuhören, Christen zu sein. Ein *neuer Zusammenhang von geschichtlichem Ereignis und übergeschichtlicher Wirklichkeit* konnte so auf kritischem Wege erarbeitet werden, wobei sich für sie bestätigte: »Wir sind nicht irgendwelchen klug ausgedachten Mythen gefolgt, als wir euch die Macht und Ankunft Jesu Christi, unseres Herrn, verkündeten ...« (2 Petr 1,16).

Auch im Shin-Buddhismus legt man – bei aller unterschiedlichen Akzentuierung – Gewicht auf diesen Zusammenhang: Der Glaube an die große, gnädige, barmherzige Kraft Amida-Buddhas wird nun einmal verbunden mit der (als historisches Ereignis vorausgesetzten) Geschichte des Mönches Dharmākara. Muß dieser Glaube aber nicht brüchig werden, wenn Dharmākara auch von der buddhistischen Forschung nicht mehr als geschichtliche, sondern als eine nur mythologische Figur angesehen werden kann?

Insbesondere kritische japanische Buddhisten beginnen sich heute den Problemen der *historischen Erforschung* zu stellen und haben verschiedene Lösungen des Problems parat, von denen schon der amerikanische Theologe John Cobb in seinem Buch »Beyond Dialogue. Toward a Mutual Transformation of Christianity and Buddhism« (1982) berichtet. Was dieser führende christliche Vertreter im buddhistisch-christlichen Dialog zu sagen hat, sollte nachdenklich machen: »Der Shin-Buddhismus hat die Krise der Beziehung von Geschichte und Glaube noch nicht verarbeitet. Wenn er sich dieser Krise stellt, dann sind seine Probleme in mancher Hinsicht drängender als die, vor denen das Christentum stand, denn seine Basis ist noch weiter vom wirklichen Verlauf der Geschichte entfernt. Er kann zwar bei Buddha und in der Geschichte des Buddhismus vieles an Unterstützung finden, aber dort, wo seine Lehre am eigentümlichsten ist, findet er die geringste Unterstützung in dieser Tradition, die vor Shinran selbst liegt« (S. 139).

Dann freilich macht Cobb einen großen Schritt, den wohl nur wenige Buddhisten mitzumachen bereit sind: »Dennoch: nichts im buddhistischen Selbstverständnis bedingt die notwendige Annahme, die gesuchte Geschichte könne nur in Indien oder Ostasien gefunden werden. Im Gegenteil: Buddhismus zielt auf Universalität. Auch er braucht eine inklusive Sicht aller Dinge, und heute muß eine solche Sicht Weltgeschichte umfassen. Weltgeschichte aber umfaßt die Geschichte Israels und das Jesus-Ereignis. Diejenige Geschichte, die das christliche Verständnis von der Gnädigkeit Gottes stützt, stützt ebenso die Auffassung des Shin-Buddhismus von der Weisheit und dem Mitleid, welche die letzte Wirklichkeit charakterisieren. Diese Geschichte legt ebenso die Grundlage für eine wünschenswerte Verbreiterung des Verständnisses des Amida im Reinen-Land-Buddhismus« (S. 139 f.).

Auch John Cobb macht sich selbstverständlich keine Illusionen. Doch ist es ihm zufolge vorstellbar, daß, wenn einmal die noch andauernde Phase der gegenseitigen Verdächtigungen und der Abwehrhaltung überholt sein wird, der Shin-Buddhismus die christliche Geschichte zu seiner Unterstützung angehe: »Sobald diese Haltung wahrhaft überwunden ist, gibt es prinzipiell keinen Grund mehr, warum Buddhisten die palästinische Vergangenheit nicht ebenso in sich aufnehmen können wie die indische. Es ist mehr in Palästina als in Indien, daß Geschichte, wenn sie als in Jesus zentriert gelesen wird, die stärkste Basis für den Glauben bereitstellt, daß wir durch Gnade aufgrund von Glauben erlöst sind« (S. 140). Eine allzu kühne Vision für den buddhistisch-christlichen Dialog, der noch ganz in den Anfängen steckt?

Ich möchte hier noch etwas weiterdenken und zum Schluß dieses mühevollen Dialogunternehmens auf jene zentrale buddhistische Schwierigkeit gegenüber dem Christentum zurückkommen, die am Ende unserer ersten Antwort auf die buddhistischen Perspektiven bereits anklang, als wir vom Unterschied zwischen dem lächelnden Buddha und dem leidenden Christus sprachen.

Leid und Vollendung

Auch Gautama war ein Mensch, der leiden konnte, und ist darin nicht wesentlich von Jesus unterschieden. Denn auf dem Weg zur Erleuchtung war Gautama ein Bodhisattva, der dem Leiden nicht enthoben war. Ob so nicht auch der Nazarener von Buddhisten als Bodhisattva verstanden werden könnte?

Dem Bodhisattva Gautama freilich gelang es nach buddhistischer Auffassung, schon in dieser irdischen Existenz die Erleuchtung zu erlangen und ein Buddha zu werden. Und der »Bodhisattva« Jesus? Buddhisten hatten hier seit jeher ihre Zweifel. Für sie ist es schlechterdings undenkbar, daß ein wahrhaft Erleuchteter, Erlöster, noch so abgrundtief leiden muß, wie ihnen dies die Szenen des Leidensweges vom Ölberg zum Kalvarienberg in aller Realistik drastisch vor Augen führen. Da war doch der Buddha Gautama ganz anders. Als Erleuchteter stand der Buddha *über* dem Leiden; denn wer in der Meditation das Leiden, seine Ursache und seine Überwindung erkannt und alles Streben und Haften aufgegeben hat, registriert das Leiden zwar noch, aber es kann nicht mehr sein Ich berühren, weil es kein wahres Ich mehr ist. Dies ist es, was die buddhistische Kunst, die lächelnde Gelassenheit und friedliche Abgeklärtheit des Erleuchteten hervorhebend, immer wieder zur Darstellung gebracht hat.

Freilich konnte, mußte der Buddha auch noch nach seiner Erleuchtung leiden, gar bluten; es wird von einer Krankheit und von der Verletzung durch einen Feind berichtet (»den Buddha bluten machen« wird seither im Buddhismus als eine der fünf schwersten Sünden genannt); und schließlich mußte der Buddha aus höchst nichtigem Anlaß sterben. Aber als der über das Leiden Erleuchtete überstieg der Buddha das Leiden – schon in diesem Leben hier und jetzt.

Hierin dürfte der Grund liegen, daß die buddhistische Kunst sich scheute, das Leiden des Buddha auch bildlich darzustellen. Ja, die Buddhologie neigte schon früh dazu, es gänzlich zu verdrängen. Im Mahāyāna gibt es Tendenzen wie das Lotos-Sūtra, nach dem der Buddha zwar in seinem Vorleben als Bodhisattva, nicht aber in seinem Buddha-Leben gelitten habe. Die Gestalt des Buddha wird nun derart überhöht, daß ihr gar nur Scheingeburt, Scheinleiden, Scheintod zugeschrieben werden.

Auch christliche Theologie war immer wieder versucht, Jesu Leiden herunterzuspielen, zu verdrängen, ja, buchstäblich als Scheinproblem anzusehen. Solchen vor hellenistischem Hintergrund zu verstehenden Doketismus – zumindest in seiner radikalen Form – hat die Christenheit schon früh als dem neutestamentlichen Jesus-Bild gänzlich zuwiderlaufend verworfen. Jesu

Menschsein – und das heißt Leiden, Sterben, Tod – wurde so nicht überspielt, sondern radikal ernst genommen.

Wie aber soll dieser in so schmachvoll menschlicher Weise Sterbende ein »Erwachter«, ein »Erleuchteter« sein können? Auch für Christen wäre der schmachvolle Tod, wäre das Kreuz zunächst ein Zeichen des Scheiterns und nicht der Erlösung. Nur dadurch, daß nach dem Zeugnis der Gemeinde dieser Leidende und Sterbende nicht im Tod geblieben, sondern in eine allerletzte Wirklichkeit hineingestorben ist, die Christen Gott nennen, erhält das Kreuz ein anderes, ein positives Vorzeichen. Mit anderen Worten: erst durch die »Auferweckung« zu neuem, ewigem Leben wurde Jesus der wirklich »Erwachte«, der definitiv »Erleuchtete«. Erst jetzt wurde er, in christlicher Sprache, als der »Herr«, »Messias«, »Christus«, als »Abbild, Wort, Sohn Gottes«, »das Licht der Welt«, »der Weg, die Wahrheit und das Leben« proklamiert. Erst jetzt also fand sein Leiden ein Ende, wurde seine weitere Wirkweise in der Gemeinde als geistige Wirklichkeit geglaubt: »Der Herr ist der Geist«, sagt Paulus (2 Kor 3,17).

Erst jetzt wagte man auch das Absolute selbst in neuer Weise zu verstehen: Im Lichte von Jesu Kreuz und Auferweckung war es möglich, von *Gottes Mit-Leiden* zu sprechen, von einer einzigartigen »Solidarität Gottes« gerade mit den Leidenden, Erniedrigten, Ausgebeuteten, bis in den Tod hinein Verlassenen. In dieser Weise wird alles Negative der Welt, in seiner Realität ernstgenommen, schließlich aber doch ins Unendliche hinein positiv aufgehoben.

Und »wohin« ist der Buddha gegangen, wenn das Nirvāna doch nicht nihilistisch als reines Nichts verstanden werden soll? Schon früh hatte man auch im Buddhismus Schwierigkeiten mit der Vorstellung, daß der Buddha Gautama überhaupt nicht mehr sei. Man schrieb ihm einen Geistleib zu, ja, man identifizierte ihn mit dem Dharma-Leib, mit dem Absoluten selbst. Dem Amida-Buddhismus zufolge ist der Buddha schließlich ein *ewiger* Buddha, der Buddha des *ewigen Lebens*, ja, die direkte Repräsentation der höchsten Wirklichkeit; als solcher hatte er sich im Buddha Gautama manifestiert.

Ist damit nicht deutlich geworden, daß die Wege zur Erlösung von allem Leid für Buddhisten und Christen, die den Buddha oder den Christus zum Maßstab nehmen, ursprünglich verschieden sind, aber doch nicht einfach divergieren: im ursprünglichen Buddhismus das Vertrauen, mit eigenen Kräften schon mitten in diesem Leben den Ausstieg aus der Leidverhaftetheit und den Eingang ins Absolute zu erreichen; im Christentum das Vertrauen darauf, daß die Erlösung von allem Leid durch eine andere Kraft erst am Ende des Lebens durch den Eingang ins Absolute erreicht wird? Schon die Tatsache, daß bestimmte Formen des Buddhismus die Erlösung ähnlich sehen, sollte uns davor bewahren, diesen Gegensatz zu überspitzen.

Entscheidend ist: Christentum wie Buddhismus stehen und fallen mit der Hoffnung, daß das Letzte, daß das *Definitive ohne Leid* ist. Der Christ betont dabei: das Definitive ist ein *Leben* ohne Leid, ein Leben, das der Mensch selber freilich weder durch eigene individuelle noch durch kollektiv-gesellschaftliche Anstrengungen je zu produzieren vermag, das er aber von jener allerletzten allerersten Wirklichkeit, auf die er sich vernünftig-vertrauend einläßt, erwarten darf: alles Leid definitiv aufgehoben in der Vollendung *ewigen Lebens*.

Solche Verheißung einer leidlosen Zukunft ist keine die Neugierde befriedigende Prophezeiung, erst recht keine Aufforderung, sich mit den Zuständen resignativ abzufinden. Im Gegenteil: wer zum Christus seine »Zuflucht« genommen und sich auf seinen Weg eingelassen hat, in wem also Christus lebt, für den *ist* der alte Mensch mit seinem Egoismus bereits »gekreuzigt«, für den *ist* umgekehrt der neue Mensch bereits lebendige Wirklichkeit geworden: das Alte ist vergangen, Neues ist geworden. Insofern gibt es also auch für Christen vom Christus her *schon jetzt*, mitten in diesem Leben, eine Befreiung, eine Erlösung, eine Erleuchtung: »Wer mir nachfolgt, wird nicht in der Finsternis wandeln, sondern er wird das Licht des Lebens haben« (Jo 8,12). »Erleuchtung« mitten im Leben: ob die Wege also so konträr sind, wie die verschiedenen Denktraditionen es nahelegen?

Unüberwundenes Leid und drohender Tod sind und bleiben zumindest für den Christen Zeichen, daß die Vollendung des Menschen noch aussteht, daß der Mensch nicht auf sich selbst, sondern auf die letzte, wahre Wirklichkeit vertrauen soll. Ihm ist hier ein Weg gewiesen zwischen Superbia und Desperatio, zwischen Übermut und Verzweiflung. Es ist christliche Verheißung, daß gerade in unserer Schwäche eine »andere Kraft« am Werk ist, daß gerade in unserer Ohnmacht eine »andere Macht« sich offenbart. Und gerade dies ermöglicht mitten im Leid eine schon gelebte *Freiheit von Leid.*

Anders gesagt: für Christen ist mit diesem Christus die Verheißung unlösbar verbunden, daß Leiden nicht ein bloß sinnloses Faktum ist, auch nicht nur Folge einer alles übergreifenden kosmischen Ordnung, des Lebensdurstes und des früheren Tuns, sondern daß Leiden auch dann, wenn es sinnlos scheint, doch von einem umfassenden *Sinn* umgriffen ist. Ein Sinn, der freilich erst in der Zukunft der Allvollendung gänzlich aufleuchten wird: wenn nämlich alles Leid, alles Übel, aller Tod aufgehoben sein wird in jenem dann offenbaren Herzen der Welt, jener Tiefe und Mitte des Menschen, jenem Geheimnis der Wirklichkeit, in dem wir schon jetzt »leben, uns bewegen und sind« (Apg 17,28).

Grundlegende Literatur zum Buddhismus

Allgemein:

1. *Die Welt des Buddhismus,* hrsg. von H. Bechert und R. Gombrich. München 1984
2. Edward Conze: *Der Buddhismus, Wesen und Entwicklung.* Stuttgart ^{6}1977
3. Helmuth von Glasenapp: *Der Buddhismus, eine atheistische Religion.* München 1966
4. Hans-Jürgen Greschat: *Die Religion der Buddhisten.* München 1980
5. Nyanatiloka Mahathera: *Buddhistisches Wörterbuch.* Konstanz ^{2}1976
6. Hans Wolfgang Schumann: *Buddhismus: Stifter, Schulen und Systeme.* Olten 1976

Zu I und II:

1. Hermann Oldenberg: *Buddha: Sein Leben, Seine Lehre, Seine Gemeinde.* Stuttgart ^{13}1959
2. Dieter Schlingloff: *Die Religion des Buddhismus.* 2 Bde. Berlin 1962/63
3. Etienne Lamotte: *Histoire du bouddhisme indien. Des origines à l'ère śaka.* Löwen 1958 (Nachdruck 1976)
4. Nyanaponika Thera: *Geistestraining durch Achtsamkeit. Die buddhistische Satipaṭṭhāna-Methode.* Konstanz ^{2}1975
5. Walpola Rahula: *Was der Buddha lehrt.* Zürich 1963

Zu III:

1. Helmut Hoffmann: *Die Religionen Tibets.* Freiburg 1956
2. Giuseppe Tucci und Walther Heissig: *Die Religionen Tibets und der Mongolei.* Stuttgart 1970
3. K.K.S. Ch'en: *Buddhism in China, A Historical Survey.* Princeton 1964

4. Heinrich Dumoulin: *Der Erleuchtungsweg des Zen im Buddhismus.* Frankfurt a. M. 1976
5. M. v. Borsig: *Leben aus der Lotosblüte: Nichiren Shōnin.* Freiburg 1976

Zu IV:

1. *Buddhismus der Gegenwart,* hrsg. von Heinrich Dumoulin. Freiburg 1970
2. Heinz Bechert: *Buddhismus. Staat und Gesellschaft in den Ländern des Theravāda-Buddhismus.* 3 Bde. Frankfurt/Wiesbaden 1966–73

Ausgewählte Texte:

1. Erich Frauwallner: *Die Philosophie des Buddhismus.* Berlin ^{2}1969
2. Helmuth von Glasenapp: *Der Pfad zur Erleuchtung. Grundtexte der buddhistischen Heilslehre.* Düsseldorf 1956
3. Gustav Mensching: *Buddhistische Geisteswelt. Vom historischen Buddha zum Lamaismus.* Baden-Baden 1955
4. *Nyanatiloka. Der Weg zur Erlösung,* in den Worten der buddhistischen Urschriften ausgewählt, übersetzt und erläutert. Konstanz ^{2}1981
5. Ernst Waldschmidt: *Die Legende vom Leben des Buddha.* Graz ^{2}1982

Hans Küng
Kein Weltfrieden ohne Religionsfrieden! Schlußwort

Mehr als eine Zwischenbilanz sollte dieser Dialog nicht sein. Er war erklärtermaßen ein Versuch, ein gewagtes Experiment, über dessen Gelingen wir nicht zu urteilen haben.

Deutlich geworden sind Konvergenzen und Divergenzen zwischen den Religionen. Und wenn uns dabei die Klärung der einen Frage gelungen ist, worüber im interreligiösen Dialog heute nicht mehr und worüber erst recht gestritten werden muß, haben wir viel erreicht.

Kritik werden insbesondere die christlichen Antworten finden – von beiden Seiten her vermutlich. Für die einen werden sie immer noch zu »christlich«, für die anderen noch zu wenig »christlich« sein, für die einen zu offen, zu nachgiebig, zu pluralistisch, für andere zu eng, zu abgrenzend, zu selbstbewußt.

Angestrebt freilich wurden Antworten jenseits dieser Schemata, die sich zwar nicht vor jedem christlichen Dogmatikhandbuch der Normaltheologie, wohl aber vor einer historisch-kritischen Exegese- und Dogmengeschichte im Rahmen eines zeitgenössischen Paradigma von Theologie verantworten lassen. Und zugleich sollten diese Antworten auf so ganz verschiedene Religionen wie Islam, Hinduismus und Buddhismus kohärent gegeben werden, damit nicht dem einen zugestanden wird, was anderen gegenüber wieder zurückgenommen werden muß.

Warum muß der Dialog weitergehen? Zunächst einmal, um die anderen immer besser zu verstehen, die Zeitgenossen mit uns sind und mit denen wir ständig enger in Tuchfühlung leben. Aber auch um uns selbst besser zu verstehen, was nur auf dem Wege von Vergleich und Konfrontation geschehen kann: »Wer nur England kennt, kennt England nicht.« Und ein drittes: Der interreligiöse Dialog ist alles andere als eine private, persönliche, lokale oder regionale Angelegenheit. Die globalen Dimensionen sind offenkundig und damit die Auswirkungen für das nationale wie internationale Zusammenleben der Völker. Niemand wird heute ernsthaft bestreiten, wie sehr der Frieden in der Welt vom Frieden unter den Religionen abhängt. Und diese Seite des interreligiösen Dialogs ist im Zeitalter eines technisch machbaren atomaren Holocaust heute wichtiger als vieles an akademischer Akribie, theologischer Subtilität und intellektueller Spitzfindigkeit.

Es gibt also einen signifikanten Zusammenhang zwischen Ökumenismus und Weltfrieden. Wer sich der Ökumene verpflichtet weiß, wer die Zerbrechlichkeit menschlicher Ordnungen und alle Möglichkeiten menschlichen und technischen Versagens ernstnimmt, weiß, was hier auf dem Spiele steht: er weiß, daß Friedensbedrohung und Friedensregulierung längst die Dimension regionaler Einzelkonflikte gesprengt haben und zu Problemen globaler Weltinnenpolitik geworden sind, von der in Zukunft unser aller Überleben abhängt. *Frieden in der Ökumene oder Zerstörung der Ökumene selbst* – das ist heute die Alternative!

Was kann eine ökumenische Theologie zur Befriedung unserer friedlosen Welt beitragen? Sicher keine direkten Lösungen zu all den komplexen Fragen strategischer, militärindustrieller und abrüstungstechnischer Natur. Das ist auch nicht ihre ureigenste Aufgabe.

Ihr ureigenstes Reflexions- und Praxisfeld ist vielmehr – und auch Wissenschaftler und Politiker beginnen diese ethisch-religiöse Dimension wieder vermehrt zu beachten – das Ethos, die Moral, die Religion. Und *hier* kann ökumenische Theologie die Konflikte aufdecken und aufarbeiten helfen, deren Ursachen die Religionen, die Konfessionen oder Denominationen selbst sind. Und wieviel an konfessionellen und religiösen Konfliktherden auf unserer Erde gilt es abzubauen!

Wer wüßte nicht, wieviel Unheil die ökumenische *Zerrissenheit unter Christen* auf politischem Feld verursacht hat. Man muß gegenwärtig nur an den Nordirlandkonflikt erinnern, um zu begreifen, was gemeint ist. Und wer möchte ausschließen, daß auch der wahnsinnige Falklandkrieg mindestens unterschwellig von einem katholisch-protestantischen Antagonismus mitbestimmt war, wie ja auch das Superioritätsgefühl und das Hegemoniestreben des protestantischen Yankeetums im katholischen Süd- und Mittelamerika – und die Reaktionen darauf – schon immer kulturell-religiös geprägt waren.

Was haben die Kirchen dagegen getan? Gewiß, sie haben zumindest in neuester Zeit – und das ist schon viel – für den Frieden und nicht mehr für den Krieg *geredet*, meist freilich nur dort, wo es ohne Gefahr geschehen konnte. Aber haben sie auch genug für den Frieden *getan*: in Vietnam, im Libanon, in Argentinien, in Großbritannien, in Deutschland, in Europa und Amerika überhaupt, aber auch in Afrika und Asien? Um es noch einmal unmißverständlich zu sagen: Die Religionen, das Christentum, die Kirchen können nicht sämtliche Konflikte der Welt lösen oder auch nur verhindern, aber sie können das Maß an Feindschaft, Haß und Unversöhnlichkeit verringern. Indem sie erstens – wie dies etwa der Rat der Evangelischen Kirche in Deutschland beispielhaft in bezug auf das Verhältnis Deutschland–Polen getan hat – ganz konkret für die Verständigung und Versöhnung zwischen verfeindeten Völkern eintreten. Und indem sie zweitens wenigstens diejenigen Konflikte aus der Welt zu schaffen beginnen, deren Ursache sie selbst sind oder deren Brisanz sie mitverschuldet haben: ihre kirchentrennenden Lehrunterschiede ebenso wie die daraus entstehenden praktischen Differenzen.

Nein, von den Religionen und Kirchen ist nichts Menschenunmögliches verlangt, verlangt ist nur, daß sie ihren eigenen Programmen und Grundintentionen nachleben, daß sie ihre Friedensappelle nicht nur nach draußen richten (so wichtig das ist), sondern zugleich nach innen und so in ihrem ureigensten Bereich Taten der Versöhnung und Zeichen des Friedens setzen. Und man kann darauf vertrauen, daß diese Taten der Versöhnung, daß diese Zeichen des Friedens ihre Signalkraft und Ausstrahlung auf die Konfliktfelder »draußen« nicht verfehlen werden.

Wer könnte darüber hinaus leugnen, daß für die notorischen *Spannungsherde der Weltpolitik* nicht nur christliche Konfessionen oder zu Quasireligionen hochgeputschte Ideologien mitverant-

wortlich sind, sondern auch die großen *Religionen selbst.* Wer könnte übersehen – gleichsam von Fernost nach Nahost –:
daß schon im Vietnamkrieg religiöse Faktoren mitgespielt haben (der Antagonismus zwischen buddhistischen Mönchen und dem katholischen Regime);
daß der Konflikt Indien–Pakistan, eine territoriale Spaltung, die gegen den Willen Mahatma Gandhis zustande kam, bis heute von der Unversöhnlichkeit zwischen Hindus und Muslimen gespeist wird, die immer wieder zu neuen Massakern führt (von denen zwischen Hindus und Sikhs nicht zu reden);
daß der Krieg zwischen Iran und Irak mit der jahrhundertealten innermuslimischen Rivalität, ja Feindschaft von Sunniten und Schiiten zu tun hat?
Vom Nahost-Konflikt ganz zu schweigen, wo sich bekanntlich Muslime, Juden und Christen bis an die Zähne bewaffnet gegenüberstehen und sich im bereits fünften Krieg innerhalb von Jahrzehnten zerfleischt haben.

Die fanatischsten, grausamsten politischen Kämpfe sind die von Religionen eingefärbten, inspirierten, legitimierten politischen Kämpfe. Dies auszusprechen heißt nicht, die angesprochenen Konfliktherde auf Religionskämpfe zu reduzieren, sondern heißt, die religiös-ökumenische *Mit*verantwortung ernst zu nehmen für eine Befriedung unserer friedlos-zerrissenen Welt. Christen, Juden und Muslime, Hindus und Buddhisten sind hier gleichermaßen herausgefordert. Wieviel wäre den betroffenen Völkern und der übrigen Welt erspart geblieben, wenn die Religionen ihre Verantwortung für Frieden, Nächstenliebe und Gewaltlosigkeit, für Versöhnung und Vergebung früher erkannt hätten, wenn sie statt Konflikte mitgeschürt Konflikte mitgelöst hätten – nach dem Beispiel des Hindu Mahatma Gandhi, des Christen Dag Hammarskjöld, des Muslimen Anwar el-Sadat und des Buddhisten U Thant, die alle aus religiöser Grundüberzeugung Friedenspolitik betrieben.

Das Fazit: Interreligiöser ökumenischer Dialog ist heute alles andere als die Spezialität einiger weltfremder religiöser Ireniker, sondern hat heute zum erstenmal in der Geschichte den Charakter eines auch weltpolitisch vordringlichen Desiderats; er kann hel-

fen: unsere Erde bewohnbarer, weil friedlicher und versöhnter, zu machen.
Kein Frieden unter den Völkern dieser Welt ohne einen Frieden unter den Weltreligionen!
Kein Frieden unter den Weltreligionen ohne einen Frieden unter den christlichen Kirchen!
Die Kirchenökumene ist integraler Teil der Weltökumene:
Der Ökumenismus ad intra, auf die Christenheit konzentriert, und der Ökumenismus ad extra, auf die gesamte bewohnte Erde ausgerichtet, sind interdependent!
Frieden ist unteilbar: er fängt im Inneren an!

Dankeswort

Das Erscheinen eines thematisch so weitgespannten Buches schon zum jetzigen Zeitpunkt war für mich nur möglich aufgrund zweier Voraussetzungen: Arbeitsteilung und Studien »vor Ort«.

1. Der christliche Theologe war davon entlastet, die Weltreligionen in ihrer komplexen Geschichte und Thematik selbst darstellen zu müssen. Er konnte sich auf die interdisziplinäre Arbeitsteilung zwischen Religionswissenschaft und Theologie verlassen. Ich bin meinen Tübinger Kollegen, den Professoren Josef van Ess und Heinrich von Stietencron, sowie Professor Heinz Bechert (Göttingen), der in der letzten Phase der Überarbeitung der Buddhismus-Manuskripte von Lic. phil. Alois Payer (wissenschaftlicher Assistent am Tübinger Lehrstuhl für Indologie) unterstützt wurde, von Herzen dankbar, daß sie sich mit mir auf dieses ungewöhnliche Dialogunternehmen eingelassen und mich in schwierigen Fragen ihrer jeweiligen Disziplin kritisch beraten haben.

2. Meine »christlichen Antworten« wären aber in sich nicht möglich gewesen ohne die vielfältige Unterstützung und Ermutigung, die ich seit meiner ersten Reise nach Asien vor zwanzig Jahren von zahlreichen Kolleginnen und Kollegen in aller Welt erfahren durfte. Viel gelernt habe ich besonders während meiner Gastsemester an der University of Chicago, an der University of Michigan in Ann Arbor und an wissenschaftlichen Symposien in Bombay, Peking, Tokio, Honolulu und Toronto. Wollte ich die Namen all derer nennen, von denen ich durch Gespräche und Publikationen lernen konnte, käme ich an kein Ende. Stellvertretend

seien hier nur einige wenige genannt, die für die Arbeit an diesem Manuskript von besonderer Bedeutung waren: in Nordamerika sind dies Julia Ching, Professor für Sinologie, und ihr Gatte Willard Oxtoby, Professor für Religionswissenschaft (beide jetzt an der University of Toronto), dann Professor Mircea Eliade, Religionswissenschaftler an der University of Chicago, ferner Professor Luis Gomez, Buddhologe an der University of Michigan in Ann Arbor, schließlich die beiden hervorragenden christlichen Buddhismus-Forscher Professor John Cobb (School of Theology in Claremont/California) und Professor David Chappell (University of Hawaii), der unschätzbare Verdienste hat durch die Organisation der East-West Religions Encounter Conference an der University of Hawaii, an der ich im Januar 1984 teilnehmen konnte. Für die Freunde in Tokio, Nagoya und Kioto seien Professor Hajime Nakamura von der Tokio Universität und Professor Heinrich Dumoulin von der Sophia Universität genannt; ihren grundlegenden Publikationen verdanke ich ebensoviel wie ihren persönlichen Anregungen. Zahlreiche wichtige Gesprächskontakte verschafften mir in Thailand Professor Seri Phongphit (Bangkok), in Birma Dr. Kyaw Than (Rangoon), in Nepal die Konsulin Annemarie Spahr, schließlich in Pakistan Professor Riffat Hassan, Islamologin an der University of Louisville (Kentucky/USA), die in ihrer Heimat neben privaten Gesprächen auch einige für mich wichtige öffentliche Dialoge mit Muslimen organisierte. Die erste Einladung nach Indien schon 1964 verdanke ich Professor Josef Neuner SJ (Poona), die erste Einladung in den Nahen Osten 1967 der American University in Beirut.

In Tübingen konnte ich mich für die technische Abwicklung der Arbeit auch dieses Mal wieder auf den bewährten Mitarbeiterstab des Instituts für ökumenische Forschung verlassen und im Lektorat des Piper Verlages auf die stets zuverlässige Arbeit von Frau Renate Böhme und Herrn Uwe Steffen, der auch das schwierige Personenregister erstellte. Besonders dankbar bin ich meinen Sekretärinnen Frau Eleonore Henn und Frau Hannelore Türke für die unendliche Geduld mit den ständigen Neufassungen des Manuskripts, Herrn Dipl. theol. Karl-Heinz Rauch für die Mühe der Zitatenkontrolle, der Bücherbeschaffung und der Druckfahnenkorrektur, an der sich auch Frau Dr. Anne Jensen beteiligte. Frau Marianne Saur hat dieses

Manuskript immer und immer wieder gelesen und mir mit Blick auf Verständlichkeit und Lesbarkeit viele wertvolle Anregungen gegeben. Am meisten aber verdanke ich auch für dieses Buch wieder Dr. Karl-Josef Kuschel, Akademischer Rat an unserem Institut, der in steter enger Zusammenarbeit mit mir zahllose inhaltliche und sprachliche Verbesserungen für das Manuskript beigetragen hat.

Fünf Jahre nach der uns aufgezwungenen Statusänderung unseres Instituts an der Universität Tübingen und nervenraubenden Auseinandersetzungen bin ich voll Dankbarkeit, daß es uns gelungen ist, das Terrain unserer wissenschaftlichen Arbeit zu behaupten, ja, daß wir die Kraft gefunden haben, theologisch auch zu neuen Ufern aufzubrechen. In diesem Sinn möchte ich auch öffentlich meinen herzlichen Dank allen Freunden in Tübingen und anderswo aussprechen, die uns in vielfacher Weise ihre Unterstützung immer wieder haben spüren lassen. Es liegt mir daran, dies zu bekunden in einem Jahr, in dem das Institut für ökumenische Forschung 20 Jahre alt geworden ist.

Tübingen, Ende Juli 1984 Hans Küng

Personenregister

SERIE PIPER

Hans Küng

CREDO

Das Apostolische Glaubensbekenntnis – Zeitgenossen erklärt. 256 Seiten. SP 2024

Christ sein

676 Seiten. SP 1736

Denkwege

Ein Lesebuch. Herausgegeben von Karl J. Kuschel. 313 Seiten. SP 1670

Ewiges Leben?

327 Seiten. SP 364

»Küng stellt dar, wie auch ein ›Kind unserer Zeit‹ sich durchaus vernünftig für den Glauben an das ewige Leben entscheiden kann; er führt zur Einsicht, daß es dabei um etwas geht, was einen, hat man erst die Schalen seiner Vorurteile durchbrochen, in jedem Fall nicht mehr gleichgültig läßt.«

Frankfurter Allgemeine Zeitung

Existiert Gott?

Antwort auf die Gottesfrage der Neuzeit. 878 Seiten. SP 2144

Freud und die Zukunft der Religion

160 Seiten. SP 709

Große christliche Denker

287 Seiten. SP 2283

In diesem Buch verbinden sich Zeitgeschichte, Biographie, Werkgeschichte, Darstellung der Theologie und ihre Kritik auf eine Weise, wie das nur Hans Küng vermag. Die Brennpunkte von 1900 Jahren Theologiegeschichte machen deutlich, worum es den Menschen bei der Rede von Gott gegangen ist – und auch, worum es heute geht.

Die Hoffnung bewahren

Schriften zur Reform der Kirchen. 232 Seiten. SP 1467

Die Kirche

605 Seiten. SP 161

Menschwerdung Gottes

Eine Einführung in Hegels theologisches Denken als Prolegomena zu einer künftigen Christologie. Mit einem Vorwort zur Taschenbuchausgabe. 704 Seiten. SP 1049

Rechtfertigung

Die Lehre Karl Barths und eine katholische Besinnung. Geleitbrief von Karl Barth. 393 Seiten. SP 674

Strukturen der Kirche

Mit einem Vorwort zur Taschenbuchausgabe und einem Epilog. 369 Seiten. SP 762

Theologie im Aufbruch

Eine ökumenische Grundlegung. 320 Seiten. SP 1312

Hans Küng

Projekt Weltethos
192 Seiten. SP 1659

Kein Überleben ohne Weltethos. Kein Weltfriede ohne Religionsfriede. Kein Religionsfriede ohne Religionsdialog. Diese drei Sätze kennzeichnen den programmatischen Ansatz des Tübinger Theologen, der mit dem »Projekt Weltethos« das globale Gespräch über den Grundkonsens der Werte, Haltungen und Maßstäbe anregte.

Unfehlbar?
Eine unerledigte Anfrage. Mit einem Vorwort zur Taschenbuchausgabe von Herbert Haag. 267 Seiten. SP 1016

24 Thesen zur Gottesfrage
134 Seiten. SP 171

20 Thesen zum Christsein
75 Seiten. SP 100

Hans Küng / Heinz Bechert
Christentum und Weltreligionen – Buddhismus
Hinführung zum Dialog mit Islam, Hinduismus und Buddhismus. 234 Seiten. SP 2130

Hans Küng / Josef van Ess
Christentum und Weltreligionen – Islam
204 Seiten. SP 1908

Hans Küng / Heinrich von Stietencron
Christentum und Weltreligionen – Hinduismus
234 Seiten. SP 2055

Walter Jens / Hans Küng
Dichtung und Religion
Pascal, Gryphius, Lessing, Hölderlin, Novalis, Kierkegaard, Dostojewski, Kafka. 338 Seiten. SP 901

Walter Jens / Hans Küng
Menschenwürdig sterben
Ein Plädoyer für Selbstverantwortung. Mit Beiträgen von Dietrich Niethammer und Albin Eser. 220 Seiten. SP 2329

Der Mensch ist das einzige Lebewesen, das sich bewußt ist, daß es sterben muß. Doch die meisten Menschen verdrängen dieses Wissen, jedenfalls die meiste Zeit ihres Lebens. Dem setzt Hans Küng seine These entgegen: das Sterben und der Tod gehören zum Leben, sind seine letzte Phase. Zu einem menschenwürdigen Leben gehört auch ein menschenwürdiger Tod. Gerade für einen Theologen stellt sich hier aber die Frage nach dem »eigenen Tod«: Darf der Mensch bestimmen, wie und wann er stirbt?

Walter Jens / Hans Küng
Anwälte der Humanität
Thomas Mann, Hermann Hesse, Heinrich Böll. 317 Seiten. SP 1267